姜正成 ◎ 著

历史人物传奇系列

巨商故事

大清

DAQING
JUSHANG GUSHI

中国文史出版社
CHINA CULTURAL AND HISTORICAL PRESS

图书在版编目（CIP）数据

大清巨商故事 / 姜正成著 . -- 北京：中国文史出版社，
2020.2

ISBN 978-7-5205-1960-1

Ⅰ.①大… Ⅱ.①姜… Ⅲ.①商人—生平事迹—中国
—清代 Ⅳ.① K825.38

中国版本图书馆 CIP 数据核字（2020）第 010984 号

责任编辑：殷旭

出版发行：**中国文史出版社**

网　　址：www.wenshipress.com

社　　址：北京市海淀区西八里庄路 69 号　邮编：100142

电　　话：010-81136606　81136602（发行部）

传　　真：010-81136666

录　　排：智子文化

印　　装：廊坊市海涛印刷有限公司

经　　销：全国新华书店

印　　张：16.5　字数：211 千字

版　　次：2020 年 8 月北京第 1 版

印　　次：2020 年 8 月第 1 次印刷

定　　价：52.00

前　言

传统中国是一个重农抑商的社会，商人的地位不高。统治者总认为商人是投机钻营、不事生产之辈，所以，商人在历史上常常倒霉。汉武帝为了出征匈奴，就强行向商人和富户征收财产税，并且鼓励人们告发隐匿财富的人，这项措施叫作"算缗"和"告缗"。明朝时，朱元璋要修南京城墙，富商沈万三主动表示愿意出钱，承担一部分城墙工程，没想到朱元璋大怒，说："匹夫敢犒劳天子的军队，绝对的乱民，该杀！"幸亏马皇后进谏，才免他一死，发配云南了事。

但是，这种老脑筋，到了清朝真是不得不改了。因为此时的中国已被西方赶超，而成了西方列强掠夺的对象。没有发达的商业，不能刺激生产，社会财富不会大量增加；没有发达的商业，我们只能成为西方国家的产品倾销地，眼看着大量白银哗哗地流走。在国家衰落、事事不如人的当口，有志气的中国人都在思索如何振兴图强，与外人竞争，商人也不例外。于是，涌现了像张謇、盛宣怀、叶澄衷、朱葆三这样的商人。

张謇本是一个书生，江苏南通人。1894年的春天，为了庆祝慈禧太后六十大寿，清政府破例多开一次科举考试，当时年已不惑的张謇拔了头筹，成了状元。这是光宗耀祖的事，大好前程正等着他。然而，1895年2月，甲午战争以中国战败而告终，中国不得不与日本签订了丧权辱国的《马关条约》。消息传到南通，张謇悲愤至极。他说："我宁可为国家做点真正有用的事，也不愿去做一个尸位素餐的官僚！"张謇痛定思痛，深感中国当务之急，就是要大力发展实业，以求民富国强，从而发出了近代中国最响亮的"实业救国"的呼吁，并义无反顾地身体力行。后来，他办起了大生纱厂，接着又办铁冶厂、榨油公司、肥皂公司、盐业公司、轮船公司、渔业公司，成为中国东南沿海实力最雄厚的民族资本集团。

　　一个饱读诗书、满口仁义礼智的状元郎，要转变成满脑子成本与利润的资本家，张謇精神世界的紧张是不言而喻的。他始终把"救国"当成他从商的终极关怀，实业是救国的手段，他为纱厂取名"大生"也出自《易经》之"天地之大德曰生"，"富民""强国"成为他克服内心世界矛盾的根据，使之获得了道德和理性的力量。

　　著名学者余英时先生著有《儒家伦理与商人精神》一书，认为中国传统的知识分子具有以天下为己任、积极入世的精神。张謇的"实业救国"理念正是这种精神的体现。在古代社会，儒家是重义轻利的，经商为社会所不齿，居社会之末流，但到了明清时代，工商业发展，商人的社会地位开始提高。尤其到了近代，"清末新政"废除了延续千年的科举制度，知识分子实现价值的老路已被堵死，只能另辟新径。所以大批官僚士绅纷纷弃官经商，下海创办实业。这是对千百年来官本位思想的冲击，是社会的进步。古老的中国大树开始发出新枝！

　　清代的那些巨商是了不起的，为中国的社会进步和富强作出了自己的贡献。本书介绍的巨商都是响当当的人物，如山西票号的创始人雷履泰，山西乔家大院的建造者乔致庸，传奇徽商胡雪岩，丝绸名店瑞蚨祥的掌门人孟洛川，宁波商团的先驱人物、上海澄衷中学的创始人叶澄衷，红顶商人、洋务运动的中坚盛宣怀等。

　　让我们走近他们，了解他们的奋斗历程，学习他们的成功经验，认识他们的胸襟和抱负吧！

目 录

目录

大清巨商故事

天下第一大富翁

——伍秉鉴

　　2001年，美国《华尔街日报》（亚洲版）刊登了一个《纵横一千年》的专辑，统计出了上几个世纪世界上最富有的50个人。其中，有6位中国人入选，他们分别是成吉思汗、忽必烈、和珅、刘瑾、宋子文和伍秉鉴。这6个人中，又唯独伍秉鉴是以纯粹的商人身份出现，所以伍秉鉴也是人们最关注的焦点。

　　伍秉鉴是19世纪广州行商的领头人，他的客户遍及欧美各国，他还是英国东印度公司最大的债权人，东印度公司有时资金周转不灵，常向伍家借贷。正因为如此，伍秉鉴成了洋人眼中的世界首富。

广州十三行的盛况

伍秉鉴（1769—1843年），字成之，号平湖，别名敦元，祖籍福建。其先祖于康熙初年定居广东，开始经商。到伍秉鉴的父亲伍国莹时，伍家开始参与对外贸易。1783年，伍国莹迈出了重要的一步，成立怡和行，并为自己起了一个商名叫"浩官"。该商名一直为其子孙所沿用，成为19世纪前期国际商界一个响亮的名字。

提起伍秉鉴，不得不提起广州十三行。所谓的"十三行"，实际只是一个统称，并非是13家，多时可达几十家，少时则只有4家。由于当时清政府只允许广州一地与国外通商，因此这些商行便享有垄断清朝海上对外贸易的特权，凡是外商购买茶叶、丝绸等国货，或销售洋货进入内地，都必须经过这一特殊的组织，故"广州十三行"逐渐成为与两淮的盐商、山西的晋商并立的行商集团。

在财富不断积累的过程中，"广州十三行"中也涌现出了一批豪商巨富，如潘振承、潘有度、卢文锦、伍秉鉴、叶上林等，以至于当时就流传有"洋船争出是官商，十字门开向二洋。五丝八丝广缎好，银钱堆满十三行"的说法。在现在看来，这些行商无疑是当时世界上最富有的人。

据清宫档案记载，1754年，洋船到港27艘，税银仅52万两。1790年，洋船增至83艘，税银达到110万两。鸦片战争前，洋船每年到港多达200艘，税银也突破180万两，单单一个广州十三行就向清朝政府缴纳了全国

40%的关税。因此，当时的十三行也被世人称作清政府财源滚滚的"天子南库"。在以后的发展中，这些行商们更是因为办事效率高、应变能力强和诚实守信而深受外商的欢迎。随着财富的积累，广州十三行中涌现出了一批以怡和行、同文行、广利行、义成行为首的著名商行。

据历史记载，当年瑞典的商船"哥德堡"号就与广州十三行有着密切的商业来往。如今，在瑞典哥德堡图书馆仍保存着一张1742年1月17日"哥德堡"号第二次离开广州时广东海关发放的船牌。在这张船牌上，详细地记载了"哥德堡"号离开广州时的装备情况，上面记录着："番梢"即船员120人，剑刀30口，大炮30门，"鸟枪"30支，火药10担，弹子300颗。同时，在这张船牌上还写明了"哥德堡"号应该缴纳的一切税款，并且注明这些税款已经缴纳完结，假如在离开广州港后遇到风浪等特殊情况，漂流到其他省份，凭着这张牌照各"关津要隘汛防处所"也不得"重征税饷，留难阻滞"，而且"其随带防船火炮器械"已经"按照旧例填注牌内"。据说，当时美国历史上第一位留下八位数遗产的"千万富翁"——约翰·雅各布·阿斯特，靠的就是与广州十三行做生意发了大财。后来他在曼哈顿囤积地皮，成了美国首富。

1801年，32岁的伍秉鉴接手了怡和行的业务，伍家的事业也开始快速崛起，伍秉鉴成为了广州行商的领头人——总商。在经营方面，伍秉鉴同欧美各国的重要客户都建立了紧密的联系，并依靠超前的经营理念在对外贸易中迅速崛起。伍秉鉴不但在国内拥有地产、房产、茶园、店铺等，而且他还大胆地在大洋彼岸的美国进行铁路投资、证券交易，并涉足保险业务等领域，同时他还是英国东印度公司最大的债权人，东印度公司有时资金周转不灵，常向伍家借贷。正因为如此，伍秉鉴在当时西方商界享有极高的知名度，成了洋人眼中的世界首富。

横空出世，总商之魁

鸦片战争之前，广州十三行的行商以"潘、卢、伍、叶"最为著名，即同文行和同孚行的潘家兄弟、广利行的卢文锦、怡和行的伍秉鉴以及义成行的叶上林四大行商。18世纪末19世纪初，也就是鸦片战争前夕和战争期间，伍家似乎要比其他行商更精于投资之道，很快就积累了巨额财富，成为广州行商的领头人。

据记载，伍氏家族原籍福建，康熙初年进入广东。刚入广东时，伍氏曾经从事过商业活动。到了伍国莹这一代，伍国莹在一家行商当起了账房。当时，商户的账房不仅要做会计工作，也参与资产的管理，并且作为商行的成员还可以进行投资贸易。因此，伍国莹在这里积累了大量的财富与丰富的经商经验，并且在他还没有成为行商之前，就已经与英国东印度公司有了商业往来。1783年，伍国莹终于脱离了这家商行，在海关的监督和要求下成为行商，成立了怡和行。在伍国莹的经营下，怡和行很有起色，并且在国际商界也取得了一定的地位。

1801年，伍国莹去世，儿子伍秉鉴便继承了伍家怡和洋行的业务。在伍秉鉴手中，怡和行的事业开始快速崛起，同欧美各国的重要客户都建立了紧密的联系。

当时，中国最著名的出口贸易产品就是茶叶，而且欧洲人对茶叶的质量十分挑剔，但伍秉鉴所供应的茶叶却被英国公司鉴定为最好的茶叶，并标以最高价出售。此后，凡是装箱后盖有伍家戳记的茶叶，在国际市场上都能卖到很高的价钱。到1807年，怡和行已成为广州的第二大商行。随着行务的发展和贸易额的激增，伍家的资财也逐步上升，成为广州诸行商中首屈一指的巨富。1813年，怡和行终于被列为总商之魁，登上首席商行的位置，取代同文行成为广州十三行的领头人——总商。此后数十年，伍秉鉴一直居于行商的领导地位。直到1826年，他将怡和行行务处交与第四子伍元华掌管，自己退居幕后，但他仍掌握怡和行和公行的实权。

伍秉鉴父子两人，都是工于心计、多财善贾的大行商，他们一方面与外商保持着密切的关系；另一方面又通过贿赂、捐输和报效，同清政府和广东各方面的官吏接触密切，官商结合，怡和行的财富也迅速上升。作为封建特权商人，而且清朝又实行捐纳制度，因此伍秉鉴也捐资买了一个三品顶戴的官衔，成为亦官亦商、上通朝廷、下连市廛的名副其实的官商。同时，伍家父子又凭借中外交涉中介人的有利条件，与外国的外交代表、军政官员保持密切的关系。英国驻华第一任商务监督、英国的东印度公司、散商和美商都与伍家有直接的通商关系。而且，英国马地臣行的中文行名就是采用了伍家怡和行老字号的号名，称作"怡和洋行"。

在清代，中国共出现过三个商业群体，他们分别是两淮的盐商、山西的晋商和广东的行商。两淮的盐商经营盐业，晋商经营票号，行商的主业则是外贸，但有所不同的是，行商的资产更为集中。在伍秉鉴的经营下，伍氏家族使行商的资产达到了历史的顶峰，成为洋人眼中的世界首富。

慷慨富有的传奇人物

据《华尔街日报》（亚洲版）说："出生于1769年的清朝行商伍秉鉴继承父业与外商从事买卖，又进一步贷款给外商并以此获得巨额财富。他在西方商界享有相当高的知名度。"伍秉鉴的富有自不必说，在当时他是中国首屈一指的富豪，家院堂皇气派，是一处大型的园林建筑。因而伍家庭院也成了钦差大臣、总督巡抚及外国使节常常会晤的地点。

值得注意的是，在西方商人眼中，伍秉鉴是"诚实、亲切、细心、慷慨、富有"的结合。据说，当年伍秉鉴在洋人眼里是一个值得尊敬的人物，他们都称他为伍浩官老爷。有关伍秉鉴的趣闻逸事，在当时的外商中流传着很多。其中，有一个故事就表现了以伍秉鉴为代表的中国商人慷慨大方的一面。

当时，有一个美国波士顿的商人和伍秉鉴合作经营了一项生意，由于经营不善，欠下了伍秉鉴7.2万银元的债务。这个波士顿商人一直没有能力偿还这笔欠款，所以也一直无法回到美国。伍秉鉴听说后，马上叫人把借据拿了出来，对这个波士顿商人用英语说："你是我的第一号'老友'，是一个最诚实的人，只是运气不好。"说着他就把借据撕掉了，继续说，"现在债务一笔勾销，你回国去吧。"要知道，7.2万银元在当时可是一笔巨大的财富，就是在如今也是一个惊人的数字，相当于今天几百万元人民币。在当时，一艘远渡重洋的中型海船所携带的货物总价也不过10万银元

大清巨商故事

左右，而伍秉鉴当着波士顿商人的面把借据撕碎，宣布账目结清，可见其富有和慷慨。

因此，"伍浩官"的名字也开始享誉美国，被传扬了半个多世纪之久，以至于当时美国有一艘商船下水时竟以"伍浩官"命名。

伍家除了和美国商人关系密切以外，同英国行号也有着紧密的联系。由于美国商人把伍秉鉴看成了行商中最可靠的人，所以英国商人也对伍秉鉴万分地信任。尽管伍秉鉴的生意比较多，而且收费也较高，但他们仍然乐意同他交易，因为他在时间和质量上都有保证。他能够从存放在英商行号的百余万元期票中，算出利息是九百多元，与英商兑付时的数目不会相差分毫，这让当时的外商极为惊讶。

1834年以前，伍家与英商每年的贸易额就达到了百万两白银，而且伍秉鉴还是英国东印度公司的"银行家"和最大债权人。东印度公司负责人在每年结束广州的交易前往澳门暂住时，总是将大量的存款和金银交给伍秉鉴保管。他在外商中的信誉可想而知。

乐善好施，深为时人所景仰

与其他行商不同，伍秉鉴很愿意尝试新的投资领域，他有时投资并不单单是为了获得利益，还为了得到一个好的名声和心理上的满足。19世纪初期，随着外国商人在广州口岸的日益增多，欧美基督新教的传教士也看上了中国这片土地。

1835年，第一位美国传教医生伯驾来到广州，但由于中国一向推崇儒家的思想，注重现世，不关心彼岸世界，所以基督教一直以来都受到人们的排斥。伯驾看到在中国的传教效益甚微，便转而利用医学途径作为传教的辅助手段，创办了广州眼科医局，开始了以医疗活动为手段，以传教为目的的"医学传教"历程，同时也开始了美国医学在中国的传播。伯驾只是个刚从耶鲁大学医学系毕业的博士生，要想创办一个相当规模的眼科医局并非易事，所以他找到了当时号称"世界第一富翁"的伍秉鉴。

面对伍秉鉴，伯驾把创办眼科医局，并以此作为拯救中国人民的途径向伍秉鉴讲述了一遍。伍秉鉴念他处处急中国人之急，想中国人所想，便答应捐出10万元银元建立医局。在当时，伍秉鉴的这一举动实属首例。因为伯驾来中国的目的是传教，所以为了博得中国人民的信任，他所创办的医局不收取任何医疗费用，那么伍秉鉴的这10万银元也就相当于一个没有任何收益的投资。

1835年11月4日，伯驾终于开设了"眼科医局"，但由于中国人的传统观念，对西医总持疑惧态度，因此眼科医局的开业并不是一帆风顺。开业第一天，医局门可罗雀，直到第二天才来了一位患青光眼的妇女就诊，第三天又来了六个病人。而后，医局的情形才慢慢地转好。在伯驾的治疗下，随着病人病情的好转，人们的恐惧和疑惑逐渐消失，开始认同这个西方人主持的西医医局，就医人数也逐渐多起来了。

伯驾经营广州眼科医局长达20年之久，一直到他从政，医局业务才由另一位美国传教士嘉约翰主持。在嘉约翰的主持下，医局逐渐成为初具规模的西医院，并正式命名为博济医院，此名沿用至今。虽然伍秉鉴的这次投入没有任何利润，但他因此获得了极高的声誉，使他在以后的商业活动中更加顺利，并载入了中国史册，这也使他成了一个比较有争议的历史人物。

伍秉鉴的投资活动并不仅限于中国，更能表现其胆略和风范的是参与美国的证券和铁路建设的投资。1837年，24岁的美国商人约翰·穆瑞·福布斯回到美国。8年前他前往中国时，还是一位不名一文的学徒。在中国，福布斯以贩卖茶叶为生，并认下了一位义父——伍秉鉴。而就是因为这层关系，在他回美国时口袋里竟多出了50万墨西哥银元的资金，他在美国利用这笔钱开始了一门新生意——修铁路，而后福布斯成了横跨北美大陆最大的铁路承建商。

另外，伍秉鉴还独立购买了美国的证券，并且向美国的铁路建设进行了多次投资。在他多方面投入的同时，也为自己换来了更多的收益，使他成了一位名副其实的跨国财团首领。

另外，伍秉鉴还凭借自己雄厚的财力笼络其他行商。十三行虽然是由官方组织起来的社会团体，可是行商的内部关系错综复杂，常常因生意产生激烈的竞争，甚至相互倾轧。于是，伍秉鉴便对这些行商恩威并用，就在英商公司要求伍家独立担任羽纱销售代理人时，他则要求将利润按比例分给全体行商。

后来，老行商刘德章因得罪英商公司失去了贸易份额，伍秉鉴出面斡旋，恢复了他的份额。行商黎光远破产充军伊犁，伍家又同外商筹款捐助他在流放地的生活费。

从1811年起，伍家就利用其雄厚资金，协助英商公司向濒于破产的大多数行商进行放债，其债款数额就高达200余万元，使大多数资金薄弱的行商都愿意听从伍家的安排。因而，怡和行也逐渐成为了一个令人敬仰和羡慕的大型跨国财团。

十三行走向没落

　　清廷只开放广州与外国通商，远远不能满足国际贸易的需求。清朝皇帝自以为天朝大国，物产丰饶，无须从外邦进口，对通商并不热心，对外商的管理也过于僵化。这可把外商急坏了。

　　在外商中，英商是其中最大的一支贸易队伍，贸易量已超过其他各国的总和。英国人处事十分敏感，常常不能接受中国官府对商船的控制。1792年，在东印度公司的资助下，英国政府派遣马戛尔尼使团出访中国。马戛尔尼对这次出访充满信心，在谈妥了金钱、爵位和权利三项条件之后，就踏上了来华之旅。第二年，马戛尔尼使团来到中国，受到了清政府的热情款待。但是，中国历来是一个贡国宗藩的国家，就在马戛尔尼朝见时，乾隆要求其下跪，而马戛尔尼却拒绝下跪，最后好说歹说，同意单膝下跪，这使乾隆帝极为不快。当马戛尔尼再次提出通商贸易的六项要求时，乾隆终于恍然大悟。他盛怒之下，便下达了谕旨，重新颁布了闭关条令，只留下广州一处口岸。这次访问的失败，使惨遭经济损失的英国人意识到，要用外交手段打开中国的大门已经没有多大的可能。于是，英商便用一种来自于印度殖民地的商品——鸦片，来换取自己失去的商业利益，扭转与中国贸易总是逆差的格局。鸦片很快在中国风行，一时间，中国上下人人面黄肌瘦，精神萎靡不振。后来，清政府意识到了鸦片的危害，派林则徐来到广州，开展禁烟活动。

1801年，伍秉鉴继承了父亲伍国莹怡和行的业务。伍秉鉴是一个善于钻营、工于心计的人，他与英商的关系甚为密切。

从史料上看，伍家的怡和行向来做的是正经生意，茶叶贸易是伍家最主要的业务。但是，一些伍家担保的外国商人为了牟取暴利，往往夹带鸦片。一方是朝廷官府，一方是多年来贸易往来的生意伙伴，两边都得罪不起。因此，他必须尽自己的全力化解这次危机。

三天后，其子伍绍荣将外商上缴的1037箱鸦片交给林则徐，希望能就此结案。但是，林则徐认定这1037箱鸦片是十三行行商与英商串通一气欺骗官府。3月23日，林则徐派人锁拿伍绍荣等人到钦差大臣行辕审讯，伍家再次妥协，表示愿以家资报效。但是，林则徐下令将伍绍荣革去职衔，逮捕入狱。经过此番折腾，伍秉鉴颜面尽失，斯文扫地。

面对如此辽阔、利益如此巨大的中国，英国商人自然不甘屈服，中英贸易摩擦开始进入白热化阶段，战争一触即发。

1840年6月，英国远征军封锁珠江口，鸦片战争爆发。据一位美国商人的记录，伍秉鉴当时被吓得瘫倒在地。他争取和平解决鸦片问题的努力彻底失败了。伍秉鉴清楚地知道，英国发动这场战争的根源，正是不满十三行垄断贸易，一旦英国获胜，毫无疑问，十三行的独特地位将被迫丧失。

伍家，甚至其他行商，都为这场战争贡献了巨额的财富。战争甫一开始，伍秉鉴和十三行的行商们就积极募捐，出资修建堡垒、建造战船、制作大炮。纵然如此，清朝政府仍全线溃败。1841年5月，英军长驱直入，兵临广州城下时，奕山统领的清军部队无力亦无心抵抗，于是想出了一条计策——令行商前往调停。广州城外，奉命行事的伍绍荣与英军首领义律展开了讨价还价。最终，双方签订《广州和约》，按协议，清军退出广州

天下第一大富翁
——伍秉鉴

城外30千米，并于一个星期内交出600万元赔款；英军则退至虎门炮台以外。这600万元巨款，有1/3由十三行商人出资，其中伍秉鉴所出最多，计110万元。

遗憾的是，这次赎城之举没有给行商们带来荣誉和感激，而是更多的非议。从战争一开始，跟洋人做生意打交道的行商，就被国人涂上了"汉奸"的阴影。不管他们捐献多少银两，也抹不去这个影子。

《南京条约》签订后，中国被迫"五口通商"。随着"五口通商"的实行，广州十三行所享有的特权也随之结束，行商们纷纷从广州去了上海。广州十三行的势力开始逐渐没落，广州作为国际贸易中心的地位逐渐被上海、香港取代。

1843年，伍秉鉴也因病在广州去世。但是，十三行作为中英矛盾冲突的焦点，作为人们指责的对象，却没有随着第一次鸦片战争的结束而消失。1856年，由"亚罗"号事件引发的第二次鸦片战争爆发，广州十三行成为了中外交锋的战场。12月15日深夜，中英两方的炮火将这个具有170多年历史的商馆化为了灰烬。从此，以伍秉鉴为首的十三行便彻底退出了历史的舞台。

伍家所积累的财富是惊人的。据1834年伍家自己的估计，他们的财产已有2600万银元，按照国际银价换算，这个数目相当于今天的50亿元人民币。而且，伍家在珠江岸边的豪宅，据说可与《红楼梦》中的大观园媲美。

山西票号创始人

——雷履泰

　　雷履泰（1770—1849年），山西平遥县人。因父亲过早去世，家境贫寒，放弃了读书的机会，进平遥城当学徒做买卖。于道光三年（1823年），创立了第一家票号——日升昌，并担任总经理职务，为日升昌的发展倾注了毕生的精力。

　　明清时期是晋商的辉煌年代，晋商能够享誉天下，并在19世纪前半期达至鼎盛，与其在票号经营上的成功密不可分。票号又称汇兑庄或票庄，是承揽汇兑及存放款等业务的民间金融机构。在近代银行产生以前，票号是最为重要的金融机构。票号总庄林立的山西祁、太、平三县，俨然成为中国民间金融网络的中心。后来其他地区所设立的票号，多仿效山西票号的经营方式及管理制度。

　　雷履泰并不是"日升昌"的东家，何以他能够创设第一家票号，这一经营方式为何又会风靡山西、引领全国呢？

办事干练，脚踏实地

曾有人说："凡是有麻雀的地方，就有山西商人。"

山西人从商的历史可以追溯到周朝至晋唐时期，但真正崛起是在明代。由于当时山西人经商风气盛行，所以他们早已摒弃旧俗，褒商扬贾，以经商为荣。

那时候到处可以听到这样的民谣："买卖兴隆把钱赚，给个县官也不换"；"有儿开商店，强如做知县"；"要想富，庄稼带店铺"；"良田万顷，不抵日进分文"。

介于这样的环境，山西人都有一个共识：做大事、成大器的路径就是经商，而经商必须从学徒开始。

雷履泰也是从端茶倒水、察言观色、侍奉掌柜的学徒生涯走向他的票号银行的"祖父"之路的。

了解雷履泰的人，都知道他从事的第一份职业是当把式。当什么把式？就是当看"宝房"的把式。所谓"宝房"就是赌博房。

当时，西北人赌博流行押宝，庄家摇起宝盒来，哗啦哗啦阵阵作响，四周围着的赌徒目不转睛地盯着宝盒的摇动方位和姿势。宝盒一落地，赌徒们那一双双贪婪的手就流星似的将自己的押注甩下。

少年雷履泰就是在平遥城北门里头拐角的宝房里当了专门看管这些押注的把式。也就是在这种场合，原本腼腆害羞的雷履泰练就了一副好眼力和快速心算术，这不，宝盒一开，他立即将各人的输赢数额一一报出，分毫不差。

凭着这一手本事，他很快就被平遥达蒲村"西裕成"颜料店的二少爷李大全看中。

当时的西裕成颜料店是制作和贩运相结合的商号，在平遥达蒲村有颇具规模的手工制铜碌作坊，在北京崇文门外草厂十条南口、天津、汉口、重庆等地设有分店。李二少爷是一个识才之人，所以他把雷履泰挖到自家的西裕成颜料庄当学徒。

学徒，并不是每个人都能学会的，必须要经过"全方位"的训练，怎么个训练法呢？那就是从洒扫应对开始。先是学会使用"五壶四把"，学会端茶倒水，还要学会察言观色，小心翼翼侍奉掌柜，甚至掌柜的一个眼神、一声咳嗽也要领会其中的含义。不仅如此，业务上还要"拿起算盘能打得噼里啪啦山响，提起毛笔能写出端端正正的楷书"。学徒到这种程度，未来才可能会有点奔头。

雷履泰出生于家道衰落的经商世家，自幼读书，又因父亲过早去世，家境贫寒，自动放弃了读书的机会。有这种人生经历的人，一般都有相当顽强的意志力。而意志，正是困难、障碍、挫折、失败的克星。雷履泰坚忍果敢，办事干练，颇具才能，东家对他重用不疑，不久就将他委任为汉口分号执事，之后又把他调到北京分号做掌柜。

山西票号创始人
——雷履泰

顺时因势，创设票号

雷履泰属虎，他敢作敢为，尤其敢于尝试新事物。

那是一个临近年终的时节，一位山西老乡找到了雷履泰。

当时雷履泰在北京西裕成颜料分店做掌柜，这位老乡在北京做干果生意，因为对镖局押运能力产生怀疑，便与雷履泰商量：他往老家捎的银子，先交到北京西裕成分号，由京号掌柜出具票据，等他回山西后，再到平遥西裕成总号兑现取银。

因为是熟人，雷履泰不好意思拒绝，便勉强同意了。

当时，适逢中国商品经济迅速发展，商业资本异常活跃，各地商帮纷纷崛起，各地的镖局也纷纷登场。

要是现在，把现金存进自己的银行卡便可满世界跑，可那时，还没有出现银行，所有的现金不是匿藏家中便是随身携带。倘若要到远方做生意，或者远离家乡有钱要寄回，也只有请镖局押运现金。到年终之时，镖局尤其繁忙。

对于现代人来说，这是多么的不方便！其实，那时候，人们也觉得这是一件很麻烦的事情，但就是连皇帝也没有办法。

镖局起镖运现款，运费高不说，风险也不小。尤其在西北那个地方，边贸繁荣起来后，那条商道土匪强盗肆意横行，别说走西口的年轻商贩怀揣的现金，就连镖局押运的现钞白银也经常被抢，有些职业土匪，专抢镖局，碰到押镖，不抢就不是新闻，而是奇闻了！

所以，那时候要求镖局运钞的人就像一个盲目的赌徒，只能碰运气。在这种情况下，一些人不相信镖局的押镖能力便很正常了。

起初，没有谁把西裕成帮老乡捎银子当回事，"西裕成"也只是偶尔接受朋友、亲戚的托付，两相兑拨，无偿帮忙，不在话下。

渐渐地，山西帮商人感觉用这个方法调度银钱比镖局押运更加便捷保险，于是，来求西裕成兑拨的人越来越多。

可西裕成并不是慈善机构，这种帮有钱人当跑腿又担当风险的活谁愿意干？但人气意外形成，雷履泰想推脱也不那么容易，他考虑再三，就与兑拨的人协商：是不是该收取一点汇费？

兑拨人没有异议。毕竟已不是一家两家的事情了，而是一窝蜂来找雷履泰。有谁好意思老让别人做雷锋？除非他自个儿愿意。

当这项无偿服务变为约定付费时，细心的西裕成掌柜雷履泰似乎看到了一个新的商机——这种汇兑的汇费虽少，但钱生钱，来得容易，如广为开展，获利必丰。

这潜在的商机隐藏着多大的利益？除了操刀者雷履泰，没有谁能说得清楚。

经过深思熟虑，雷履泰将汇费的汇兑标准和汇票防伪的方法及其之间的利害关系一并上报给东家李大全。

李大全是一个知人善用的老板。他完全信任雷履泰的忠诚和能力，否则，他不会撒手让一个外人操持自己的店铺。

对雷履泰的新项目汇报，李大全除了赞赏，便是赞同。他当即表示同意采纳雷履泰的提议，并准备以雷履泰所经营的北京"西裕成"分店作为试点，对汇兑办法进行试营业。

山西票号创始人
——雷履泰

17

世界上怕就怕"认真"二字！雷履泰的认真劲儿一来，便有猛虎下山的气势，他紧锣密鼓地开始了新的尝试。

历史上的汇票资料，给他以借鉴的经验。在卖颜料的同时，雷履泰兼营银钱的异地汇兑，以收取汇费获利，由"西裕成"收银出票，凭票到指定地点的联号兑取现银。

结果，收益出奇的好！

希望来自于自信，自信者往往能勇往直前。

大约在道光三年（1823年），雷履泰与李大全正式设立"日升昌"票号，李大全出资30万两，雷履泰参股2万两，由雷任总掌柜。逐渐放弃颜料生意，专营汇兑。

在此之前，商人只做存放业务的账局银钱业，但作为汇兑制度和专营汇兑之信用机构，是由雷履泰创建了专营存汇款和拆借资金业务的"票号"开始形成的。

如此，"日升昌"成为中国历史上有记载的第一家票号。

汇通天下，日升则昌

"日升昌"创设之后，雷履泰严格厘定开票汇兑规则，"其法出一支付之票，持至所汇地之分号或联号，如数兑取现银，故名票号。而汇款时按各地银色之高低，路途之远近，银根之松紧，于所汇数目之外，另加汇费，名曰汇水。只烦一信之通，巨款立即照付，其别于镖局保送，费省而事稳，各商便之，莫不趋之若鹜"。而其他众商，纷纷效仿。雷士炜《票号纪略》一文中说："有即改设者，有集资而专设者，平遥设立十余家，莫不获大利者也。究其发展之原理，营业以信义和平为宗旨，伙友以团结精神为必要，号章严密完善，历来经理用全副精神，始立永久基业。"票号的设立迎合了日益发达的商业贸易的需要，也因此开创了一个奇迹辈出的行业。

继日升昌后，太谷、祁县、介休、榆次商人纷纷仿效，形成山西票帮中平遥、祁县、太谷三帮鼎立的竞争态势，票号成为清末重要的金融组织。

雷履泰虽然不是大股东，但由于其首创之功及杰出的经营才智，得以充分执掌号务。再加上与店东交谊深厚，信任有加，竟至在日升昌任大掌柜数十载，也因此打造了中国第一票号日升昌的辉煌。到道光三十年（1850年），日升昌已在北京、苏州、扬州、重庆、三原、开封、广州、汉口、常德、南昌、西安、长沙、成都、清江浦（在江苏）、济南、张家口、天津、河口（在江西）18个城镇建立了分号，到光绪十二年（1886年）后又陆续在沙市、上海、杭州、湘潭、桂林五城镇增设五个分号。

规模在扩张，利润也在迅速攀升。据史料记载："该号昔年股本银屡年增加，每股一万两，共三十股，总共资本三十万两。有人力股俸三十余股。该号屡年所得之利，以四年一账为开股份之期，每账每股若干，初开为数百两，后一二千两，四五千两至一万余两，最多开过一万六七千两。"据日升昌在北京等14个分号统计，仅光绪三十二年（1906年）这个账期即获利583762银两。

在日升昌的发展中，雷履泰一度与协理毛鸿翙发生矛盾。此事难论是非，但因雷履泰显然更得东家的信任，毛鸿翙只好请辞出号，时介休"蔚字号"财东侯荫昌拟组票号，即聘毛鸿翙为总理。毛鸿翙也是一位商业干

山西票号创始人
——雷履泰

才，在他的辅佐下，侯氏"蔚字号"也发展迅速，成为与日升昌并肩的对手。但雷、毛二人都是讲求规则的人，竞争之中并非你死我活，两号的发展反而促进了山西票号的全面兴盛。

雷履泰在日升昌中的巨大影响力终身保持，这也是日升昌得到持续发展的基础。到晚年，雷履泰更加强调以德立店和以规律人，整顿店铺规章，严格执行奖惩政策。不准本号商人买官补实缺、赌博纳妾、收受贿赂、欺诈勒索。如有违者，立即出号，永不录用。

道光二十九年（1849年），雷履泰去世。之后，日升昌继续实施他所厘定的经营方针，保持了数十年的繁荣。至19世纪70年代以后，由于外国经济的入侵及战争的破坏，晋商受到了严重的打击。在新式银行业兴起之后，票号更是受到致命冲击。在辛亥革命前后，许多票号在挤兑风潮中倒闭。日升昌虽然渡过了此劫，但其发展的空间已经远逊昔日。1925年，日升昌改组为钱庄。

在日升昌的飞跃过程中，雷履泰个人并未成为富可敌国的巨商，但是他堪称是中国帝制时代最为成功的CEO。他创设了票号这一新式的经营模式，并在日升昌进行了最为成功的实践。

话说票号

以日升昌为代表的票号，形成了一套独具中国特色，又与现代企业制度相近的企业结构和治理方式。其中最主要的，包括两权分离、"顶身股"、严格号规、"酌盈济虚，抽疲转快"等制度架构、管理方法和运作模式。这些制度的源头，都是晋商在经商过程中积累的做法和习惯。

"两权分离"似乎是现代企业的起点，然而，起码从明代开始，晋商在经营实践中就形成了"东伙合作制"。所谓"东"，就是资本所有人，俗称财东；所谓"伙"，就是经营合伙人，俗称伙计。东伙合作的缘起，在于有资本者未必有经商能力，而能经商者未必有本钱。正是东伙合作，奠定了中国历史上最早的资本所有权与经营权分离的体制。在一定意义上可以说，从东伙合作制形成之日起，"企业"就已经诞生。

到日升昌时期，票号的组织结构为三种人：东家、掌柜、伙计。东家相当于董事长，大掌柜以下，全部是东家的雇佣人员。东家出资，但不过问经营事务。只有出资人不插手经营，才能保证企业正常运作。甚至为了保障掌柜的权力，晋商还形成了不允许"三爷"进票号的规矩。所谓"三爷"指东家的"舅爷""姑爷""少爷"。显然，如果允许"三爷"插手，那么，小舅子就可能上演出"外戚专权"，女婿就可能制造出商务"倒插门"，儿子就可能炮制出"逼宫戏"。大掌柜一上任，就具有独立的经营权。比如对资本的运用，对人事的安排，东家一概不能过问。这种经营权威，也为大掌柜施展才能提供了制度保证。这"顶身股"是晋商的发明创造，有人把它比作当今的MBO（即管理者控股，但身股的获得渠道不是购买，而是服务年资和表现）。这是当时特有的企业激励体制，也是协调东伙利益关系的基本举措。具体做法是：东家的出资为银股，是票号的真实资本；掌柜和伙计以人力入股，是为身股，俗称"顶生意"。身股与银股相对应，不交银子，但是需要对东家投入的资本负责，是票号里的"虚拟"股本。身股与银股一样，都享有同等分红的权利。掌柜和伙计，都可以按照自己的表现取得一定的股份，如果服务年限增长及表现优异，则会追加股份，反之则会降职。这种顶身股制度，使票号在组织体系上利

山西票号创始人
——雷履泰

益一体化，形成了很强的向心力。晋商有言："薪金百两是外人，身股一厘自己人。"身股的作用在这一俗语中表露无遗。

票号的吸引力是巨大的，号规也是严格的。所谓"家有家法，铺有铺规"，票号的规矩之多，为当时各行业所罕见，有许多规定，表面上看近似苛刻。比如，所有票号，都严格规定"十不准"，包括不准携带家属，不准嫖妓宿娼，不准参与赌博，不准吸食鸦片，不准营私舞弊，不准假公济私，不准私营放贷，不准贪污盗窃，不准懈怠号事，不准打架斗殴。一旦有违反号规者，立即除名，俗称"卷铺盖"。这种惩罚的严厉性，在于它是公认的行规，凡是某个票号犯事而卷了铺盖的伙计，其他任何票号都不会再录用。也就是说，犯规除名等于宣告这个人经商生涯的终结。各个票号，还会根据自己的情况做出更细的规定。例如，除父母丧葬大事，不得请假；每月准寄平安家信，但不能带东西银钱；家信要交总号检查并由总号转交，不得私寄等。这种几乎不近人情的管理规章，强调票号对伙计的人身控制，在当时行之有效。

总之，日升昌给晋商提供了一个样板。很快，晋商纷起效尤，在平遥、介休、祁县、太谷、榆次等地涌现出了大批票号，有的票号甚至把分号设到了日本的东京、大阪、横滨、神户以及朝鲜的新义州等地。梁启超曾感叹说，山西票号"执中国金融界牛耳"。"日升昌"作为票号的领头羊，得到了"天下第一号""汇通天下"的赞誉。道光二十年（1840年），雷履泰70岁寿诞时，山西商会专门为这位票号先驱赠与一匾，上书"拔乎其萃"四个大字，以表彰他首创票号之功。

乔家大院"亮财主"

——乔致庸

乔致庸（1818—1907年），字仲登，号晓池，山西祁县人，乔家商业第三代传人。从第一代乔贵发起家，到第三代由乔致庸大手笔经营，使乔家成为商业巨族。人称他为"亮财主"。电视剧《乔家大院》即取材于他的故事。

他出身商贾世家，自幼父母双亡，由兄长抚育。本欲走入仕途，刚考中秀才，兄长故去，只得弃文从商。在他的独到运营下，山西票号一度汇通天下，做到行业里的龙头老大。乔致庸的生意之道，除了秉信"诚信"，其用人之道和不畏风险的眼光，也是他成功的资本，颇值得玩味。

支撑门户，弃儒经商

　　山西历史上名人荟萃。仅以祁县为例，元代以前正史里所出现过做官的人，初步统计有数十人之多。但元朝之后，祁县就没有出现过大官。一个重要的原因是，明朝为对付元朝的残余势力，在北方边境建设了九个边关重镇，称为九边。大量军队驻扎物资消耗惊人，这给了山西人经商的大好机会。因此从明代中期开始，山西人的经商风气就开始形成。

　　祁县的气候并不算好，土地也不是很肥沃，物产有限，当地百姓把经商作为唯一的出路。好在祁县处于山西交通中枢，信息比较灵通，通商有便利条件。

　　据史料记载，道光年间北京城里有300多家粮店，其中有100多家都是祁县人开的。晋商发展到最后，主要以府南县为主，也就是太原府以南的榆次、太古、平遥、介休，按当时传统叫"祁、太、平"，也就是祁县、太谷和平遥。

　　乔致庸自幼父母双亡，由兄长乔致广抚育。他幼年聪颖过人，好学勤奋。中秀才后，曾雄心勃勃要走举人、进士的仕途。可是天命难违，不久长兄致广夭亡，乔致庸便成了乔氏这个大家族的顶梁柱。无奈之下，他弃儒从商，走上了经商之路。

　　乔致庸曾经有过一段很清闲自在的日子，年轻时的乔致庸有钱有闲。当时一个县令的年俸只有50两银子，加上养廉银也只多了几百两。乔家最

大
清
巨
商
故
事

年轻的大掌柜却有1000两白银年薪，还不算四年一次的账期分红。

咸丰初年，北方捻军和南方太平军起义，南北茶路断绝，乔家当时在祁县的大德兴丝茶庄主营的丝茶生意大受影响。当时社会上的生意主要有六种：粮、油、丝、茶、盐、铁。盐、铁从来都是朝廷控制，乔家基本没有涉足。粮油生意主要是乔家在包头的"复字号"做。

做粮油生意的，当时主要是平遥和晋南的商人。乔家虽然主营丝茶，但在当时山西商人中也并非最大。乔致庸的大哥因战乱对生意的重大打击而一病不起，本来将以一介儒生终了的乔致庸，于是不得不接手家族生意。从咸丰初年到光绪末年，乔致庸的人生经历了整个清朝晚期。接手家族生意后，他却在社会动荡、兵荒马乱的清朝晚期把乔家的生意推到了顶峰，尤其是乔家的票号生意。

乔致庸当时做的第一件事，就是疏通南方的茶路、丝路。

当时祁县鲁村茶叶市场在山西规模很大，正是南方运抵茶叶的主要交易中转市场。其后传统的茶路将分为两路：一是经西口前往新疆塔城、恰克图；二是通过张家口前往东北。漫长的茶路，从南方的武夷山到内蒙古腹地，干系着无数茶工、船工、驼队和山西商人的生计。乔家单是丝茶生意，直接间接就关系到上万人的生计。而丝绸通道则是将湖州的丝运往山西潞州制成潞绸。商旅路途的艰苦和危险开始让乔致庸逐渐意识到票号的重要作用。

乔致庸汇通天下，成为明代开始发迹的山西商人群体中处于上升期的新兴力量。

当时乔家还没有涉及票号生意，已经存在的票号是平遥的"日升昌"，作为一个新兴行业，票号有着极其广阔的发展前景和商业回报。

当时全国上下只有5个大票号，其中最大的日升昌只有7个分号，且不

乔家大院『亮财主』——乔致庸

25

和中小商人打交道，影响非常有限，一般小商人还必须带着银子做生意。乔致庸意识到票号的广阔前景后，志向是希望有朝一日能汇通天下。他的理想非常先进，汇通天下就类似于当今的银联。不但如此，乔致庸虽然力图将票号发展到全国，却没有垄断票号生意的意愿。他的想法，相当艰难和具有风险——比如想让票号把20两银子汇到南方，这在当时连路费都不够。如果你乔家在新疆要有票号，汇一两银子去，也必须做到，这个成本和风险何其惊人，但乔致庸却无畏风险艰辛。

乔致庸之所以如此看重票号的前途，自有他的筹划。当时商路上土匪和乱军纵横，商人携带大量银两非常危险和不便。而票号兑换的汇票即便被土匪所劫，没有密记也不可能在票号中兑换到银子。令人惊讶的是，整个山西票号史上，至今一例有据可查的误兑错兑都没有过。乔致庸利用乔家的资本一气开了两个票号——大德通和大德丰。在乔致庸的经营下，大德通和大德丰都成为全国屈指可数的大票号。光绪十年（1884年）大德丰成立时的资本是6万两，没几年就变成12万两，到光绪十几年的时候资本已经增加到35万两。

乔致庸为何在如此短的时间内聚集到这样大的资本？原因其实很简单。乔致庸把每年的利润部分继续投入作为资本，行话称为"倍本"。通常山西商人会在每一个账期分利，每个账期一般有三年、四年或者五年。乔致庸将几乎所有的红利都投入到资本中，他的资本在当时的票号里也可以说首屈一指。乔家的资本有四五百万两白银，流动资金在800万~1000万两，不包括票号和房地产。

乔家在包头开办的"复盛公"商号，在他的策划下发展为复盛公、复盛西、复盛全、复盛协、复盛锦、复盛兴、复盛和等庞大的复字号商业网络，基本上垄断着包头商业市场，故包头有"先有复字号，后有包头城"之说。

大清巨商故事

信义为上，知人善任

乔致庸的经商理念是一信、二义、三利。即以信誉徕客，以义待人，信义为先，利取正途。乔致庸尤其善于用人，这是他经商成功的一个重要原因。如礼遇聘请阎维藩。阎原为平遥"蔚长厚"票号福州分庄的经理，阎与年轻武官恩寿交往密切，当恩寿为升迁需银两时，阎自行做主曾为恩寿垫支银10万两。为此阎维藩被人告发，并受到总号斥责。后恩寿擢升汉口将军，不几年恩寿已归还了所借蔚长厚之银，并为票号开拓了业务。但阎维藩因曾经受到排挤和总号斥责丧失了对蔚长厚的感情，决计离开蔚长厚返乡另谋他就。乔致庸知道阎维藩是个商界难得的人才，便派其子备了八抬大轿、两班人马在阎维藩返乡的必经路口迎接。一班人马在路口一连等了数日，终于见到阎维藩，乔致庸之子说明来意和父亲的殷切之情，使阎维藩大为感动。阎心想：乔家富甲三晋，财势赫赫，对他如此礼遇，实在三生有幸。乔致庸之子又让阎坐八乘大轿，自己骑马驱驰左右，并说明此乃家父特地嘱咐。这更使阎维藩感动不已。二人相让不已，最后只好让八乘大轿抬着阎维藩衣帽，算是代阎坐轿，而二人则并马而行。

阎维藩来到乔家，乔致庸盛情款待。乔致庸见阎维藩举止有度，精明稳健，精通业务。而阎维藩时仅36岁，乔致庸更是感叹其年轻有为，是难得之经济人才。当即聘请阎维藩出任乔家"大德恒"票号经理。阎维藩对照在蔚长厚的境况，深感乔家对他之器重，知遇之恩，当即表示愿殚精竭

乔家大院「亮财主」
——乔致庸

虑，效犬马之劳。阎维藩自主持大德恒票号以来的26年间，使票号日益兴隆，逢账期按股分红均在8000~10000两之间，阎氏为乔家的商业发展立下了卓越功劳。

又如，乔致庸大胆起用文盲马荀为大掌柜。马氏原是乔家包头"复盛西"商号下属粮店的一位小掌柜，马虽是文盲，但经营有方，使小粮店连年赢利。而当时的"复盛西"商号却因经营不善，需要小粮店贴补。本来小店掌柜是无资格面见大财东的，但马荀回到祁县时却采取自称大掌柜的方式，要求面见大财东，乔致庸感到奇怪，便召见了这个自称大掌柜的人。马荀便把包头的商业情况当面向乔致庸作了汇报，乔致庸看他对业务讲得头头是道，是个人才，遂付其资本让其粮店独立经营。后来，马荀果然出手不凡。不久又让其经管复盛西商号，马荀又为乔家赚回了大量银子。马荀由于没有文化，遇到需他签名时，"荀"字经常缺胳膊少腿，以致成了"苟"字，人们又戏称他为"马狗"掌柜。在当时，商号能写会算的人有的是，一般不会让一个文盲管一个大商号，但乔致庸却不拘一格用人才，破格任用了文盲马荀，并取得了成功。

此外，乔致庸的大德恒票号，还为我国的银行培养了第一任银行行长，他就是大德恒票号太原分庄经理贾继英。当庚子事变，慈禧太后一行由京仓皇而逃，途经山西时，贾曾代表大德恒票号总号为清皇室支垫西行路费银30万两（一说10万或20万），但要求西行之财赋收入暂由大德恒经管。对此，囊中无银的慈禧太后自是恩准。当慈禧太后途经祁县时，大德恒总号又专设临时行宫接待慈禧等人。在这个临时行宫内铺着红地毯，挂着锦缎，美酒佳肴、山珍海味，使仓皇出逃的慈禧大喜，对乔家的大德恒票号留下了深刻的印象。

此后，慈禧太后在西安住了一年，财赋皆由大德恒经管，使大德恒一时俨然成了清王朝的临时财库，不仅原支垫的30万银两如数收回，而且从经管的财赋业务中还赚了一笔。后来，慈禧回到了北京，准备筹办户部银行时，想起了大德恒票号的贾继英，便下旨召见了他。慈禧问贾继英想做官，还是想经商。贾继英说做官自己不是这块料，但经商还可以。慈禧太后说道：那就给你个既做官又经商的差使吧。于是慈禧下旨，授他官职，同时筹办户部银行。光绪三十一年（1905年），户部银行成立，贾继英出任第一任行长。光绪三十四年（1908年）户部银行改组为大清银行，贾继英继任行长。可见，中国第一任银行行长这样的人才，原是由乔致庸开办的大德恒票号所培养。

制度规范，治家严谨

严格的号规制度，是乔家商业兴盛的又一个重要原因。如其号规规定：号内员工包括掌柜在内，一律不准携带眷属，更不准嫖妓纳妾；所有员工不准赌博、吸食毒品；所有人伙按在号地位和身股大小，层层节制；如不循规蹈矩，到账期按所犯错误情节，或开除，或抹身股，或减劳金等。

乔致庸治家很严。其家规有：一不准吸毒，二不准纳妾，三不准虐仆，四不准赌博，五不准冶游，六不准酗酒。这些家规既杜绝了祸起萧墙的根由，又成为家庭持盈保泰的保证。乔致庸先后娶过六位妻子，但都是续弦。乔致庸将《朱子格言》作为其儿孙启蒙必读之书。他常告诫儿孙戒骄、贪、懒三字。并教育儿孙唯无私才可大公，唯大公才可大器；气忌

乔家大院「亮财主」
——乔致庸

躁、言忌浮、才忌露、学忌满、知欲圆、行欲方；待人要丰，自奉要约。若儿孙有过错，则责令跪地背诵《朱子格言》。如浪费粮食，则命跪诵若干次"一粥一饭当思来之不易，半丝半缕当念物力维艰"，直到承认错误，磕头谢罪。乔致庸还把亲拟的对联挂在内宅门上，以教育其儿孙，其对联称：

求名求利莫求人，须求己

惜衣惜福非惜财，缘惜福

乔致庸生活在封建时代，在他身上同样有着结交官府、抬高身价之追求。乔家所结交的官员，上至皇室贵族，下至州府县治。清光绪以来历任蒙、疆、陕、甘的封疆大吏，本省抚、道、县几乎都和乔家有着交往。其做法是，先由商号经理笼络联系，再渐渐过渡到乔致庸财东。据说"大德通"票号经理高钰与赵尔巽、赵尔丰私交甚厚，通过赵氏兄弟又结识了端方、张之洞等封疆大吏。

光绪年间，当左宗棠任钦差大臣、督办新疆军务时，便与乔家的大德通、大德恒票号结成密切关系，他所需军费，多由乔家票号存取汇兑，有时军费急缺时则向乔家票号借支透支。当西北安定下来，朝廷调左宗棠回京任军机大臣时，路上费用均由乔家票号经管。恰好乔家所在地山西祁县位于川陕往京城官道，所以左宗棠在途经祁县时，便特地拜访乔致庸财东。乔致庸当然十分欣喜，做了迎接左宗棠的充分准备。当左宗棠来到乔宅见到乔致庸时，直称："亮大哥，久仰了。"乔致庸更是受宠若惊。在乔宅叙话时，左宗棠一再表示，在西北有所作为，均仰仗亮大哥票号支持，云云。乔致庸也趁机请左宗棠为大门前百寿图题一副对联。左宗棠即兴挥笔，所题对联为：

损人欲以复天理

蓄道德而能文章

当北洋大臣李鸿章组建北洋舰队时，闻晋商富甲天下，便伸手到山西商人中募捐，乔致庸的大德通、大德恒票号便认捐银10万两。这样，李鸿章对乔家的这两个票号也留下了深刻的印象。后经票号掌柜与李鸿章幕僚斡旋，李鸿章为乔家大院题了副对联，传说李鸿章写的这副对联是：

子孙贤，族将大

兄弟睦，家之肥

不难看出，乔致庸结交官府有其商业利益与自身需要的一面，这些都反映了乔致庸所代表的晋商封建性的方面。

乔家大院，传承百年

乔致庸虽说是天下闻名的"亮财主"，但他并不以赚钱为唯一要务。大凡儒商，都有济世的情怀。富可敌国的乔致庸，也想立功立德，也有报国之心。

乔致庸经常说："做生意的人，心里要装得下天下。"他实际上也

乔家大院「亮财主」——乔致庸

做到了，而且很积极、很突出。朝廷的苛捐杂税，好，我捐，我带头捐；北洋水师需要军舰，行，我捐，我送一艘；天灾人祸，嗯，我开仓，我放粮，赈济饥贫；1900年庚子事变，八国联军侵入北京，慈禧一行被迫离京，避祸西安，途经山西时行宫就设在"大德通"票号，好，我馈银30万两；八国联军要进山西，我身佩捐得的朝廷二品官服，欲与大清共存亡。

但是国运衰败，江河日下，他真的很无奈，只能一声叹息。

1906年乔致庸去世前，乔家的生意进入最辉煌的时期。可能常人看来非常奇怪，因为当时正值八国联军入侵中国，国家面临生死存亡，山西票号的生意却获利甚丰。为什么呢？

那是因为朝廷和西太后解除了山西票号的禁令，过去绝对不允许票号进行公款汇兑，但战乱让南方给朝廷的公款无法到达，只好对民间票号解禁令。但是国家的危机一过，朝廷马上又重新禁止。到庚子事件之后，国家再次放开民间公款汇兑，所有山西票号都大获全胜。当时乔家大德通票号在光绪十年（1884年）每股分红是850两，光绪十四年（1888年）增长到3040两，到光绪三十四年（1908年）每股分红高达17000两！据当时的户部档案记载，到光绪三十二年（1906年），户部有1/3的银两存在各家山西票号中。这些都证明1900年以后山西票号的飞速发展，乔致庸的经营达到了顶峰。

而这也正是山西票号崩溃的开始。

由于国家衰弱，列强横行，经济危机和政治动乱不断，导致票号账目亏损，信誉丢失。清末前，各大官办性质银行的兴起大大排斥和打击了票号的发展。票号无可挽回地衰落了。辛亥革命一开始，山西大部分票号更是迅速崩溃。只有祁县的"大德通""大德丰"，瞿家的"三晋源""大盛川"这四家是经营最久的票号，其中乔家的大德通、大德丰直到1951年才关门（大德通总号原来在山西祁县，1940年迁到北京，改为银号。最后在1951年结束其历史，成了最后一个山西票号）。

乔致庸希望通过票号做到"汇通天下"的梦想破灭了。他看到中国的白银大量外流的现状，一改往日不治家宅的观念，从同治年间开始购置土地，大兴土木。他人生的最后一件大事，就是为后人留下了这栋乔家大院。

甲午战败，中国向国外赔款4.5亿两白银的时节，而当时乔家最大的生意就是朝廷的税务通过乔家的大德通、大德恒进行汇兑。第二个生意便是当年英国人把持了中国天津的海关，在直接提走赔款后，其余的税由乔家这样的银号代收。1904年、1905年的账期，乔家一股的红利就有17000两白银，而原始的股份可能只有100两银子。乔家大小都欢天喜地等着老东家分银子，老东家乔致庸却非常悲愤，他说："我难道不知道你们做的是什么生意？你们做的就是帮助外国人拿走中国人银子的生意。我要那么多银子干什么？我赚的钱越多，就意味着中国有更多的银子被外国人拿走！"

国家都要灭亡了，自己生意的前景乔致庸自然心知肚明。那时大家族人口也多起来了，乔致庸终于在人生的晚年开始翻盖老宅。乔家大院在乔致庸的手上开始成为一个封闭的大院，具体事务则是交给孙子乔映霞完成。乔家的院子在山西晋商的宅院中并不是最大，但在山西目前保存的晋商宅院中，是唯一的国家文物保护单位，因为它从来没有拆过，一直保存了原汁原味。

乔致庸生活的时代社会动荡不宁，捻军、义和团爆发后，他觉得靠不上官府，于是把四个院子——这四个院子正好在城里一个十字路口上——所在的路口买下，做成一个封闭式的院子永久使用。后来乔致庸买这个街

乔家大院「亮财主」——乔致庸

口的证据被找到了，在乔家堡村里的关公庙内后来找到了一块石碑，记载着乔致庸用450两白银购买这些地面产权的事情。

乔家大院最终能够保留下来，也和乔致庸的仁厚有着直接关系。当时八国联军入侵中国，山西总督毓贤这位极端排外激进的人物，在山西地界杀洋人。从太原逃出七个意大利修女，逃到祁县，被乔致庸保护下来，藏到自家银库里，最后用运柴草的大车拉到河北得救。后来意大利政府给了乔家一个意大利国旗以表彰，这个国旗竟然在后来日本侵华到山西的时候派上用场。乔家把意大利国旗挂在门口，日本人看到这是盟友的，就没有破坏乔家。相比之下，山西的其他大户大宅都被日本人破坏了。

但是乔家后来觉得这里还是不安全，最后都离开了乔家大院。20世纪40年代初乔家还曾经回来过一阵儿，但最终还是离开了，这一去就再没有回来。

乔家大院在解放后成为祁县政府的办公地，后来先后做过人民医院和粮食仓库，最后由于是晋中地委党校，在乔家老家人的保护下安然度过"文革"时期。

乔家大院结构严整，用料精细，雕梁画栋，代表了北方民居的顶尖水平，能够完整保存到今天，实在是一个了不起的事情。

1907年，89岁的乔致庸去世。从一介儒生到晋商翘楚，一生历经嘉靖、道光、咸丰、同治、光绪五个朝代，乔致庸的人生浓缩着山西商人的传奇经历。

红顶商人今何在

——胡雪岩

　　胡雪岩（1823—1885年），安徽徽州人。出身寒微，长袖善舞，善于将官场、江湖、商界的一切力量化为己用。他通过结识官员得到政府生意，获得大量资源与资金。但他最庞大的财富来源于开办钱庄，运用钱庄资金与外商争抢"生丝"与"地产"市场。胡雪岩虽为商人，但在官场上影响力不小，曾帮助王有龄守卫杭州，帮助左宗棠收服西北、帮办洋务，为此，受清廷嘉奖为正一品官员，称"红顶商人"。后来家财荡尽，死时不名一文。

久居下层不沉沦

胡雪岩（1823—1885年），名光墉，雪岩为其字，杭州人。一生跌宕起伏，由失职的小伙计跃升为官居一品的红顶商人，由商入官，官商兼得，纵横商界，捭阖政界，快意江湖，最红时一生桀骜不驯的左宗棠亦对其钦敬有加，临终前却又一文不名，堪称那个悲壮时代的血泪传奇。

胡雪岩幼时家境贫苦，14岁那年，一位亲戚介绍胡雪岩去了杭州的信和钱庄，做了学徒。学徒生涯是十分辛酸的。干不尽的脏活累活杂活，受不完的闲气怄气憋气。老板打骂是家常便饭，顾客呵斥是常有之事，搞不好，师兄师弟们还会欺负你，但是你不能有丝毫委屈的表现，脸上还得笑如春花。想讲理，你真不想混了？这样辛苦，月末怎么着都有几个银毫子吧，这样也可以稍微慰藉一下委屈的心灵！很遗憾地告诉你，没有，真的没有。这样的日子是多长？是三年。

好在胡雪岩为人机灵，乖巧勤快，为人又好，因此三年学徒，胡雪岩活儿没少干，骂是受了不少，倒没挨过一次打。根据伙计们的回忆，胡雪岩当初学徒时算不上最能干最出众，他们唯一能记得胡雪岩的特点就是无论春夏秋冬，哪怕就是一件长袍穿了洗、洗了烤、烤后穿，胡雪岩依然将它拾掇得整整洁洁、干干净净。

三年后，胡雪岩学徒期满。

升为伙计，主要的工作与我们今日的银行职员并无二致，拉客户、收款子。他头脑灵活，奇计百出，善于交际，又为人豪爽，有一帮朋友，因此这工作尽管比较难，但他做得还算不错。

在一般人的眼中，胡雪岩以后的路就是伙计、档手、大档手、掌柜逐步延伸了。谁都没有想到以后他会走得那么远。

一天，胡雪岩下班之后，来到一家老饭馆准备吃饭。做伙计的人眼尖，眼可观六路，发现角落里一人正在闷闷不乐地吃饭。他点的菜极为简单，穿的衣服也满是灰。在这种地方，这个时代，这种落魄潦倒的人走五步会遇到三个，很少有人会注意，很少有人会关心。这种现象，亘古就有，还将一直有下去。

唐代的秦叔宝，潦倒时只得卖掉心爱的黄骠马来换取一日三餐；马周落魄时，小二冷眼，只人杯酒，说不尽的凄凉悲酸。肉眼凡胎，识得英雄的人毕竟是少数。

但胡雪岩看到的却是这个人的眼神。这个人的眼神中有股不熄的火焰，那火焰，是雄心，是坚毅。胡雪岩瞬间有些敬佩并怜悯上这个人了。他立刻过去攀谈，胡雪岩的本事就是能在瞬间和一个陌生人交上朋友，还能化敌为友。落难中的人看到有人瞧得上自己，还肯与自己交友，哪有不感动交心的道理。这个人便立刻向胡雪岩敞开了心扉。

此人就是王有龄。

王有龄祖籍福州。因父亲到浙江做候补道台，便随父到了杭州。他父亲到杭州并没有得到过什么实惠的实缺，反而旧病复发，十分郁闷，不到一年就死在杭州。王有龄没有能力把父亲送回老家下葬，且家乡也没有什么可以依靠的亲友，只好待在杭州。王有龄的父亲在世时，也曾为他捐了一个盐大吏的官衔，但和其父一样未有实缺，原本想再捐个县令、道台，因为没有钱，只好作罢。这时候的王有龄，只剩下一个穷酸读书人的架

红顶商人今何在
——
胡雪岩

子，无事可做，天天到茶馆消磨时光。

旧时科举制度的严苛，胜过今日的高考与公务员考试。但这种制度仅凭对儒家经典的理解来选拔人才，使得真正的干才无法步入政界。到了清朝后期，由于朝廷财政吃紧，大开捐官之门，通过出钱，人们可以得到一个候补官员资格。当然，这种拿钱买官的做法，比科举这种不科学的制度更不科学。不过，捐官之中，偶尔也有几个雄心勃勃、有胆有识有才的人。王有龄就是其中之一。

王有龄见胡雪岩毫无轻视之心，真心把自己当做朋友，就把自己空有一腔抱负、但苦无资本来开拓前途的心事告诉了胡雪岩。

清朝时，捐官先是获得一个虚衔，有一张吏部所发的"执照"，才有做某一类官员的资格，如果要想补缺，首先到吏部报到，这叫"投供"，然后抽签决定到某省候补。王有龄还没有"投供"，更别说补缺了。

两个深处底层的落魄人，两个都有着万丈雄心的人，畅所欲言，谈到现实的窘迫，谈到内心的渴望，不由得壮怀激烈，欷歔不已。

胡雪岩知道王有龄是条蛟龙，困在潜水中的郁郁不得志的蛟龙。这条蛟龙需要水，这水就是钱。有钱或许就能助王有龄飞龙在天。可他不是吕不韦，没有吕不韦的千金家世。感慨一番，胡雪岩只得怏怏而归。

一日，胡雪岩收账归来，得银500两。

白花花的500两白银，沉甸甸的，如果以胡雪岩现在的薪水来算，他需要不吃不喝18年，才能攒上这笔钱。

如果他将这笔钱如数还到钱庄，他会得到一笔可观的奖金，还会被老板高看，以后提拔的时候就有了拿得出的硬件。

可是他的想法却很疯狂，他想把这笔巨款送给刚刚交上的朋友王有龄，而王有龄却是众所周知的熊市。更疯狂的是这钱不是他自己的，是公款。

钱庄这一行最忌讳的就是私挪款项，更何况胡雪岩此时还只是钱庄里的一个伙计。一旦他自作主张将这笔款项转借给王有龄，轻则会坏了他的名声，重则很有可能会砸了自己的饭碗。因此，如果他将这笔款项转借给王有龄，实际上是在为自己的后半生赌博。对于常人，要下这样的决心是很难的，然而胡雪岩的过人之处正在于此，必要时，倾家荡产放手一搏，决不后悔，决不犹豫。

当胡雪岩找到王有龄时，王有龄正心不在焉地喝茶。看见胡雪岩一脸郑重地走进来，他站了起来，招呼胡雪岩入座。

胡雪岩并不说话，小心翼翼地从衣兜里掏出一张500两的银票。然后推到王有龄的面前。王有龄心里一片茫然，这么一大笔款子，不是胡雪岩所能拥有的。胡雪岩忽然把这么一大笔钱推给他，是什么用意呢？

胡雪岩故作轻松地笑了笑，说："有了这笔钱，你可以启程去北京了吧！"

当时，王有龄呆呆地望着银票，一下子愣住了。胡雪岩说要把钱送给他进京"投供"，他不敢接受，因为他实在是还不起啊！到京城谋事的人，有钱的、有才的如过江之鲫，他即使有了这笔钱上下打点，也未必能盘下一官半职。

他开口问："雪岩，这笔钱……"

胡雪岩止住了他的话，说："有龄兄，别问这么多。这笔钱你就只管拿去使用。你是蛟龙，总有一天会青云直上。"

王有龄差点热泪盈眶，但此情此景，多说无益，对胡雪岩拜了又拜。坚持要交换帖子，互拜兄弟。胡雪岩连连推却，说："怎敢，怎敢。"王有龄尽管落魄，却出生官宦世家，而胡雪岩只是一个钱庄小伙计，按照士

红顶商人今何在
——
胡雪岩

农工商的阶层排序，王有龄是完全有理由轻视胡雪岩的。

现在王有龄主动结交，胡雪岩并没有受宠若惊甚至忘却根本，他一再拒绝。王有龄说："雪岩，你我都是豪情男儿，做事哪用这么婆婆妈妈？"胡雪岩听后，才应允，于是两人结为异姓兄弟。

次日，胡雪岩站在码头，送王有龄北上，王有龄此时踌躇满志，胡雪岩也是笑容灿烂。但是，细心的王有龄还是发现胡雪岩的眼神中有着隐隐的忧愁，他知道这与那笔银子有关，但他不能问。他只是用力摇了摇胡雪岩的手臂，说道："雪岩，保重。"于是乘船远上。

建立钱庄雄图显

一个小伙计私自把钱借给一个信用评级极低的人，这让老板相当震怒。胡雪岩被扫地出门。

胡雪岩离开了他待了十几年的钱庄。钱庄这一行有个规矩，被逐出的伙计通常其他钱庄也不会雇用。胡雪岩失业了，而且是在这一行都没有立足之地，可他一直以来学的就是这个，他赖以糊口的本领无法在这个圈子里找到雇主。没有工作，找不到工作，望着一家大小的眼睛，胡雪岩心中满是刺痛。

直到王有龄归来。

王有龄迤逦北上，在沧州遇到了旧交江苏学政何桂清。得了何桂清的帮助，王有龄顺顺当当地当上了海运使，旋又发派湖州知县，代理知府。

念及胡雪岩的旧恩，王有龄极力在各方面给胡雪岩提供方便。初在海运使时，即委胡以僚属，一切唯命是从。胡雪岩的经世之才有了用武之地，开了自己的钱庄，有了立足之地。

后浙抚保王有龄为粮台、积功保知府，旋补杭州府，升道员，陈桌开藩。不出几年，王有龄就已经放为浙江巡抚。

王有龄升为浙抚时，胡雪岩已经替自己捐了官，于是王有龄就委任他接管粮台。胡雪岩的本领，正是嫌少不嫌多。有了这么好的差使在手，胡雪岩如鱼得水，无往而不利，逐渐奠定了他在杭州发展的基础。

王有龄发迹甚快，从捐班到升为巡抚，到最后太平军攻陷杭州，王有龄自裁身死，这前前后后，总共也不过10年时间。王有龄能这么快地升迁，得益于胡雪岩的甚多。先是胡赠五百金，给了他摆脱潦倒、走上仕途的机会；随后有了胡雪岩的"阜康"钱庄作后盾，上下打点，也使得各方人言，尽附于王有龄。

当然，胡雪岩之得益于王有龄的也甚多。有了王有龄的庇护，胡雪岩事事能够抢占先机，处处处于主动。胡雪岩深谙官场人心，王有龄也深知商场对他的利害。两相配合，如鱼得水。

有了自己的钱庄，胡雪岩觉着做事的感觉大不一样。

他生性就是个漫天撒网的人。遇到英雄好汉，一时潦倒这种事，他总是忍不住想帮上一把。原来在别人手下，替别人兼差，就没有这份自由。

王有龄署理粮台时，往来度支都交由胡雪岩代理，兼之胡雪岩在丝茶方面的生意往来，阜康账下也已经有了50余万两的现银可以支配。

但胡雪岩没有满足，他知道自己的业绩局限在杭州与湖州之间，只做一个地方的存兑业务，而大的钱庄，都已经做票号了。

当时晋商在北方十分活跃，逐渐垄断了北方和南方之间的中转交易，在北京等地建立起了记账形式清楚、管理形式严密、汇兑形式简便的票

红顶商人今何在

——胡雪岩

号。整个淮河以北的钱业流动，几乎全部由票号一手操纵。

最让胡雪岩羡慕的是他们把整个北方的官府度支，全部拢到自己手中。单是这一项，就足以使票号处于无可动摇的地位。

但胡雪岩也有所收获。整个浙江的粮运度支，全部被委派给阜康钱庄。不过，胡雪岩并没有往下深想或深做。

为了探明究竟，胡雪岩不惜周折，亲自去了北京。他特意备齐了杭州四色特产，登门拜访了浙籍京官夏同善。

胡雪岩是在夏同善返乡省亲时，认识他的。夏是翰林编修，皇太子侍读，人虽有翰林之高贵，却无清议之清高。此人不但熟读经书，而且深谙人情和世风。听说胡雪岩去了山西票号，便很有兴致地问："胡老兄，也想打进京城了？"

胡雪岩连连摆手："不曾敢想，不曾敢想！"

夏同善道："嘿，这有什么不敢想象的。有你阜康这几十万家底，先在京城设个分号也不是不可以嘛。"

这么一说倒让胡雪岩颇为心动。一阵闲话扯过之后，胡雪岩忍不住又绕回来了。"夏编修，依您之见，这山西票号何以这么红火？"

夏同善踱着碎步道："这也没有什么太大的诀窍。没人敢做的事，他们敢做。嘉庆年陕甘大旱，他们扯了血本替官府往里边垫钱，圣上感念他们能为朝廷分忧，御笔为他们书写了'大德恒'牌号。地方要员也感激他们雪中送炭，特意嘱托往来押解度支，均走票号。这一下，他们就开始走红了。"

胡雪岩心中想："这倒也真不是什么诀窍。要是我遇到这种事，也会这么做，而且只会比他们做得漂亮，不会比他们做得差。差就差在离圣廷太远，做了好事上面也未必知道。这么考虑，倒真得在京城做一番打算了。"

夏同善又道："他们还有一大支柱。天子脚下，来来往往，求相拜官的，络绎不绝。这帮人求官要花钱，票号贷给他们。因为是京城之地，能来的人无不是自认为门路极广的，所以那银子用起来也是哗哗如流水。票号向这帮人放贷，从来不手软，都是高利。这些人居然都还愿意贷。"

胡雪岩笑道："这里边的道理我倒明白，反正他们马上就可以走马上任，利息再高，最后自然有出处，不会使自己为难。"

夏同善道："这就对了，所以在京城开钱业，真是黑了天地赚。"

"他们就不怕这伙人赖了账去？"

夏同善没有解释，却问道："你看呢？"

对京里的情况，胡雪岩倒真不太熟悉，所以就老老实实说道："这个还要请教夏大人。我虽然在杭州时也有这方面的放款，不过遇到坏账，还是挺棘手的。"

夏同善见胡雪岩真的不明白，也就不再难为他了："其实也很简单，这帮拜官求职的人是拧在一块儿的。大家排成队巴望着票号能早早放款，也好让自己能早早打点，早早有个结果。要是有一个人赖账不还，坏的是这一帮人的名声。票号见有人赖账不还了，就推说账面吃紧，倒霉的是后来者。所以票号不用担心，自然有人会拼了命去催。"

胡雪岩恍悟道："原来还有这种事情，这么说京城里边的事倒比下边要好办了。"

夏同善道："有好办一些的，也有不好办一些的。下边人做事总要迟缓些，遇到障碍，避起来也困难。这么一比，京城里还是好办事。不过下边也有下边的好处。你就说这做官，京城里人人眼巴巴地盯着你，稍有些异样，不说和你不对的人挑刺儿了，单是那清流参上一本，就够

红顶商人今何在
——
胡雪岩

43

你吃不消的。"

这是在讲做官的难处了，和胡雪岩的心思不在一处，听起来也就有点儿心不在焉。夏同善忽然问道："胡老弟，假如有一笔款子，进了你们钱庄，你能不能变成无形的？"

胡雪岩吃了一惊："什么样的款子？"

夏同善道："也就是一些私房钱。"

胡雪岩道："完全变样恐怕不可能。不过钱庄的流账如果大了，只要不深查，一般人是看不出来的。"

夏同善道："这样就好，这样就好！"

一连两个"这样就好"，倒让胡雪岩觉出有些什么了。"夏大人，有什么需要帮忙的，尽管吩咐。"

夏同善又在室内走了两圈，站在了胡雪岩面前："胡兄，你我乡谊，虽相交不深，但我也早听何侍郎讲起过你的为人。依我之见，你倒不妨考虑在京城有所发展。"

到了口边的话没有再说下去，胡雪岩也就不再多问。回到杭州，胡雪岩再三盘桓，仍委决不下。

王有龄来找他，说朝廷因为"长毛"之乱，国库渐虚，就听了疆吏之奏，准备发行宝钞。

这宝钞就是纸印的钱。那时候，只有金银才是畅通无阻的硬通货币。人们对一张纸上随便写出一个数目能够当钱使表示怀疑。但是朝廷下了狠心，强使各地通行使用，而且给每个省都分配了份额。

浙抚的手下因为省城内各家大钱庄都无人认购，就约了王有龄，请求他代为帮忙。因为王有龄办的几件事很漂亮，巡抚觉着王有龄"很有办法"。

王有龄倒真的没了办法。胡雪岩仔细查问了发行宝钞的数量、目的，以及朝廷自圆其说的办法，心里便有了谱。

宝钞发行后，因为持钞的人都放心不下，所以个个都急于兑换现银。问题就出在这"不信任"上。要想宝钞能够顺利流通，除非有足够的现银，或者任何时候使用宝钞购买物品，都不至于有人拒付。

问题事实上还出在官府身上。因为发钞的目的是充国库之急需，自然，使用宝钞的人首先仍是官府。当然，最主要的用途是在与作战有关的地方，比如军营。只要这一帮人不强行兑现，一般民间流散的那一部分，整个浙江加起来，就是阜康现有的银两也足以支撑。

往细了讲，宝钞能否发行，关键看它的信用如何。它的信用如何，又要看使用的人对官府、朝廷的信心有多大。只要人人都觉得朝廷发行的纸钞不会烂在手里，人们就不会挤兑，市面也就会平稳。

再往深想，这做钱业，在眼下，也就是做出对朝廷的信心来。

胡雪岩因为有山西票号为例子，对这纸钞的发行面和使用情况又有了详细了解，觉得这是一个千载难逢的好机会。他让王有龄约了巡抚书办，请求书办草拟一文。

"我只希望巡抚帮我争取两个条件，我就愿意吸纳浙省全部份额。"

"哪两个条件？"

胡雪岩道："其一，与浙省有关的粮食采购，军械供应，都由我一手操办。"

"是指省内，还是省外？"

"当然是指省内外。谁都知道，太平军节节东逼，江苏已经失去了金陵、苏州、扬州，现在常州以东，及上海至杭州一带的军事供应，基本上都得靠了浙江。"

"那第二条呢？"

红顶商人今何在
——胡雪岩

"其二，省内各项库粮押解，官府度支，都经由阜康账号。"

胡雪岩笑道："我这也是替官府做信用。不这样不足以建立起信用来。"

不出两个月，批文下来，同意了胡雪岩的两个条件，另外还特意指示，把江南大营的全部采办，也均交与他一人。

这么一来，整个苏淞杭地带的军事采办全部集结于一人手中，从一地的调度到另一地的调度也就只需在账面上划拨即可。最有可能强兑现银的危险去掉了，胡雪岩吸纳的全部宝钞也就慢慢在整个省境有了信誉。

由于省内各项度支也都走阜康账号，阜康的账面陡然暴涨。全部结算下来，一共有250万两的记录。

有了这一成绩，胡雪岩心思活了起来。他从钱庄的新分号中选了几位年轻精干的伙计，带着他们一同去了上海。目的有两个：一是在上海设一分号；二是趁今年的沙船粮运，在沧州交付后，再进京筹设一个阜康分号。他也逐渐意识到，没有分散各地的分号，就不足以与北方的票号并肩抗衡。

京城的分号开得很是风光，因为胡雪岩接收到了两笔意外的大户头。

胡雪岩前去拜谒夏同善时，正好遇到福州将军，后来的协办大学士、刑部尚书文煜。文煜是个有名的和事佬，身为旗人，却深谙"四书""五经"。他和夏同善一样，喜书而不执于书，做事极为中庸圆滑。

文煜听了夏同善对胡雪岩的褒奖，也就来了兴趣。待亲自和胡雪岩谈过后，他觉着这是一个可以信赖的人物。文煜历任道员和督抚，主管税员，得了不少肥水。逢年过节，凡有所求之人，必有重重的礼节往来。20多年下来，手头足足有60多万的进项。

他本来想把这笔款子放在大德恒票号，不想书办却告诉他，和他有宿怨的几个京官在大德恒均有眼线，万一被他们察知了，参一本上去，一时半会儿恐怕解释不清。有了胡雪岩这么一个新进，为人又热心，事业上又极持隐秘之想法，很让文煜放心。所以文煜决定把这60多万银子全部存入阜康。

刚进北京，店还没开就有这么一个大头进项，胡雪岩觉着这是个好兆头。有了这60多万银子，胡雪岩用不着从南边带过来钱就足以把分号先撑起来。

夏同善也存入了20万银子，并鼓励胡雪岩，多多拜访浙籍京官。胡雪岩也突发奇想，让伙计买通了各家门房，把浙籍京官家中的妻妾、账房、书办等数一一统计下来，每人先开了一个20两的存折，挨家挨户送了去。这一来，在京的浙江人马上都知道了有一个叫胡雪岩的，在京城开了家阜康分号。一有往来支借、汇兑等，自然马上就想到了阜康。

另外一笔秘密款子，更是让胡雪岩感到兴奋。原来文煜和恭亲王相处甚洽，二人在朝廷中一唱一和，从来都是联合出手，共图朝政的，所以二人无话不谈。胡雪岩的阜康分号一开张，文煜就把这事聊给了恭亲王听，至于胡雪岩的办店原则，文煜更是推崇不止。两人都觉着，难得是有眼光的商人，更难得是有持守的商人。至于胡雪岩坚持钱业中人只管钱业，这一点让文煜感到放心，也让恭亲王感到放心。文煜这样为胡雪岩树口碑，恭亲王也毫无顾虑地把手头的20多万闲款存入了阜康。不过叮嘱，万不可透露这钱是属于恭亲王的。

经过一年多的经营，胡雪岩开的钱庄银号已遍及南北各主要城市。在杭州，除阜康钱庄外，另设阜康银号；在上海，设阜康银号，阜康雪记钱庄；在宁波，设通裕银号，通裕钱庄；在福州设裕成银号。加上北京的阜康雪记银号，形成了一个以南方为主、辐射南北的钱业网络。

红顶商人今何在
——胡雪岩

昂扬进击丝绸业

　　江南一直以蚕桑业发达而闻名，随着外国势力的入侵和时局的变化，洋人便很容易就控制了江浙的市场，以最低的价格收购生丝。由于生丝十分特殊，刚生出的生丝不加以保护很快就会变成土黄色，自然不值钱了，蚕农在产出生丝后，只好赶快出手。胡雪岩对这其中的情况十分了解。他早就想经营蚕桑业，但一开始既无本钱，也无关系。很快，有了资金，又在朝廷中找到了靠山，于是，他便向蚕桑业进军。

　　作为一个商人，胡雪岩总是先从利益着眼。但是，由于他所处社会的特殊性，使他在处理生意时不得不考虑自己民族的利益，尤其是当他同洋人做生意的时候。

　　他认为，做生意要齐心协力，"广行""洋庄"在与洋人打交道时，定个统一的价格，洋人也就不得不按此照办了。对急于周转，急于出手的本钱，商行这样规定：第一，把他们的丝以同等价格收购。第二，即使不卖，也可用货抵押，先付钱等卖了货物再还。丝价卖高，这是大家都愿意的好事！如果这样还有人与洋人做生意，一定是收了好处，出卖同行的利益，如此一来，自然就失去了同行的信任，毫无立足之地了。

　　按照上面的协议，他以浙江巡抚的名义以高于洋人的价格下乡收丝，蚕农原来一直都以低价卖给洋人，胡雪岩以高价收丝，他们都十分高兴地卖给胡雪岩。然而以胡雪岩一人毕竟人单力薄，不能控制浙江全省的生丝收购。于是胡雪岩出策，在浙江巡抚的倡议下，设立蚕丝总商会，吸引浙江大富翁、乡绅、退休在家的官僚入会，这些富翁们既可出钱，也可为蚕农提供担保。

胡雪岩向蚕农保证，先付一部分定金，并写给他们所欠钱的欠条。蚕桑商会为欠条担保，上面还有浙江巡抚的官印。到了秋天加利息和本钱一并还清。

胡雪岩的做法狠狠地打击了外国商人，以英国为首的西方国家的丝厂的丝源都来自中国，这样一来，胡雪岩切断了他们的原料，外国丝厂货源紧缺，十分着急，外国洋务商人要求胡雪岩把生丝卖给他们，价格不成问题。胡雪岩自然不会放过他们，把价钱翻了一倍，洋人叫苦不堪。

洋商便想尽办法，让洋务代表拉拢、贿赂清朝官员，让他们出面干涉。然而胡雪岩比他们下手更快，他让王有龄上道奏折，道："江南丝业，其利已为洋人剥夺殆尽，富可敌国之江南大户，于今所余无几……民无利则国无利，则民心不稳，国基不牢。鉴此，本府痛下决心，力矫蚕桑弊病。兹有商贾胡雪岩者，忠心报国……"奏章提出了自己的做法，同时也指出了洋商对清政府商业的危害所在，奏章到京以后，博得大部分官员的赏识，并上奏皇上，要在全国推广浙江的做法。这样一来，那些受贿官员自然不敢轻举妄动，想要参浙江巡抚一本，却苦无根据，所以洋人这一计并不成功。

此计不成，洋人又出毒招。他们宣布，他们坚决不收胡雪岩的生丝，要从其他省份以高价收购，当场付钱。

这对胡雪岩来说十分危险，只要洋商有了货源，即使只够一个月生产所用，对胡雪岩来说，也是致命的打击。胡雪岩十分头疼，他知道自己的资金都在生丝上，生丝不能久放，到时卖不出去，连一分钱也收不回。

红顶商人今何在

——胡雪岩

胡雪岩并不慌张，他理了理思绪决定马上赶往上海。

上海是商业的中心，丝行都聚集于此。而生丝也要经此出口。

洋人做生意，往往都有自己的经纪人，这些经纪人是洋人雇用的中国商人，由他们把生丝收到上海，经纪人从中收取佣金，经纪人所得的佣金很少。正是由于他们没有足够的资金，才只有任由洋人剥削。

胡雪岩到了上海之后，第一个要联系的是上海名商陈正心。陈正心在上海是个有影响的人物，他家中十分富有，为人豪爽，乐于助人，人送"小宋江"的美名。

胡雪岩先不出面，而是让陈正心召集上海丝业的老板，把浙江的做法说给他们听。一句话引起轩然大波，各商行老板埋怨洋人贪得无厌，希望上海也有像胡雪岩一样的人来抵抗洋人。大家联合起来，把洋人的货源切断，价格自然就上去了。

陈正心见大家都有此心，便同意出来带头抵抗洋人。

一听此言，大家却都拿不定主意，不知怎么办才好。与洋人作对，弄不好就等于砸掉自己的饭碗，这可不是说说就算，一旦失败连本钱都收不回。

见到众人人心不稳，陈正心便给大家打气，并表态跟洋人作对，他下定决心要拿出一大笔资金。他不是要让大家把货都贮藏起来，只要他们把生丝卖给他就行。

这么一说，等于给各商行老板吃了颗定心丸，此时他们方知陈正心是要大干一场。但还是有人不放心，不知以后自己该如何是好。

陈老板看出了他们的担忧，便适时地把胡雪岩引见出来。

"胡雪岩！""胡雪岩！"底下的人议论纷纷。胡雪岩这时已经十分有名，这些做生丝生意的，更是早有所闻，有的甚至同他有生意来往，今天才算见了真人。

胡雪岩便把其中的要害讲出。他说道："洋人是靠低价从中国进口生丝，再做成高价的布绸，从中牟取暴利，剥削中国人的。这主要是因为我们不团结。为了国人的利益，不管是商人还是士兵，都应该同舟共济，同心协力。只要大家一条心，联合起来，决不把生丝卖给洋人，我们生丝的价格一定会升上去。"

就这样，胡雪岩对上海的同行晓之以理，动之以情，想尽一切办法抓住洋庄，把自己人团结起来，都归自己管。

对于那些急于卖货拿钱的，也有办法。第一，把货卖给自己人，不能卖给洋人。第二，不愿卖的，用货作抵押，有多少货给多少钱，将来一定有赚头。

没过几天，上海的丝商纷纷向洋人提价，理由是胡雪岩已经要高价收丝。

洋人这下可慌了神。他们想私下拉拢一些人，但没有人敢这么做。那些商行的老板都说，如果他们私下把丝卖给洋商，同行都会排挤他们，还会落个卖国的骂名，要是得罪了陈正心，那就别想在上海立足。

洋人这时才明白，只能跟胡雪岩交易了。由于丝厂急需原料，已经一催再催，洋人不得不接受胡雪岩的价格。

胡雪岩打了个漂亮的翻身仗，从中赚了18万两银子之多，而那些与他联合的上海、江浙的丝商也赚了一笔。最重要的是，胡雪岩抵制洋人的缫丝厂，给以蚕丝为生活的广大农民带来了好处，的确是功不可没。

接下来要做的是和有丝业老大之称的庞二联合，把上海的生丝生意都控制起来。

南浔丝行世家出身的庞二，控制着上海丝生意的绝大部分。

红顶商人今何在
——胡雪岩

51

为了进一步发展丝业的生意，胡雪岩很想拉拢丝业巨头庞二，两人联手控制上海丝业。但是庞二是出了名的难以接近，更别谈合作了。胡雪岩知道这个后，怕自己被动尴尬，并不敢亲自出马，以免把事情弄糟。这时他想到了刘不才，他知道刘不才交际应酬十分广泛，正是拉拢庞二的最佳人选。

刘不才本名刘三才，胡雪岩在湖州娶了个二房芙蓉，刘三才是芙蓉的亲叔叔。刘家原本靠祖传秘方有一家很大的药铺，但遭遇横祸后，药铺落入唯一的男丁刘三才手中。他很快赌光了家财。

他的亲侄女芙蓉，对他恨之入骨。但胡雪岩却发现他也有好的地方：第一，他赌得再狠，输得再惨，也没有把祖传的秘方拿出来赌钱，说明他还有上进心；第二，吃喝嫖赌样样精通，但决不吸大烟，还没有堕落到无可救药的地步。胡雪岩由此知道他还是个可救之人，并有用得着的时候。面对这个好赌的赌徒，胡雪岩对他并不是深恶痛绝，他打算把他培养成一个专门与达官贵人打交道的"清客"。

胡雪岩让刘不才与庞二赌博，只准输不准赢。庞二十分高兴，刘不才便适时地把胡雪岩的意向讲给他听，他二话没说一口答应。要不是刘不才的帮忙，庞二也不一定和胡雪岩联手，他这种花花公子若是仅靠说理，即使他明白，也未必愿意这么做，还是要投其所好。而刘不才在牌局中的暗中协助，无异于顺水推舟。

其实，像刘不才这样的人，旧时称为"篾片"。是对无用之人的蔑称，是说这样的人是软骨头，没志气，扶也扶不起来，也当不得大用。但胡雪岩不这么想，他说："篾片有篾片的用途。……好似竹篓子一样，没有竹篾片，就拧不起空架子。自己也要几个篾片，帮着交际应酬。"胡雪岩在用人上就是这么独特。与庞二联合，胡雪岩走对了第一步。接下来，胡雪岩不吃"干股",而是拿钱入股。他的钱不多,只拿出10万,占两成,庞二40万占八成,立合同为据。胡雪岩认为要把感情和生意分清。因为感情问题而影响了生意,不能算是真正的朋友,更不会长久,生意也一定做不好。

这是十分正确的。既然是合伙做生意,胡雪岩拿出这10万现银的股本,双方都签了合约,都有责任和信用,确保了日后长期合作。

江南的丝业从此便由胡、庞二家共同垄断,庞二是个纨绔子弟,便把什么事都交给胡雪岩办,所以胡雪岩一个人逐渐掌握了江南的丝业。

为了进一步控制市场,提高价格,胡雪岩把蚕丝都运到上海,到第二年新丝就快上市还没有出手。由于政治风云的变化,洋人的处境进一步艰难,很多人面临破产之虞。

但正是在关键时刻,胡雪岩却按洋人的价格卖给了他们,少赚了一大笔。

胡雪岩真是算到了家。虽然这笔生意,胡雪岩确实没有赚到多少钱,但却为自己以后与洋人做大买卖铺平了道路——他"卖"给洋人的一个人情,为他以后扩大洋庄生意,为他借洋债发展国际金融业,为他以后驰骋十里洋场,开了个好头。

经过交往,洋人便十分愿意与胡雪岩做生意。他们在对清朝政府的文件中,也不断提及胡雪岩,使得清政府和官员们不得不重视。

红顶商人今何在
——胡雪岩

手腕高明稳市场

胡雪岩在上海做生意，十分注重调解朝廷和洋人的矛盾，在他们之间做一个调节员，让各方团结协作，握手言和，共同发展上海的经济。胡雪岩苦口婆心地劝说，是因为他深知，要想把上海的市面做活，就要各方面通力合作。

胡雪岩在生意场上很有野心，不光只做洋庄生意。设立阜康分号，开米行、戏院、茶楼，做房地产都是他的计划所在。但是，要做生意，就必须保证上海的稳定和繁荣。

但实际情形是，上海动荡不安。上海不安定的因素主要来自两个方面：其一，上海有小刀会作乱。当时的上海分成两部分，一是上海县城，二是"夷场"就是外滩上的外国租界。由于洋人帮助小刀会，小刀会不为难租界，但小刀会起事以后占领县城，是清政府的一块心病。其二，由于洋人与小刀会的关系，与朝廷产生了矛盾，于是朝廷颁布了禁令，设立海关来打击洋人。洋人并不服气，有意与朝廷对着干。

以上种种原因影响了上海的繁荣和安定。

不过，由于洋人和官府并不想长时间地耗下去，所以是可以调解的。洋人在与朝廷的作对中，已经在商业上受到了损失。而朝廷主要也是恼怒外国人资助小刀会和卖给太平军军火，才颁布禁止与洋人做生意的禁令。实际上是迫不得已的做法，同样也损失了不少关税和财政来源。

正是因为如此，胡雪岩才站出来调停。胡雪岩认为，朝廷与洋人的争端只是一时之举，僵持下去，最终两败俱伤。他想要做的是，消除他们之间的矛盾，叫洋人和朝廷互相信任，这样子才能把上海市面做大，到时无论想干什么都是一本万利。

于是，胡雪岩做了两件事：一件事就是把生丝以差不多的价格卖给了洋人，摆出了高姿态和好的态度。另一件事则是去苏州拜见现任苏州学台何桂清，想在朝廷中找人出面调解。胡雪岩认为，如果有得力的人出来调解，解决两者之间的矛盾，是十分轻松的。

功夫不负有心人，胡雪岩让朝廷与洋人握手言和，共同协作维持上海"市面"的稳定和繁荣。

以上的所作所为，总的来说，使胡雪岩认识到："要想稳定市场，一块儿赚钱，就得团结合作，齐心协力。"

胡雪岩为生丝生意一直留在上海，住在裕记丝栈。这天他处理完事务，正在房间里小歇。他躺在客房的藤躺椅上，无意中却听到了隔壁房中有两个人在谈论上海的地产。这两人都是行家，熟知洋场和上海地产的开发方式，他们谈到洋人的城市开发方式与中国人极不相同，中国人先开发市面再修路，这样就会造成市面无法扩大发展，限制了市场的繁荣。而洋人则是先修路，有了路市面自然就形成了。如今上海的市面开发就是这种办法。谈完这些，其中一人说道："上海滩的大马路、二马路使南北都繁荣起来，其实，西边更有可开发之处。有眼光的人，把西边的地也买下来，等到洋人一开路，地价自然升值。"

听完这一番话，胡雪岩再也躺不住了，等到他徒弟陈世龙一回来，他马上雇了一辆马车，与陈世龙一起由泥城墙往西，随意而行，实地勘查，得出两点结论：第一，拿出一部分资金，低价买入，高价卖出；第二，依

红顶商人今何在
——胡雪岩

靠古应春，把洋人的开发计划弄清，先把洋人准备修路的地皮买下，再转手赚钱。

　　胡雪岩看准了上海的地产生意，为自己发现了一个巨大的财源。这时的上海开埠正逐步发展起来，当时虽然太平军沿江向东开进，要把江浙一带的富庶之地都归其所有，但英、法等国为了维护自己的利益，自然会反击。清廷便借洋人来灭太平军，他们彼此心照不宣，洋人东边南边一块保卫上海，所以上海并没有受到战火的侵扰。但是，由于太平军占领了许多地方，许多人从东南各地到上海租界避难，于是上海地产市面开始发展和兴旺。

胡庆余堂美名扬

　　胡雪岩几次去湖州不是为了蚕丝生意，就是为了帮王有龄办公事，因而认识了在湖州势力很大的民间把头，现正做着湖州"户房"书办的郁四。胡雪岩见多识广，有侠义之心，又为郁四处理了一件棘手的家事，郁四对他很是尊敬和佩服。为了报答胡雪岩，郁四做主，把芙蓉姑娘嫁给了胡雪岩当外室。

　　上文已经提到这芙蓉姑娘有一个不争气的叔叔刘不才。胡雪岩娶了芙蓉姑娘，本不想认他这门亲戚，但又不能不管，也不好管，实在是个麻烦。胡雪岩本可以这样做：一是按郁四的想法，送刘不才一笔银子打发了断这个亲戚；二是按芙蓉的想法，让他把祖传秘方拿出来，胡雪岩卖几万两银子，给他钱，不论他怎么花都不再管了。反正刘不才想认他这门亲，

大清巨商故事

56

这样做也算仁至义尽了。

胡雪岩却有自己的想法。他要认这个亲戚，要借刘不才开一家自己的药店。他凭着独到的眼光一下子就看出药店生意定会赚钱。由于正处于兵荒马乱的年代，军队到处征战，防疫药是少不了的；按常理，战后必有瘟疫，逃难的人有个病灾的也需要药，因此只要货真价实，创下金字招牌，药店生意就一定会好。而且，开药店还有济世救人的好名声，官府自然赞成，实在是件名利双收的好事情，当然要干。自己虽对医药不通，但只要说服了刘不才，迫他改掉好赌的毛病，他和他手中的祖传秘方自然大有用处。这些想妥之后，胡雪岩请郁四帮忙，摆了一桌酒席专门"认亲"，就在这认亲宴上把开药店的地点、规模、资金等所有事宜都和刘不才谈好了。

胡雪岩最善于"钱眼里翻跟斗"。刚开始时，他一分本钱也没有，就是因为他知道如何在"钱眼里翻跟斗"，硬是把一笔笔生意"翻"了出来。

胡雪岩要开办药店，与刘不才商量资金的事，对方一开口就要10万两银子做本钱。胡雪岩真是"吹牛不打草稿"，他的10万两根本没着落。虽然郁四说过愿意入股，但他自己也只有田地这些不动产，拿不出现钱。兵荒马乱之中，田地根本卖不出去，也就换不来现钱。按胡雪岩的原则，在江湖上行走，决不能损友肥己。当然不会再为难郁四，这时他自己心里也没有着落。

刘不才有一剂祖传秘方，叫"诸葛行军散"，由特殊材料配制，对军队行军打仗时发生的时疫十分有效。胡雪岩准备先说动专管军队后勤保障的"粮台"，允许他在只收成本的前提下给军营送"诸葛行军散"，捐饷也可让他们以"诸葛行军散"代捐，要多少货，用银子折合。只要将士

们说这药好，便能说动粮台，把为军队供药的事接下来。粮台专管军队后勤，尤其是料理伤亡，所以需要大量的药。粮台到药店买药，要药效好的，价格便宜的。有时欠账，先办了公事再说。而既然可以欠账，同样就能先预支一笔钱。有了"诸葛行军散"再加上几帖刀伤药、避瘟丹之类的效果好的药，把好东西放在一块，然后送给各路粮台，让他们来定购。有了卖货的钱，正好可以用来发展药店生意。这样一步一步做下来，就像冬天滚雪球越滚越大，本钱自然不愁。

开办实业，经营商务，离不开一个钱字。没有资金，举步维艰，任何事任何机会，都将落空。要想在商场上争得一席之地，不能不善于为自己筹措资金。当然，可用很多办法来筹措资金，最稳妥的方式，便是根据钱数办事，凭自己一步步经营，从少到多地慢慢积累。不过，胡雪岩的方法更令那些慢慢积累资金的人刮目相看，因为胡雪岩拿别人的钱当本钱，这确实是棋高一着。

首先，向杭州的大中官员集资。回到杭州，先说动抚台黄宗汉入股开药店，黄宗汉一带头，他手下的大小官吏们都跟着干，出资入股药店。

其次，胡雪岩又用官府的钱开自己的药店。这就是"胡庆余堂"。

凭借官场优势，胡雪岩硬是筹集了10万两银子，依靠这个方法办起了胡庆余堂。

1874年，胡庆余堂开业后，为保证药品质量，专设金锅银铲等炼药器具。还把两块巨匾挂在营业厅之中，一块朝着顾客，写着"真不贰价"四字，另一块则朝向柜台，胡雪岩亲书"戒欺"二字，为了告诫店员，在旁边也有几行小字："凡有贸易均不得欺字，药业关系性命，尤为不町欺。余存心救世，誓不以劣品代取最利。唯愿诸君心余之心，采办务真，修制务精，不致欺予以欺世人，是则造福冥冥，谓诸君之关善为余谋也可。"

这正是胡庆余堂经营的宗旨所在，在顾客心中也留下了诚实可信的印象，在这种宗旨的指引下，它不断地发展壮大。胡庆余堂"雪记"以货真价实而闻名于世，广大顾客更是对胡庆余堂无比信赖。所以杭州城方圆几十里以内的医生在开方以后，都要求病人家属必须到胡庆余堂配药，胡庆余堂在杭州的声誉是无人能比的。

胡雪岩的胡庆余堂刚开张时，西征太平军的清军需要大量的药品药材，因此在采购中要有大量的资金，而且不一定能及时地供应，况且他负责后路粮台，所以精打细算是免不了的。由于自己的药店胡庆余堂规模大，省去不少费用和事情，起初并不想赚钱，但是随着经营不断发展，由于质量高、药效好，胡庆余堂的生意非常红火，反倒赚钱。

他在赚了钱之后，除了扩大规模以外，平时对贫民施药布衣，在遇到天灾瘟疫时，又捐钱捐药，都是用这些赚的钱。

胡雪岩起初就是本着大公无私之心，在挑选店员时，也坚守这一原则。首先这个人要诚实，一进胡庆余堂，便能看到高挂的对联："修合虽无人见，存心自有天知。"胡雪岩对那些心存欺诈，卖假药害人的骗子最痛恨。其次要心地善良，医家有割股之心，卖药也是一样，处处以病人为先，才能把好药品的质量关。最后要有能力，否则反倒因为诚实善良而受骗上当。

后来，江苏松江"余天成"药房的总管余修初成了胡庆余堂的总管，管理药堂大小事务。他们还说好药店以济世救人为本，不以赚钱为主要目的，只是以店养店罢了。

胡雪岩深深地体会到：胡庆余堂要打出名声，吸引顾客，关键在于药品的质量。这主要还在于两个方面：一是要地道的原料，二是要进行精工细做，就是"戒欺"匾中所讲的"采办务真，修制务精"，"采办

红顶商人今何在
——胡雪岩

59

务真"是胡雪岩保证药店产品质量的前提条件。中成药的原料主要是动物、植物、矿物，品种繁多，分布散乱，药性又复杂，书上记载的有3000多种。多味配方又是中药的一大特性，每一味药的好坏都关系到成药的质量，如果一味是假的，质量低劣，疗效自然不好。根据这些，胡雪岩不从药材行买药，而是利用官场、商场强大的关系网，每隔一年贷一项款给药农。他们有足够的资金，便会把好的药材卖给胡庆余堂，同时又派内行的职员直接去产地坐庄，收购最好的药材，如到河北辛集、山东濮县等处收购驴皮；去淮洞流域采办怀山药、生地、牛膝、金银花；去陕西、甘肃等省采办当归、党参、黄芪；去江西樟树采购贝母、银耳；去四川、贵州等省采办麝香、贝母、川莲；去湖北汉阳采办龟板；去东北三省采办人参、虎骨、鹿茸；向进口行家直接订购外国的豆蔻、西洋参、犀角、木香等。即使是药材辅料也要求严格。举个例子，虽然浙江的橘皮很多，价格便宜，但胡雪岩嫌它药性不足，宁可远赴广东采购，还只要三年以上的"陈皮"。又如：配制"愈风酒"需要冰糖，要去福建采购；烧酒只要绍兴的"三年陈"。直接从产地进货既降低成本，又省去不少环节，同时还比别人的价格低，既保证了质量，又让顾客得到好处。

胡庆余堂在"采办务真"方面也做得很好。

"胡氏避瘟丹"是胡庆余堂的独家产品，能除秽气、解头晕胸闷、止腹泻腹痛。太平天国时期左宗棠西征大军出征西北地区，许多士兵水土不服，疫情蔓延。士兵们服了胡氏避瘟丹后，解除了军中病疫，药到病除。胡氏避瘟丹由74味药制成，每味都须用上好原料，其中有一味"石龙子"，民间都称其为"四脚蛇"，原本是一种爬虫，十分平常，处处可见。可是，配制胡氏避瘟丹指定必须是"铜石龙子"，金背白肚，背上有一条黄线，还必须是杭州灵隐、天竺、韬光一带所产。铜石龙子生性警觉，爬行快捷，得来十分不易，但为了保证药品质量，每年夏天，胡庆余堂都出动大批人去捕捉它。年年都这样，便和灵隐寺的和尚混熟了。和尚们见他们是济世救人，自然都帮忙。

胡雪岩要求员工一定要"修制务精"，全部制药过程都要仔细认真，决不能马虎，更不能偷工减料，减损了药效。

胡庆余堂的一副对联就说明了这一点："修合虽无人见，诚心自有天知。"对联中的"修"是指加工炮制"生药材"；"合"组合药材，制成成药。由于当时中药的修合传统秘方居多，外人是看不到的，自然十分神秘。人们看到的已是成品，其中的好与坏，只有懂行的人才知道，所以往往有一些奸商以假乱真、以次充好，获取暴利，《汪穰卿笔记》卷二记载："上海各药房之药，自燕窝、糖精以狯术获利，于是牛髓粉、牛骨粉、亚支粉及各种戒烟药水相继而起。此等伎俩及其物之价值，上海人人皆知之，内地人不知也。"这就是对众多晚清药业的欺诈行为的揭露，所以制药者要有极高的职业道德，一片诚心由天地鉴察罢了。只要不存害人之心，一片诚心向天地，人们自然产生信任之心。具体到胡庆余堂来讲，药效好，人们自然相信胡庆余堂的人心诚；在人们中的口碑好，自然信誉高，竞争力强，所以"心诚"实际上也关系到胡庆余堂自身的商业利益，胡雪岩对这一点看得很重。

"修制务精"一直以来是胡庆余堂的原则。

《胡庆余堂：中药文化国宝》记载胡庆余堂开办不久，有一人上门求医，说是新科举人，因中举而高兴过度引发癫狂症。此人家境困苦，十年寒窗，好不容易中了举人，父母期望他光宗耀祖，不料却患此重病。听罢原委，有个名医说："用龙虎丸或许能治愈此病。"当时胡庆余堂并无此药，但胡雪岩却保证："半月之内一定制出此药。"

红顶商人今何在
——胡雪岩

61

但是清时制药还是手工搅拌，龙虎丸中有剧毒砒霜，一旦搅拌不匀就会危及性命，没有一人愿意干。过了10天，胡雪岩宣称药王桐君老人于昨夜托梦，把制药的秘诀都一一告之。他留下几个药工，打扫干净一间药房，紧闭窗门，并把秘诀传授给他们。三天以后，龙虎丹果然制成，患病举人服药之后果然痊愈。胡雪岩在一次酒后才说出真话，原来，他命药工将药粉均匀地摊在竹片上，用木棒来来回回地写"龙""虎"二字，写了足足999遍之多，这样一来，药粉拌得自然匀透。把门窗都关起来是要求药工专心一致罢了。

桐君托梦的事是真是假，胡雪岩自己最清楚，在古代与近代社会中，药店为创牌子附会神灵，已经是见怪不怪的事儿。

由于古近代社会科学技术很不发达，附会神明能使自己笼罩在"灵验"的神圣光环之中。

胡庆余堂在制作自己的招牌药——"胡氏避瘟丹"之前，先请僧道来店堂念经拜忏，还下令让每个药工都不得住在家里而住在店中，待斋戒沐浴（吃素、盥洗、理发、剃须、更衣）后才能进行配药。这种带有封建迷信特征的做法，实际上是在为避瘟丹做广告，至于斋戒沐浴则是为了制药的干净卫生。

另有一种"紫雪丹"，颜色为紫而形状像是霜雪，因南宋时颁定的我国第一部成药制剂规则——《太平惠民和剂局方》中的一张方子而得名，此药有镇惊通窍的功能，杭城另一家名药店"叶种德堂"便有此药售卖，胡庆余堂也制过此药，但疗效并不如想象中的好。为了研制"紫雪丹"，胡雪岩请教许多名医药师。一个从前在叶种德堂干过，现在供职于胡庆余堂，干了60多年的老药工提出："听祖辈讲，要保药效，制作紫雪丹最后一道工序便是要把铜铁锅换成金铲银锅煎熬。"胡雪岩按照老药工的说法，不惜工本，请来杭城最有名的金银巧匠，耗费黄金133克、白银1835克铸成金铲银锅，用来制作"紫雪丹"，结果，果如老药工所言，疗效大增。

胡庆余堂力行"戒欺""采办务真，修制务精"制出了许多闻名于世的好药良药。

胡雪岩告诫手下，拿着真方子，卖的是假药，这是做生意的大忌。而且，他要求所有的药都要让顾客看清楚，以表明绝无假劣。为此，他甚至提议每次炮制一种特殊的成药之前，比如要合"十全大补丸"，先把做法贴出，让所有的人都看见。同时，为表明药料的真正实在，绝不瞒骗顾客，就在药店把药源摆出，比如卖鹿茸，就把鹿养在后院，这样顾客自然深信不疑。

胡雪岩精于生财之道，他知道要树名牌，讲信用，要把面子上的事做好做足；搜罗人才，找靠山，施财扬名，广结人缘……这些措施，确实行之有效。胡庆余堂刚开业时，曾做出这样的举措：在三伏天，向路人免费散发印有"胡庆余堂"的丹药，助路人解暑；在太平天国战争时，研制出避疫祛病和治疗刀伤金创的药品，并低价大量卖给清军。用现代经营眼光来看，既扩大了声誉，树立了形象，又开拓了市场，提高了名声，建立了信用。正是靠着这些措施，"胡庆余堂"从开办之初就稳扎稳打，很快成为立足江浙、闻名全国的一流药店，而随着"胡庆余堂"影响力的不断扩大，胡雪岩声名在外，也给他在其他诸如钱庄、丝茶、当铺的生意带来积极的影响。

胡雪岩在开办"胡庆余堂"时，曾立下这样一条店规，就是要把顾客当成生命之源，他让店员把顾客当成自己的衣食父母，加倍尊重和爱护。有了这个店规，胡庆余堂既保证药品质量，还通过优质服务礼貌待客，博得了顾客的信赖。

红顶商人今何在
——胡雪岩

胡雪岩是朝野闻名的"红顶商人"，有高官显贵做靠山，人送"活财神"的美名，但他做生意并不借势压人，胡庆余堂也不允许店员有仗势欺客的坏毛病，而是把热情待客定为店规，还把它作为考察店员的一个标准。在胡庆余堂，"新来的学徒，就要学习如何接待顾客"，胡庆余堂还定了几条规矩："顾客一进门，店员就要先站立主动打招呼，绝对不能背朝顾客；顾客上门，不能回绝，务使买卖成交；顾客配药，一定要配好配齐，让客人满意。"

胡庆余堂刚开张时，胡雪岩本人还穿戴一身整齐的官服，站在柜台前亲自待客。有一次，一位潮州的香客到杭州进香慕名而来胡庆余堂，买了胡庆余堂的一盒胡氏避瘟丹，打开一看，神情十分不满。胡雪岩恰巧在一旁注意到了，便上前察看，一看此药确实有些毛病，便再三道歉，并要马上给他重换一盒。不巧此药当天却卖了个精光，一盒也没剩下，胡雪岩知他是远方客人，便把他留下来，并向他保证：三天之内一定奉上新药。三天后，胡雪岩果然言出必行，把新配制的避瘟丹送到潮州香客手中。这位顾客十分佩服和感动，此后，逢人便讲胡庆余堂服务周到、胡雪岩仁义待客的事，成了胡庆余堂的活广告。

豁命相助王有龄

当胡雪岩在商场中呼风唤雨之时，王有龄在官场上也是步步高升。他已经做到了浙江巡抚，可谓封疆大吏。但这并不是件好差事，浙江是朝廷与太平军拉锯的主要地点之一。

一年，太平军又围逼上来。王有龄派人去了上海求援。上海的兵力也并不太多，太平军慑于洋枪队的威力，考虑到洋人有租界在上海，一旦围攻上海，必遭洋人报复，所以才转而南下，围攻杭州。

上海方面接到王有龄的求援信后，根本无力作太多努力，只好答应速奏朝廷，增派兵力。

不承想太平军围攻半月后，便突然悄无声息地全部撤走。王有龄长长地舒了一口气。

此时，整个浙西浙北都陷于太平军的控制之中。失去了浙西北，杭州城的给养一下子困顿起来。王有龄把胡雪岩找来了："雪岩，'长毛'突然后撤，你以为是怎么回事？"

胡雪岩想了半天，回答道："莫非是其他地方战事吃紧？"

王有龄道："没有听说呀！曾相那边，在安徽境内，也一直打得十分艰苦。"

胡雪岩道："这就怪了，不会有什么花招吧？"

王有龄道："要花招一两个月时间就够了，现在一撤就是三个月了。"

胡雪岩道："无论如何，总是早做准备才是。"

王有龄连连点头："说的极是，有备无患。我看你还是早点儿去上海，置办一些军械，再看看那里的粮食……"

胡雪岩道："上海市场的粮食已经有些吃紧。不过我认识漕帮里的人，要是有什么万一，他们还是可以帮上一把的。"

到了上海，胡雪岩住进自己的钱庄。因为要购买一批西式火枪，就约了通事古应春在一家茶馆里会面。

古应春还没到，胡雪岩却碰见了漕帮里的郁二。寒暄之后，郁二道："胡老爷这一段生意可好？"

红顶商人今何在
——
胡雪岩

65

胡雪岩没有留心，一边掀了茶盖喝茶，一边"嗯嗯"道："还凑合，还凑合。"

　　郁二探头道："胡老爷没听到什么风声？"

　　胡雪岩一惊，茶也不喝了，手托着茶杯，警觉地望着郁二："郁老弟有什么消息？"

　　郁二却低了头，眼盯着地，牙咬着唇："也没什么，不过是帮里兄弟的一些闲话。我以为胡老爷已经知道了呢！"

　　胡雪岩没有接腔，等着他的下文。

　　"'长毛'在天目山一带活动得很厉害。据我的兄弟们讲，他们看样子要在那里长期扎寨。"

　　这话让胡雪岩吃惊不小。天目山离杭州不远，要是"长毛"真的那么认真地在那里做窝，其意图肯定不在上海，而是在杭州。

　　那一天胡雪岩一直在猜测太平军的行动可能。想来想去，终于有了主意。回到店里后，他把档手老宓叫了来："老宓，上海的钱号该和杭州的钱庄联一联手了。"

　　老宓不解其意："怎么个联手法？"

　　胡雪岩道："老宓，此事事关重大。你我一定要保守秘密。"

　　老宓也紧张起来："请老板指示。"

　　胡雪岩道："现在上海银号账面上共有多少？"

　　老宓道："统共有四十多万。"

　　胡雪岩道："那我就让它变为一百万！"

　　老宓惊讶地问道："你是说要把杭州那面的钱全都抽过来？"

　　胡雪岩点点头："老宓，这事关系着我们阜康钱业的前途，一定要想办法办好！我今天才得到消息，杭州恐怕迟早要变成一座危城。"

胡雪岩一五一十地向老宓交代了注意事项，老宓也一五一十地默记于心。好在公务在身，购置军械，采办粮食，都需要大笔银款，这样倒也好把杭州城内阜康钱庄的钱分几次转移过来，不至于过于引人注目。

回到杭州，胡雪岩提醒王有龄："杭州的防备看来还得加紧一些，太平军的势头甚猛啊！"

第二年的酷夏刚过，太平军的人马从三个方面同时压了过来。

城内闹起了饥荒。王有龄和胡雪岩商量，办起了施粥厂。这样断断续续又坚持了月余，一清点库里的粮食，光供给军队都已经只能再坚持半个月了。

王有龄这下慌乱起来，他又叫来了胡雪岩。

"雪岩，这样下去不行啊！"

城里的士兵每顿只能发放二两粮食，普通老百姓已经断了炊。于是开始吃野菜，不久野菜也吃完了，只好再啃树皮。有的人已经饿得只剩下一把骨头，走起路来就像幽灵。人一推，倒下去就再没有力气爬起来了。

王有龄让胡雪岩想办法逃出城去。胡雪岩摇了摇头道："不行，我得跟你在一起。"

王有龄顿足道："这都什么时候了，你出去也好为城里人想点儿办法，待在这里大家只能一起等死。"

这么多年来，胡雪岩与王有龄互相依赖，谁缺了谁办事就跟没了依靠似的。胡雪岩不想让人说他是个没有心肝的人，到了关键时刻舍了朋友逃走。

"雪岩，你明白，我是决计不能走的。"

封疆大吏，守土有责，临阵脱逃，那是死罪。胡雪岩叹气道："唉！君臣名节要毁了你的性命。"

红顶商人今何在
——
胡雪岩

王有龄道："雪岩，你也绝对不是那种迂腐之人。你知道'赵氏孤儿'这个故事吧。那程婴为了大义，自己牺牲了，把孤儿留下了。我今天求你出城，就好比托孤。你出去想出办法来，也能多救出几个杭州的老百姓！"

说毕，王有龄把长褂一掀，重重地给胡雪岩磕了一个头。

胡雪岩惊得连忙也跪下，抚摸着王有龄那深陷下去的面颊，涕泪涟涟："我这就出去买粮食，你在城内可一定要坚持住。"

王有龄叫来书办，取出十万两银票："雪岩，杭州城里的老百姓，可都在等着你！"

两人抱头痛哭。等到半夜，胡雪岩换了身破破烂烂的夹袍，把银票缝在袍子内，打扮成普通老百姓的模样。王有龄派了一小队官兵，突然打开城门，飞马往敌营冲去。趁着一阵混乱，胡雪岩逃出杭州。

一路上太平军盘查甚紧。胡雪岩只得择了僻静小路，白天睡在破庙里，晚上偷偷地赶路。

胡雪岩总算到了上海，找到了郁二。郁二也被胡雪岩描绘的情形吓住了，答应想办法帮忙募足十万石粮食。

粮食不难找，运输却成了问题。眼下的情形，也只有走海道运输。但是没有人愿意冒这个风险。

耽误了几日，胡雪岩心急如焚。他明白粮食如若早到一日，王有龄或许就有希望。情急之下，他想到了沙船帮。他也只好委屈自己了。他"扑通"一声跪了下来，向聚在屋里的沙船帮船主们恳求道："各位仁兄，今天我胡雪岩是为了杭州城里的百姓才下跪的。我也相信你们不会眼睁睁地看着自己的骨肉饿死。救人一命，胜造七级浮屠。"

满屋的船主见名震沪杭的大财神跪了下来，各个傻了眼。胡雪岩又道："我知道大家创业不易，都希望有个平安日子。今天我愿意以我在上海的钱庄作抵押，恳请诸位仁兄速做定夺，救生灵于涂炭。"听他如此这般，船主们也只好应允了。

20艘货船日夜兼程地向杭州开航。为了预防万一，胡雪岩专门雇了支洋枪队，每人200两银子。

船到江口，城内却传出了坏消息。王有龄久等援军不至，已经自缢而死。其他的几位满汉将军，也都自杀身亡。杭州城内，已经被太平军占领。

胡雪岩不曾想这么快就与王有龄永别了。他站在船头上，望杭州城方向磕了三个响头，浇了三碗酒，算是祭奠。

一片真情动左相

杭州去不了，这些军粮枪炮怎么处理呢。胡雪岩觉得这粮食既已运至浙境，断无再回上海的道理。于是征得船主们的同意，继续沿江向西航行，送给另一名将左宗棠。

左宗棠对胡雪岩的印象并不好。有人对左宗棠说胡雪岩在杭州城最危急的时候，把王有龄撇在城内，独自一人去了上海。去上海干什么，报告消息的人也不甚了了。这一行径，显然与胡雪岩、王有龄之间的密切关系不太协调。给人的感觉，胡雪岩是个轻义重利的商人。还有一点没有漏过左宗棠的耳目：胡雪岩出杭州之前，王有龄曾托付给他十万两官银。

左宗棠是出了名的犟脾气，人称"左骡子"。因为事先对胡雪岩有了

看法，所以一进门，连座也没让，便冷冰冰地问："你就是胡雪岩？"

胡雪岩见座也不让，站在那里甚是不知所措。心想，得先想办法坐下来。于是便作了揖道："浙江粮台胡光墉参见左大人。"

左宗棠道："听说你还是个商人。"

胡雪岩道："光墉闲下来时也做些小买卖。"

左宗棠又冷冷道："听说你很阔嘛。"

胡雪岩道："阔倒说不上，只是比一般人稍舒服些。"

左宗棠鼻子里"哼"了一声，让胡雪岩坐了下来。他突然问道："你和王大人关系甚好，为什么现在一个人活着？"

这话极不友好。胡雪岩只好说："左大人，容我如实相告。"

胡雪岩把杭州如何被围，他在城里办施粥厂，以及后来城里断粮，王有龄如何以"赵氏托孤"为喻，跪求他出城，要他想出办法多救些杭州百姓的事——道来。及至讲到王有龄下跪，左宗棠也微微动容。

"这么说，你还是为了杭州百姓，才这么委曲求全的了？"

胡雪岩道："光墉虽无学识，却也知道人心骨肉。绝不敢为了私利，忘了恩义。"

左宗棠道："这个也罢，我倒问你，可有王大人交你公款一事？"

胡雪岩道："左大人，光墉正是为了交代这份公差才来。"说完起身，从怀中掏出两万银票，"这是采办军械、粮食后的余款。粮食、军械共20船，我已经运到。"

左宗棠一愣："你说你运来了20船粮食？"

胡雪岩道："正是。"

左宗棠忙召来随同的马弁："可有20船粮食之事？"

马弁道："有的，已经交由蒋大人代管。"

左宗棠拉长了声音：“来人啊，给胡大人上茶。”

左宗棠道：“胡粮台此举可真是出人意表。此番军务正急，有了你这20船粮食，我也就没有后顾之忧，可以放心打仗了。”

胡雪岩道：“还望左大人早日光复杭州，解救杭州百姓于水火之中。”

左宗棠道：“哦，你还是个热心肠的汉子。我还以为商人都是只知索钱，不知仁义之人呢。”

胡雪岩淡然道：“那是不知情的看法。人皆父母所生，谁无骨肉亲情？”

“你这话却合了圣人之言，看来胡兄读书不少呢！”

胡雪岩忙摆了手道：“左大人见笑，小人不曾读过什么书。只是心有所感，随口讲出来罢了。”

左宗棠点头道：“也是了，人同此心，心同此理。天下的道理，原本是相通的。我且问你，你没读过什么书，你的生意是怎么做的？”

“全在用人。左大人，光墉何能，要不是一帮兄弟在那里支撑着，我什么也不可能做出来。”

左宗棠道：“嗯，用人，全在用人！这又合了领兵之道。胡兄，我看你虽没读过书，却也是满腹韬略呀。我倒想问你，杭州城一旦光复，你认为应该做的第一件事是什么？”

胡雪岩不假思索地答道：“赈济贫民，恢复工商。”

左宗棠道：“好！我正缺一个得力之人去办理这件事。听你这么一说，我也就不必费力去另外找人了。”

胡雪岩明白他是要委派自己管理这件事，忙欠身推辞道：“光墉不才，恐不能胜任此职。”

左宗棠摆了摆手道：“你也不必谦虚，我看没有比你更合适的人了。”

红顶商人今何在
——
胡雪岩

胡雪岩道："承蒙左大人夸赞。为了杭州城里的百姓，光墉也就不再推辞了。"

左宗棠道："这就是了。刚才我听你说杭州城内缺粮，我打算把你送来的20船粮食拨出一部分，留给杭州城。"

胡雪岩道："我替杭州城的乡亲们谢过您了！"

左宗棠道："这也不必，本来这粮食就是你送来的。不过如此一来，军中粮食就不足了。你是否能利用这段时间想一想办法？"

胡雪岩道："我可再回上海一趟，不过还希望左大人能够派兵护送。"

"这个没问题。不过，本巡抚现在还没入浙，恐怕没有太多的公款划拨给你。"

胡雪岩道："我从我的钱庄里支出十万两银子，就算光墉报效军中的。"

左宗棠怀疑自己听错了："报效？"

胡雪岩道："对，报效。光墉愿意拿出十万银两，捐给军中。"

左宗棠动情道："胡兄，似此侠义之风，世上不闻久矣！来人啦，留胡大人用膳。"

席上，左宗棠问起了洋人。他本人对洋人是十分排斥的。胡雪岩说道："其实依光墉之见，洋人是对我有利，还是对我有害，全在于我们自己。"

左宗棠有了兴趣："你倒讲讲你的道理。"

"要是把洋人当个爷一样捧着，处处依着他让着他，看他脸色行事，那他一定会拿架子的。"

"你是说，洋人要威风，是我们自己人惯出来的。"

"不错。要是把他和一般人一样看待，怎么和一般人打交道，就怎么和他打交道，情况就不一样了。"

大清巨商故事

左宗棠夹了一筷子菜，送进口中，边嚼边说："讲下去，讲下去。"

"洋人是来和中国人做生意的，生意人认钱不认人。只要互相有利，他就会和你来往。可恨的是有些人见了洋人腿就发软，这样洋人才专拣了软的地方捏。要是你该硬的地方硬，该协商的地方协商，他也会拿你当对手看，这是一层。还有一层，像洋枪队，是我雇了你来给我干活的，你拿了钱，自然得听我的。我让你向东，你不得向西。"

左宗棠拍手道："讲得好，讲得好。回头我还真要考虑和洋人打一打交道，到时候老兄你可不要推辞。"

胡雪岩见左宗棠的想法已经完全变过来了，便也敢大胆说话了："洋人要是见了左大人这种脾气的人，还不个个服服帖帖！"

左宗棠虽是个倔脾气，却是倔在他的生性高傲上。听胡雪岩这么一捧，心里不免得意，举杯一饮而尽，道："你这么看？"

胡雪岩乘机道："谁不知道左大人骁勇善战，说一不二？我早在上海就听人说过：'想败了长毛，非曾相、左季高二人不可。'"

把曾相排在前边，拿曾左并夸，左宗棠听了十分舒坦。要是只提左宗棠，不提曾国藩，未免太过。就是左宗棠这么刚愎之人，也不得不承认曾国藩治军有方，无他不足以成事。现在胡雪岩以曾、左并举，显见得现今之势，非二人无可收拾。

"真的有人这么说？"左宗棠故作惊讶道，"那淮北的李少荃呢？"

他这是指李鸿章。因为李鸿章以曾国藩嫡系自居，简办淮军，战功日累，功名日隆，左宗棠颇不服气，才故意这么问。

胡雪岩道："李大人怎么能和左大人您比？"

左宗棠却道："你也该听说李少荃战功赫赫，所向披靡。"

胡雪岩道："李大人虽打了几场胜仗，却是因势而作。他后备充足，

红顶商人今何在
——
胡雪岩

无后顾之忧；曾大人又时时相援，还派了自己几个得力的部下去帮他；江北的太平军势力又较弱。哪像左大人深入敌腹，四面迎敌，仍能指挥若定，力克毛贼。"

一席话分析得颇有道理，左宗棠听了甚是顺耳："我吃亏就吃亏在手下能员太少，又是周遭强敌。这赣东浙西，山高林密，行军打仗，都甚为困难，不过朝廷有令，为帅的无论多么困难，都要迎敌上前。"

胡雪岩见他稍显抑郁，便又补充了一句道："何况论及人品，左大人远在李大人之上。"

这倒正合了左宗棠的胃口。他关切地问道："何以见得？"

"左大人你是个只知做事，不知做官之人。"

"好一个只知做事，不知做官。"左宗棠兴奋之情溢于言表，连饮了三碗白酒，鼓励胡雪岩道："说下去，说下去。"

"其实左大人也不是不会做官，而是不屑于做官。"

左宗棠连声叫好。他一向瞧不起李鸿章的为人，认为他一门心思升迁，每做一事，功名心毕显。现在胡雪岩这么痛快地讲了出来，左宗棠感到真是莫逆于心，犹如三伏天覆了冰，感到甚是熨帖。

"不过那李少荃也是个会用人之人，他没有笼络过你去？"左宗棠也不想显得对李鸿章过度轻视，便转而这么问道。

胡雪岩道："在上海时，他倒也找过我。但是我不能去。"

"为什么？"

"因为他和王有龄王大人不合，我是王大人的朋友，自然不宜背友投靠。那样也显得太没骨气。"

"这倒也是。"

"况且我对李大人的为人也有看法，所以我就借故走掉了。"

左宗棠想，这胡雪岩倒真是注重朋友情谊，是个有信义之人。

"那我委托你帮我署理浙江全境的善后事宜呢？"左宗棠故意这样问。

"那就不一样了。左大人一心为公，光明磊落。我胡雪岩跟着左大人干事，心情也觉着畅快。更何况左大人是为了浙江全省，浙江也是我的老家，左大人有何吩咐，光埔我在所不辞。"

左宗棠和胡雪岩深谈半日，对胡雪岩的做事手段，为人襟怀都已经有了一个了解，感到这是一个值得信赖之人。

胡雪岩自王有龄去世后早就在盘算着来日的依托靠山。今日见了左宗棠，觉得左宗棠也确实是个能够成就大事之人，心中的一块石头也就落了地。胡雪岩原来就准备了一大堆的想法，准备待价而沽。现在见了左宗棠这样的人，对自己十分看重，他也就没有保留，条分缕析地把自己的想法讲给了左宗棠。

红顶商人办洋务

同治四年（1865年），左宗棠以闽浙总督衔离浙入闽。由于胡雪岩的罚捐和捐官计划得以实现，左宗棠入闽人马的粮草供应有了保障。左宗棠牢守曾国藩"不慌不忙"的作战政策，一步一步把太平军败退入闽的余部赶到了闽粤交界的大山之中。

不过胡雪岩远隔千里，身在杭州。左宗棠感到身边幕僚，有才之士不少，但是能像胡雪岩那样善出主意，并且经常出人意表，行人所不能行的人甚乏。所以他在奏折夹片中，奏请授胡雪岩布政使衔，调福建候用。朝廷正仰赖左宗棠出力，自然一奏即准。

胡雪岩接到左宗棠的信函，自然十分感激左宗棠的知遇之恩。不过他一时还不想离开杭州赴闽。一则他手头有丝茶、钱庄生意，可以就近照顾；二则主持赈抚局，"收养难民，招商开市"的工作刚刚做了一半，还有好多事情没有办。依胡雪岩的想法，他除了设置施粥厂、难民局之外，还想设置善堂若干、义塾若干、医局若干。这些事办下来，可以从根子上为杭州这座古都恢复原貌起到作用。

有这些公私两面的考虑，胡雪岩便迟迟没有动身赴闽。左宗棠连番去信去人邀请，胡雪岩找了一个堂而皇之的理由：闽境剿逆战事正紧，左宗棠交代的筹饷、购械、办粮之事也不敢丝毫放松，一时又找不到合适人选。所以还是等战事稍宁，又能物色到合适人选时再交卸差事，动身赴闽。

借口找得合情合理，左宗棠也无可否驳，只得回信嘱咐他赶紧物色人选，一待方便即速来闽。

不久太平军大部被逼无路，出闽入粤。左宗棠在追敌过程中又连打了几个小胜仗，闽境气氛一时轻松下来。胡雪岩这时已经没有理由继续留杭，该办的事情也基本办妥。胡雪岩心想，与其让左宗棠一催再催，还不如自己主动前往。于是搭了洋人的定期火轮，动身前往福州。

这火轮是洋人用来运送货物的，从上海到广州，每六天发出一班。中途经靠宁波、福州、厦门。胡雪岩先由杭州去了上海，办完一船军械，向档手交代了钱庄经营事宜，与旧友作了告别，方始登船。

这小火轮胡雪岩已经坐过几次，此番乘坐仍有不少感慨。上海到福州，陆路要走上一个月，沙船要走上半个月，五百里加急也要走上近十天。小火轮"嘟嘟嘟"不停，只用了两天三夜就赶到了。怨不得道光、咸丰年间，从广州到北京，五百里加急的廷寄，一路上的驿马都跑断了腿，洋人的船只边走边停，等到廷寄到了北京，人家洋人也已经到了大沽口。缓急之间，不知有多少事已经被耽误了。

到了福州，胡雪岩事先写给左宗棠报告他要入闽的信还没到。左宗棠一听说胡雪岩已到，大为惊喜，特意设了宴为他洗尘。胡雪岩又着着实实把小火轮的速度夸赞了一番。

胡雪岩对左宗棠说道："我看这洋人有此恃仗，恐怕我们自己人不免时时蒙羞。"

左宗棠道："我原来读书，也坚信只要国人守了勇气信心，个人有了志气，就绝对不会蒙受别人的羞辱。现在看来错了。先儒的道理固然可信，不过也必须是在两方实力相当时方才可信。"

胡雪岩道："王大人在时，我也曾经听他说过'养吾浩然之气'，我当时不明白什么意思。他给我讲了半天，也算有点儿明白。就问他：'一个人志气自然重要，要是他办不了这事时怎么办？'"

两人的心思对上号了，都有意使用外国的船炮。使用外国的船炮，也有两种用法：一是直接购买，二是自己制造。购买一途，胡雪岩早就尝试过。自胡雪岩主管采备军械以来，凡泰西军械，他已经采购不少。但现在左宗棠与他都开始转到自己制造这方面了。

左宗棠想让胡雪岩主持这件事。

"叫个什么名字呢？"

"这个我已经想好了，就叫船政局。"左宗棠说，"你先去上海见一见洋人，早一点儿把事情定下来，我这里就出奏，估摸有三个月也该批准下来了。"

办起船政局，先得理出一个头绪。

首先得请洋技师。

其次就得招一批能干实际工作的，这些人倒可以从国内直接招。只要头脑灵活，身强力壮，又有耐心，在洋技师的指导下，他们自然会很快适应工作。

最后就是专门筹设一个技术学校了。按照左宗棠的意思，这洋人不能久聘，早晚这造船事业还得中国人自己干。办法就是招一批愿意学习工艺的学生，跟着洋技师干活，同时请洋技师指导，学习他们的技艺。

很快，胡雪岩回到上海，找到古应春。古应春比较熟悉洋务，跑了几天。洋人听说有人要购买造船机器，而且还要聘用技师，都很感兴趣，纷纷报了价，希望自己能揽下这活儿。

那就只好在几个国家挑。挑来挑去，委决不下。这时有一个叫日意格的法国人却主动上门了。

按照日意格的说法，他的几个表兄都在造船厂干了20多年，经验丰富，而且他也愿意报个合适的价格，双方都不太为难。他还说他们法国现在就有一只小火轮，愿意跟着胡雪岩一起，到福州演示给左大人看，保证左大人满意。

胡雪岩见日意格对中国的情况相当了解，而且通达人情，什么事情都愿意妥协，觉得与这样一个洋人打交道还算可以，就答应下来，要他一同前往福州。

左宗棠见有洋轮到了福州，十分高兴，亲自登船，命技师开动轮船。那船"突突突"地往海中驶去，与周围扬帆结网的大渔船一比，果然快了好多倍。

双方满意，就商定由日意格回国，购买机器设备，招募技师。钱款由日意格所在的洋行代收。

日意格办事很快，八个月后，他已经由法国返回，运来了一船机械。

这时胡雪岩却有些着急，催促法国技师日夜加班，赶快把机器组装起来，以便早日开工。

胡雪岩这是用心良苦，目的是让左宗棠能亲眼看到造船。

因为朝廷已下了调令，任命左宗棠为陕甘总督，催他早日交了闽浙总督的差使，走马上任。

左宗棠调沈葆桢来，推荐他为船政大臣，主持福州船政局。他希望自己开创的事业，能够结个果，不至于半途夭折。

胡雪岩被任命为船政局提调，兼管浙江转运局。一切安排就绪，左宗棠才迤逦北上，入陕平定捻之乱。

五年以后，福州船政局造出轮船十余艘，成为中国第一家新式造船企业。后来在此基础上，组建了南洋水师。中国近代史上著名的铁路工程师詹天佑，甲午海战中牺牲的管带刘步蟾、林日升等，都是福州船政局时期培养出来的人才。

左宗棠因为福州船政局办出了成绩，感到甚是得意。所以一到西北，他就有意把外洋的机械也引进到西北，让他辖属的这片疆域也感受一下西洋的坚利技术。

就在福州船政局造出的十余艘轮船陆续下水时，左宗棠给胡雪岩来信，说要胡雪岩代买织呢机器。

胡雪岩成功购进了50台机器。中国最为内陆的心腹之地有了现代工业。

光绪三年（1877年），由于西北遇大旱，左宗棠以工代赈开凿泾河。他早就知道外国有开河机器，就把买机器的任务交给了当时任上海采办转运委员的胡雪岩。胡雪岩向德国购买了一套机器，还聘了几个德国技师。光绪六年（1880年）的秋天，德国技师用机器在泾源工地先开了一条长200里的正渠。由于渠底布满坚石，用人开凿十分困难。为了把渠挖宽加

深，提高工作效率，德国技师建议再买开石机器。胡雪岩接到左宗棠的命令，又买了几台。虽然现在我们无法从史实上知道工程情况如何，但胡雪岩帮助左宗棠引进机器，用机器在西北高原上开河凿渠，在当时可是第一家。

左宗棠所办的洋务事业不但抵制了外国侵略者，还在很大程度上开发了大西北。这自然少不了胡雪岩的功劳。左在给胡雪岩的一封信中谈到船政局事宜时，称赞胡"阁下创议之功伟矣"。两人在创办洋务上思想统一，经常通书信来交换看法，如左宗棠在给胡雪岩的一封信中说过："中国枪炮日新月异，泰西诸邦断难挟其长以傲我耳。"

兴办洋务，胡雪岩出力甚勤，获利甚少。左宗棠也深知胡雪岩的勤勉与克己，进而对胡雪岩的看法又深了一层。胡雪岩倒也不愿从这些事情上捞油水，他的钱庄和丝蚕生意已经为他提供了足够的利润。他之所以仍勤恳办洋务，一为知遇之恩，二是雄心使然。

在清朝，商人尽管富可敌国，但政治地位不高，很容易受人轻视。胡雪岩原本已经捐了个官位，以提升自己的地位。但左宗棠感谢胡雪岩的帮助，决计为他谋个红顶戴戴。红顶子是高官才享有的身份标志，清朝尽管开了捐班之门，但红顶子一直对捐官说不。

左宗棠平定西北，胡雪岩立了大功。论功行赏，在左宗棠的力保下，胡雪岩得以为正一品，戴上红顶戴，成为赫赫有名的"红顶商人"。朝廷又赏他穿黄马褂，骑上马绕皇城转三圈儿。

胡雪岩在杭州城内元宝街的住宅也能重新起门楼，连浙江巡抚到了胡雪岩的家，在大门外也得先下轿。像胡雪岩这样既有红顶子又穿黄马褂、享有至高殊荣的人在杭州城是找不到的，难怪这位特殊的官商被人称为"异数"。

胡雪岩既是官又是商，要地位有地位，要实惠有实惠。但他并不真正想做官，而仍以经商为职业，为的只是提高身份地位，增强自己在商业中的竞争能力，也就是说：胡雪岩利用红顶、黄马褂来更好地做生意。

左宗棠成了胡雪岩在官场的后台，他的生意又获生机，迅速地发展起来。短短十年，左宗棠凡购置弹药，筹借洋款，拨饷运粮，都由胡雪岩一手操办，胡雪岩也从中获取了巨大利润，事业亦如日中天，财产从十几万发展到了数千万之巨。

左宗棠收复杭州，而胡雪岩献米献饷，帮助左宗棠处理了杭州战后事务，他的所作所为获得了左宗棠的极大赏识和信任，使胡雪岩在王有龄死后又找到了左宗棠这座靠山。有了左宗棠这个后台，胡雪岩的生意在战事过后全面恢复，而且越做越红火，左宗棠要西征新疆，他以"红顶商人"的身份，为左宗棠筹办粮饷；创办轮船制造局，代表朝廷借"洋债"，自此与洋人有了金融上的来往。到这时，胡雪岩在官商两界都获得了成功，前途一片光明。左宗棠为感谢胡雪岩，光绪四年（1878年）春，他会同陕西巡抚谭钟麟，联衔出奏，请求朝廷"破格奖叙道员胡雪岩"，把他所有的功绩都上奏朝廷。

胡雪岩的母亲七十大寿，不但有高官李鸿章、左宗棠这些朝廷重臣送礼道贺，就连慈禧老佛爷也特为其颁旨加封。至此，胡雪岩到了他一生中最辉煌的时刻。

红顶商人今何在
——
胡雪岩

大厦倾倒梦一场

左宗棠随后出任两江总督。这时候胡雪岩正联合了丝商，要与洋人抗衡，不让洋人随意左右中国市场，占中国人的便宜。知道左宗棠成了父母官，极为高兴。

胡雪岩想借两江总督之名，让左宗棠发布一纸文告，提高外商购买丝茧的捐税。

洋人托了海关总税务司英国人赫德，前去游说胡雪岩。

洋人提出，可以给胡雪岩每年80万的佣金，让他代理收购。条件是价格上一定要替洋人作些考虑。

佣金数目相当可观，不过胡雪岩的心思已经不在这里。他希望洋人能根据需要，尽量加足价码。

胡雪岩知道，十年以来，丝茧的价格年年都在攀升。所以洋人要想收购，起码也不应低于前五年的平均价。

赫德知道胡雪岩的想法已定，更改的可能不是很大，就只好起身告退了。

胡雪岩见洋人被自己这么一卡，就着急上门了，心里甚是得意。

"应春，我看现在逼上一逼，洋人一定会依了咱们的要求。"

"你是说咱们今年的丝不卖？"古应春担心地问道。

"正是，等到明年，也该咱们卖个好价钱。"

"雪岩，"古应春提醒道，"按照惯例，到年关前，至少也得卖去七成，不然资金周转不灵呀。"

"没关系，应春，我算了算，钱庄这边，咱们几个大户的钱只要不取款，年关总还是可以过去的。"

"赶松不赶紧，但愿别遇到什么意外。"

老天保佑，这一个年关，总算平安过去了。洋人依然扳价很紧。胡雪岩来了气，联合了几个内地缲丝厂，紧赶慢赶，把头年的剩茧处理了一大半。

洋人沉不住气了，频频派人打探胡雪岩的口风。胡雪岩回话很明确，除非答应了所提的条件，否则一根丝也甭想捞着。

一转眼又到了收丝茧的季节，胡雪岩眼看着自己布下的计划，已经快有结果，就又投进去100多万两银子，把市面上的丝茧全部收回库里。巴望着这么熬上一熬，会有一个圆满的结果。

这时候却又起了波折，中法战争爆发，左宗棠被令南下平叛。

左宗棠匆忙把胡雪岩招到江宁，要他准备好40万银两，让人马先开动了。

跟了左宗棠这么多年，胡雪岩从来没让左宗棠失望过，所以养成了左宗棠的这个脾气。

左宗棠见胡雪岩微露难色，便问："有什么困难吗？"

要是胡雪岩答一声"是的，确实有困难"，或许左宗棠会另作考虑。

不过胡雪岩总不想让左帅失望，所以就答道："请左大人放心，我会尽力想办法。"也是长年相沿养成的习惯，胡雪岩总想事事做得满意。可是很快他就发现，事事满意是不大现实的。

首先是各地钱庄的钱业，古应春早提醒他内有积弊，希望胡雪岩能下个决心整治一下。

胡雪岩倒不是没有决心。他总是觉得大家一起做搭档惯了，因为档手

红顶商人今何在
——
胡雪岩

83

中饱了几万两银子，就轻易把他撤换掉，不是上策。

古应春问他怎么样才是上策，胡雪岩总是笑而不答。等事情一忙起来，这事也就忘了。

不成想漏子就从这里开始扯开了。

上海的档手老宓因为胡雪岩做出了一番花团锦簇的事业，煞是羡慕。于是就动了脑筋，私自抽了50万两银子，与自己的表兄合伙做生意。事有凑巧，他这位表兄也是做沙船生意，也正好赶上一场大风浪，把50万两银子全泡进了大海。

古应春早有察觉，所以才提醒胡雪岩警惕。胡雪岩拖到现在，急等用钱了，算过来算过去，也就是这里还勉强能挤出40万两来。

老宓的想法，50万两赔了，只要自己日后勤恳，总还能有一天替老板赚回这笔钱的。

要是按照平常的算法，这个想法也不是不能实现的。现在胡雪岩突然张口要50万两，老宓一下子慌了手脚。只得推说其他钱庄拆借，一时凑不齐，需要延宕三五日才行。

延宕三五日倒也无不可。这时候屋漏偏逢有雨，坏事接二连三地赶来了。

左宗棠与李鸿章不合，由来已久。中法战事一开，李鸿章一门的人便动起了脑筋。

他们知道左宗棠这20年来，行军作战，全靠了胡雪岩为他置备军械，筹措粮饷。没有胡雪岩，左宗棠就犹若没了左右膀。

现在战事一开，李鸿章力主议和，却碍着有个左宗棠在，便不愿多开口。

门下人早已心领神会，要攻倒左宗棠，须先攻倒胡雪岩。于是就存了心思，要找个机会，打胡雪岩一个闷棍。

这时李鸿章的门下盛宣怀正到了上海，见到上海道邵友濂，便向他密商此事。邵友濂说这不难，不过得挑个好机会。

好机会终于来了。胡雪岩经手的洋款，正好到了每年该还款的日子，数额为80万两。

邵友濂却推说备江海关协饷未到，须再等20天方可。

换了日子，胡雪岩会禀告左宗棠，让他出面，责令邵友濂不得延期就是。偏偏现在胡雪岩是在替左宗棠办事，不愿意让左帅觉着自己在向他诉苦。心里存了这个想法，胡雪岩只好自己另外找办法。不求人的法子只有一途，就是卖掉积存的蚕丝。其实胡雪岩已经在蚕丝上吃了一个大亏，只是他不知道而已。

就在左宗棠外放，胡雪岩为蚕农考虑，联合起来抵制洋商时，西方正经历着一场经济危机，生产能力迅速下降。

洋人的代理商业在此前一年里就知道了这个消息，所以他们才能沉得住气，挺了两年没有买一束丝。

国内当时交通和通信不发达，胡雪岩根本就不知道这一消息。毫无疑问，胡雪岩吃的这个亏很大。

洋人见胡雪岩找上门来，说话就十分硬气。说买丝可以，但必须六折，否则一根不买。

两千万两的丝，六折就要少卖八百万两，胡雪岩顿时如坠冰窖。

这时李鸿章的门人也已派人到市面上造谣，说胡雪岩已经破产，钱庄马上就要倒闭。

第二天一大早，"阜康钱号"门口就排起了提款的长队。钱庄的档手老宓无奈，只好硬着头皮开门，兑了大半天款子。到了下午三时，只好上板关门，上海的钱庄倒闭了。

发生挤兑之时，胡雪岩正在回杭州的船上。他原打算回到杭州，用那

红顶商人今何在
——胡雪岩

里钱庄的余额，先交了到期的洋款。等他船刚靠岸，上海挤兑的消息便已经传来。

阜康迅速崩盘，胡雪岩破产。胡雪岩历30余载，形成北票南庄之格局，于近代沪杭之经济民生，也算是影响至深。一朝倒闭，连个转折的余地也没有。不过胡雪岩在落魄中，气概光明，未曾遭受贬抑。

胡雪岩娶的那些姨太太年轻貌美，大多都看上了胡雪岩的家产，嫁到胡家更是大手大脚地花钱，过着奢侈的生活。后来胡雪岩因受李鸿章的排挤与打击，弄到了破产的地步，这些平时温情的姨太太顿时温情丧尽，要拿着自己的私房钱离开胡家。

胡雪岩并不挽留，只是说，愿走者可以拿着自己的私房钱离开，最后只剩下罗四太太愿意相伴身边。金钱美女舍弃了，他说："商人为钱，钱能害命，我这一辈子，不怀念挥金如土之日，只怀念少年时拿几文钱买烧饼、喝水酒之日。当欧洲19世纪，商品经济兴起时，商业贸易迅速发展，在东方大国，中国的清朝，也只有我浙江胡雪岩能与各国商人竞争！"

胡雪岩有着坎坷离奇的生命历程。他生逢乱世，借助各种势力，挣得了无数家产。在太平天国运动时，他纳粟助赈，效忠清政府。洋务运动兴起后，他请洋人的技术人员，引进洋人的先进设备，也成就了一番事业；在左宗棠挥戈西征时，他借洋款、筹粮械，立下汗马功劳。他历经千辛万苦，终于从一个钱庄的小伙计成为了富甲天下、威名远扬的"红顶商人"。之后，他又从容地周旋于红顶子、黄马褂、生意经之间。凭借自己的能力和眼光建成了以钱庄、当铺为网点，覆盖全国的金融行当，并开设了著名的药店——"胡庆余堂"。

胡雪岩晚年，在洋商和朝廷官员的双重扼杀下，成了朝廷罪犯，被抄了家产，最终郁郁而终。

民间称他为"钱王"

——王炽

晚清时期，英国的《泰晤士报》曾对百年来的世界富豪进行统计，当时积贫积弱、信息封闭的中国竟然有一人上榜，并且还排在榜单的第四位，他便是云南巨商王炽。在中国，因为他在传统金融业方面的巨大成就与影响力，也被冠以"钱王"的美誉。

作为晚清赫赫有名的巨商之一，王炽的一生充满了传奇。他曾因生计艰难，弃学习商；曾于两军对垒间，独入敌营，胆识过人；曾结帮贩卖，贸易全国；又创立票号，贷行天下；于乡梓国家急难之时，不吝钱财，一掷千金，被封为"一品商人"，王炽的名字响彻大江南北。可叹的是，如今很多人只知红顶前人胡雪岩，却不知有王炽。直到电视剧《钱王》问世之后，王炽的知名度才有所提升。其实，王炽的为商之谋，为人之道，足为后世楷模。

少年立志，组建马帮

王炽，字昌国，号兴斋，因排行第四，又称"王四"。王氏先祖原居江苏南京山阴县，后迁至云南。道光十六年（1836年）四月十二日，王炽生于云南弥勒县十八寨（今虹溪镇）东门街。14岁时，父亲病故，三位兄长也先后因病早故。家计窘困，空徒四壁，靠母亲织布售卖和缝缝补补为生。

母亲为求出人头地，还是希望王炽能够学些本领。在他7岁时，将他送至私塾读书。如此坚持数年，生活实在无以为继，方让他弃学习商。

1852年，王母变卖首饰凑得本银20两，让他在本地购土布挑至竹园、盘溪贩卖，又将那里的红糖购回销售。

凭着天资聪颖和吃苦耐劳的精神，王炽不久便攒下了一些本钱。他寻思，云南交通不便，长途贩卖利润更高，于是招集人手，组建了一个自己的马帮。马帮规模不大，但由于王炽胆大机敏，为人侠义守信，几年之间已经在滇南一带小有名气，人称"滇南王四"，在各乡里镇都有了一批稳固的客户群。

这时的王炽还有一个入仕的机会。1856年，建水回族首领马如龙等聚众响应大理杜文秀起事，攻占开远后向弥勒进攻。

本地乡绅连辅廷倡办团练，赏识王炽机敏过人，练达多能，委其为东门街练目。王炽即以贸易所得之资招集乡勇，组织武装团练，以护桑梓。

费用不足时，他还亲冒矢石，兼理贸易。后两军对垒，王炽集乡勇拼死抵抗，毫无惧色。后见寨小力危，难以相峙。王炽见势不支，于是牵牛担酒，亲赴敌军马云峰军营为其母祝寿。

马云峰赏佩其胆识，视为英雄，弭兵和议乃成，十八寨得以躲过兵灾。后来，地方官府以王炽历年功绩，保其为参游武职，又拟委其至广西任职，王炽皆辞而未受。

这段战事充分显示了王炽的勇猛与胆识。当时的马帮贸易不仅路途遥远，更兼途中山匪横行，没有一定的自卫能力是难以长期进行的。

经过短暂的中断，王炽又恢复了其经商生涯。经过战场冲杀的王炽声名更为远播，此后他的马帮行走各地，基本上畅通无阻。

1863年，他到达重庆。见这里商业繁盛，水陆繁华，远胜弥勒，适于设庄贸易，遂决意在此经商。他打出"滇南王四"的旗号，率马帮商队贩卖于云南、四川之间。两年之后，资本渐厚，于是在重庆购置房屋，正式设立"天顺祥"字号，并于昆明、叙府增设分号。昆明的天顺祥发展不顺，但重庆商号则发展迅速，不数年而获巨资，成为当地响当当的商号。

名震南国，人称"钱王"

云南之票号最早有山西帮之"百川帮""宝丰隆"，总号设在山西平遥县，云南的本地票号势力弱小。王炽因商铺的发展及商路的开拓，急需资金周转。同时，他也发现川、滇省内及跨省贸易日益频繁，票号大有可为。同治十一年至十二年（1872—1873年），王炽在昆明三牌坊邱家巷开

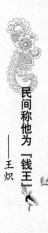

民间称他为「钱王」

——王炽

设"同庆丰"，并赴重庆仿山西票帮规例，改组"天顺祥"，承揽银两及资金的转运承兑业务。

之所以以同庆丰为号名，传因王炽在昆明收庄曾经发誓永不来滇设庄，故此次在昆明设号，另以同庆丰三字为标牌，虽各有不同，实际收支同一。票号虽然开设，但是否能够实现由贸易到金融的转型却还是面临挑战。天顺祥虽然信誉不错，开局也还顺利，但要想与山西票号一决高下，却还实力悬殊。

经营票号者多以安全、信用为第一，但靠马帮贩运起家的王炽却有冒险家的天分和想象力。光绪初，曾任云南巡抚的唐炯奉命督办川盐，急需银十万两。由于布政司无银可拨，唐炯只得向商界筹借。向重庆各商界洽借，无人响应。王炽细加思量，认为此次筹银一方面可解盐茶道之急，借此结交唐炯，找到官场上的靠山；另一方面若"天顺祥"在十天内凑足十万两白银，则可向世人展示"天顺祥"的实力，促使人们放心来"天顺祥"存兑银两。在盐道张海槎与之商谈时，王炽痛快地表示愿意借款。唐炯闻报尚有疑虑，急召王炽相问，王炽表示十天内将凑足送交唐府，王回后立即清点存款，又以办货为名，密向各号筹借，八天内凑足十万银两。

凑足了银两后，王炽并未直接将银送去，而是特意安排挑夫百余人，打出"天顺祥"的名号，浩浩荡荡，敲锣打鼓，绕城数圈达至官府，一时间轰动全城。这一绝世无双的广告策划使"天顺祥"名闻遐迩，几乎达到妇孺皆知的地步。王炽的身价由此更著，跻身于川滇一流富商之列。

既协助官府解了燃眉之急，自然受到官府器重。在唐炯的支持下，王炽开始代办盐运汇兑这一大宗买卖，业务有了根本改观。他以"同庆丰"为总号，"天顺祥"为分号，于各地遍设店号。在云南省州县较大的商品集散地如滇西大理、保山，滇南思茅、蒙自、个旧，滇东东川、昭通、曲靖先后设分庄或办事处，均可在沿途票号凭票取款，省外则京号在北京，申号在上海，江号在南京，常号在常州，汉号在汉口，粤号在广州，渝号在重庆，叙号在叙府，蓉号在成都，黔号在贵阳。

此外在中国香港、越南海防亦驻专人。同庆丰还在云南兼营房地产，修建昆明同仁街，在弥勒、宜良等地广置田产，年收租息千余石。

光绪六年（1880），王炽接母噩耗，回籍奔丧，乃由李耀廷代理重庆号务。后来，王炽留滇主持，正式调李耀廷为渝号管事，坐镇重庆。李耀廷原是天顺祥的合作伙伴荣茂公的管事，老成干练，深为王炽所赏识，荣茂公倒闭后，王炽代李偿还债款，请李进号。在天顺祥内予李入股，李无资，王炽让他占人力红利股十股，后又不断增加。李耀廷不负所托，成为重庆天顺祥的支柱人物。自此，王炽自己坐镇昆明，以昆明滇号为总号，总理各埠事务，以重庆为分号，分理外埠事务。

王炽究竟身价几何？有人统计说，自光绪十三年至宣统三年共25年间，全号红利即达389万余两，时人称"同庆丰富过半个云南"。王炽成为名震南北的"钱王"，"同庆丰""天顺祥"则被誉为票号的"南邦之雄"。

诚信为本，贫富不欺

王炽常常教导员工和子女说："背信是祸，诚信是金。诚为立人之本，信为治国之纲。一个成功的人，不管他干的任何行业，大多都是诚信

民间称他为「钱王」——王炽

之人。"王炽从商一生，他始终坚持自己的诚信标准，以诚为本，以信待人，信誉第一，这种商德使他在风云变幻的晚清商界，获得了众人的好评与信任，事业也蒸蒸日上。

一次，王炽因手下的掌柜不让一个老人存一枚铜钱，一时间谣言四起，差点毁了他的良好商誉，让他刻骨铭心。

清末初春的一天，外面正下着绵绵细雨，王炽开的同庆丰钱庄总号大店内，人来人往，熙熙攘攘。一个穿着破烂的花甲老者，带着一个六七岁的黑衣孩童走了进来，脸上脏兮兮的。在柜前，许多伙计正在忙着算账。见到他们，一个小伙计头也没抬，就问："存钱吗？"老人用一双发抖的手捧上了一枚油迹斑斑的铜钱。伙计笑了笑："要饭的吧！"老人说："我活不了几天了，身边还有个小孙子，我想给他存点钱，等我一死，好让他还有几天饭吃。"伙计说："一枚钱太少了，攒多了再来吧。"老人道："钱庄为什么不让人存钱呢？你们行行好，就当可怜我们吧！"他那苍白的胡须在抖动，面含悲色。

然而，不管老人怎样低声哀求，小伙计就是不答应。无奈，老人与孩子伤心流泪，望着大厅正中的"信义天下"四个浓浓的黑字黯然离去了。

第二天，关于同庆丰的谣言多起来了，在当地引起了巨大的反响，同庆丰的客户们也恐慌不已，对钱庄产生了可怕的信任危机，于是纷纷涌到钱庄提现银存到别的钱庄。

王炽知道这件事情后连夜召开会议，商量对策，彻底查清了事件的来龙去脉。原因找到后，王炽对员工说："商家经营，贵在一个信字，店大欺客，不是同庆丰的作风。同庆丰的掌柜和伙计，都应该做到言必信，行必果，要言行一致，对顾客负责。没有百姓买你的账，官再高也是空招牌，店再大也得关门！人无信而不可以立！"

最后，王炽开除了那个触犯钱庄约法的小伙计，扣发主管人员半年的薪水，并让人全城寻找存钱的老人和孩子。他亲自出马率钱庄全体人员在大门前将老人和孩子迎进店中，向他们道歉，并把他们这一文钱设立一个特殊的账号，开出了票据，并给了高出别人十倍的利息，以示诚意。在王炽积极正确处理这次事件后，人们对他钱庄的不良印象也渐渐消失了，对他本人也是钦佩有加。

明义重德，报效国家

近代经商，最难处理的就是官商关系。经营要想大成，多离不开官府的支持。这里所说的官商关系，并非是指以商贿官，或者官商勾结，而是指政府与商界的业务与制度联系。山西票号得以兴隆，当然与民间贸易紧密相关，但其主营业务中，各级官府官票汇兑也占了很大份额；徽州盐商富甲天下，则与明清以来的纲盐制度密切相关。至于何家兴旺，何家发达，当然会有私相授受的情况，但是很多时候公道与私利、公谊与私情是联系在一起的。正如大盐商享受盐纲垄断之利，自然也须为国报效捐资，以为后继。在封建体制之下经商，如果对这一点不能明了，要么被官府逼榨，要么被官府驱逐，要想获得垄断厚利，无异于缘木求鱼。

民间称他为「钱王」
——王炽

王炽显然对这个时代的商道有独到而深刻的认识。在票号的经营过程之中，他重德重义，以信为先，在个人生活上，王炽富而不奢，勤俭持家。这使他赢得了民众及商界的尊敬，也在无形之中提高了他所经营企业的可信度。

在近代的特殊年代，经商如为政，单纯的经营之道还不足以立世。王炽远超他人的地方在于敢于仗义疏财，以私财解地方、国家之困，在问题纾解之后，再名正言顺，摘取收益。1885年，中法战争期间，军情紧急，而饷银不继。云南巡抚岑毓英饬昆明各汇号月借饷银六万两，无敢应者。王炽毅然独任，他说："设粮饷不继，兵勇哗溃，大局将不可收拾，区区私财尚何有耶？"同庆丰各号前后垫借60余万两。为便于行军，商定由同庆丰印发临时银票，票面金额，分为十两、五两、三两、二两或几钱不等，持此银票，即可向昆明、蒙自两地同庆丰号兑取现银。并派有随军办事处，便于兑收银票，由于同庆丰信用卓著，见票即兑，军无欠饷之困。会办云南军务前湖南提督鲍超也曾向天顺祥挪借银十万两。战事结束后，岑毓英返滇，紧握王炽的手说："微子力，吾事几不办。"还给他一个赐额，上题"急公好义"四个大字。

同庆丰并非无所收益，还军后垫借之款及利息都全部收回。岑、鲍二人还将王炽垫借军饷事奏闻朝廷，诰封王炽为候选道员。自此，同庆丰声名益著，且与地方官府建立了良好关系，凡协款、丁银、丁赋均归其专办，优势无人能及。

同庆丰还参与地方矿务的招股事务。1887年，朝廷鉴于云南铜政毫无起色，派唐炯为矿务督办，专理滇铜。唐炯到云南后，即成立矿务局，设立招商矿务公司，并奏派王炽任公司总办，招股则由同庆丰各地分号协理。这件事如果圆满成功，同庆丰也将获得不错的利润。可惜的是，洋务企业，官督商办，商利多被侵夺，王炽垫银数十万两，未能收回投资。

王炽最让人称赞、也是最为惊险的成功之举是在1900年。这年正值八国联军侵入北京，慈禧太后由北京出奔西安，费用浩大，供给难继。王炽令西安天顺祥源源接济，有求必应，务保两宫用度无虞。一方接济，一方赚钱。在战乱之时，北京的王公贵族纷纷携款外逃，而金银及重物不便携带，王炽下令北京天顺祥号照常营业，冒险代存王公卿相之巨金，并廉价购入货物。待八国联军退出北京，秩序恢复，天顺祥所存之货陆续售出，获利数倍。慈禧太后回京后，对王炽大为赏识，下旨召见，后因慈禧病重，未能召见，由朝廷赐予三代一品封典。

这些救危解困之举事后看来或者不以为然，但当时，没有哪一件不是冒着破产甚至生命的危险来进行的。有人说这是王炽结交官府，但从求利的角度看，风险未免太大。这其中，透露的不仅是王炽的胆识和谋略，还有他的公义爱国之心。

至于从纯粹公益的角度，王炽的义举也是不胜枚举。1881年，他在家乡虹溪倡办东门私塾，集资购置学田。他看到有的举子无钱进京赶考，就承揽了云南全部举子进京赶考的一切开销。听说大渡河船渡常淹没人马，便捐巨金打造13根铁索修桥，供行人过江。1889年，他联合其他士绅创办"兴文当"，以利息收入维持"经正书院"学生伙食学杂费，以期振兴云南地方文化，因名"兴文当"。1890年，晋陕大旱，全国发起秦晋捐，王炽捐银二万两，获圣旨旌表，赐"乐善好施"，被李鸿章称为"犹如清廷之国库也"。

清廷根据王炽的各种义举，先后赐他四品道职衔，恩赏荣禄大夫二品顶戴，诰封"三代一品"封典，成为一品红顶商人。王炽所受荣誉远远超过晚清时声名显赫的巨商胡雪岩。英国《泰晤士报》曾对百年来世界最富有的人进行统计，名列第四位的便是王炽。

1903年11月，王炽因病在昆明逝世，年68岁。这位富商巨贾的灵柩在其家眷的护送下，魂归故里。虽然在他死后数年，他的钱业王国逐渐

民间称他为「钱王」
——王炽

95

没落，但他的创业故事、营商谋略、浮沉轨迹、豪情义举，一直是他生活的那个年代最为灵动的音符。至今，仍在十八寨的青山绿水之间萦绕回荡。

祥瑞天下儒者心

——孟洛川

　　论及北京的老字号绸布店，无人不知"瑞蚨祥"。瑞蚨祥是"八大祥"中的一家，这"八大祥"均出于一家，为山东章丘旧军镇孟氏所开。孟氏为山东著名商贾世家，其家族产业分布于北京、济南、保定、汉口等地，累资巨万，且族中多经商奇才，其中最杰出者为孟洛川。

　　有两句俗语说得好，其一流传于北京："同仁堂，八大祥，不胡吹，不乱诳"，足见八大祥之地位与信誉；其二传布于山东："山西康百万，山东袁子兰，两个财神爷加起来赶不上一个孟洛川"，足见孟洛川之富有。他一生经营企业达44家，亲手创建的有26家，名满天下的瑞蚨祥字号就是在他手中发扬光大的。

出身望族，天赋早显

孟氏家族乃是享誉齐鲁的豪门望族，也是富甲一方、货通中外的富商巨贾。在孟洛川出生之前，孟氏已是家财万贯。在清嘉庆年间，就有了"直隶一集，山东一村"的说法。孟洛川父亲孟传珊有兄弟数人，均自有产业，尤以其父所立的"矜恕堂"一支最为兴盛。

孟洛川出生于道光三十年（1850年），名继笙，字洛川。孟洛川幼年时，父亲不幸病逝。虽然衣食无忧，但是能否把洛川培养成材，继承家业，却成为其母的心头之忧。孟洛川之母高氏，系章丘西关另一商业世家高氏之女，知书达理，深通闺训，兼通商理。她一方面聘请章丘名儒李青函等为其解惑授业，另一方面言传身教，规劝不已。不料孟洛川虽天性聪明，却性格顽皮，不好读书，因其排行老四，村人曾送其"孟四猴子"的绰号，可见其顽劣程度。

不过，孟洛川的经商天赋却很早就显露出来了。据说某一天，孟洛川因逃学被其母罚跪于中厅，一管家好言相劝，孟洛川不仅置之不理，相反却拉着管家的手说："你当大管家，可知道营造这座过厅需要多少砖瓦、木材、工时？"管家哑口无言，他却将之娓娓道来。管家大为惊讶，乃告知其母与三伯父孟传斑。

孟母知悉此事，格外惊喜，此后于商事商理也更多讲解给他听。自此，孟家凡建造房屋，年终结账，也常让孟洛川参与。经他计算，不仅锱铢不漏，收支分明，且时有令人折服的精辟见解，族中人均视之为未来家族事业的掌管人。

1868年，孟传珽见洛川已熟谙经营之道，为让他早经历练，避免只知纸上谈兵，允其接管"瑞蚨祥"。瑞蚨祥原由其父所创，下设有钱庄和布庄。瑞蚨祥店名是怎么来的呢？据说，当年的掌门人经过反复推敲、多处考证后引用了"青蚨还钱"的典故。相传在古代有一种昆虫叫"青蚨"，它比蝉稍大些，产卵必须要依附着花草的叶子，即使是被人偷偷地拿走了它的卵，不管多远那母青蚨也一定会飞回来。这意思就是说，钱花出去，还能再飞回来，所以青蚨也就成了永远财源茂盛的象征，后来就有了青蚨当成铜钱的说法。可见这个老字号创业初始就有着相当深厚的文化底蕴。

曾经在老北京城里流传着这样一首民谣：头戴"马聚源"，身穿"瑞蚨祥"，脚蹬"内联升"，腰缠"四大恒"。意思就是说穿着瑞蚨祥的绸布体面，买瑞蚨祥的东西实惠，信得过。但是任何一个企业的崛起都并非偶然，从创业到鼎盛时期，瑞蚨祥从来不做广告，靠的是长期积累的信誉。

在孟洛川的打理下，瑞蚨祥不仅经营土布和绸缎，还顺应时变，附带经营新潮的英美布匹、钟表眼镜等洋货，再加上钱庄的支撑，发展得也十分顺利，在济南和天津的影响力都不断扩大。孟洛川已经铺就了进京发展的路。

青蚨鸣音，祥瑞天下

光绪十九年（1893年），孟洛川在北京大栅栏开设了瑞蚨祥。由于拥有雄厚的资本实力和良好的市场信誉，瑞蚨祥来京发展并非是简单的分店复制，而是定位高端，希望以此举奠定其在京城乃至华北的行业领袖地位。

无论是从店堂设计，还是产品展布，瑞蚨祥都透显出大气、精致、值得信赖的老店风度。西式巴洛克建筑风格的门面，宽敞舒适的空间，中国传统式的陈设，琳琅满目、土洋兼备的商品，细致周到而不失矜持的服务，再加上绝佳的地段与旺盛的人气，使瑞蚨祥在开业之后就受到市场青睐。

瑞蚨祥定位于高端的市场形象，但并非高价唯尊。对于不同的客户，瑞蚨祥有办法让他们感到相应的尊重。普通民众乐于来此，既可享受大店的购物环境和丰富的品类，也可以找到中低价位的大众布品。如瑞蚨祥畅销的色布，都是选用上好的白布加工的，缩水率小，下水不褪色，价位低廉，最受普通民众的欢迎。对于达官权贵、大家眷属，则备有上好丝绸、优质皮货及时尚洋布，尽供挑选。各类货物，分柜陈设。前柜卖青、蓝、白布，二柜卖中高档布匹，楼上则卖丝绸、皮货等高档商品。顾客到来时，进门即有职员含笑迎接，然后由售货员上来请坐、看茶，根据顾客需要，送上商品，顾客要不要均可。

北京瑞蚨祥一战成功，孟洛川又于次年在山东烟台开设了瑞蚨祥。开业时，状元及工部尚书陆润庠为其题写了"天孙云锦"的匾额，南书房行走王懿荣也题写楹联，以示祝贺，由此可见其影响力已非同昔日。

1900年，瑞蚨祥毁于八国联军的洗劫。孟洛川闻讯，一度打算结束北京瑞蚨祥，将资金回流济南，后经北京瑞蚨祥孟觐侯劝说，方在北京天桥重新开业。1903年，北京瑞蚨祥新营业楼落成，较之前更为考究。由于洋布此时输华数量大增，且社会接受度迅速增加，他将主营转移到了以经营洋布、绸缎为主，兼营土布的方向，利润与销量同步增长，不仅恢复了元气，且更胜昔日。

此后，孟洛川开始了扩张步伐，先后在北京开设了瑞蚨祥鸿记西号绸缎店、西鸿记茶店、东鸿记茶店、鸿记新衣庄；在青岛开设了瑞蚨祥绸缎庄；在天津开设了瑞蚨祥绸缎分店；在济南开设瑞蚨祥分店。据不完全统计，截至20世纪30年代，瑞蚨祥共有16家企业，3000间房产，房产总值800余万元，仅1927年利润即已达300万两白银，瑞蚨祥成了绸布业的佼佼者。

修身践行，生财有道

一踏进济南瑞蚨祥的店门，便能见堂内对面的"践行"两个大字，与之相对的墙上则有"修身"两字。在孟洛川看来，"修身"意即以圣训为本，要规规矩矩做人，诚诚实实待人，"践行"即要求大家将之付诸实践，言行一致。他在经营中常常提到的一句话就是"《洪范》五福先言富，《大学》十章半理财"，意思是告诫大家要"生财有道，生之者众，食之者寡，为之者急，用之者舒，则财恒定矣"。如求眼前小利，或者欺骗取巧能够得计，但如想立千秋功业，则需以诚以真换得人心。

孟洛川在经营之中始终坚持"至诚至上，货真价实，言不二价，童叟无欺"的经营宗旨，他将这一理念在店内反复宣讲。上至各店的掌柜、经理，下至职员、店伙，在任职入店之初，都要熟记"修身践行"之道，而讲求产品质量则是其最为直接的体现。如珍贵皮货，为保证季节供用，往往提前一个季度就到原产地或外国洋行直接进货，绝不以差抵优；高级绸货则由产地大厂直接购进，质量高于一般，且花样新颖，亦相当抢手；自染布因

祥瑞天下儒者心

——孟洛川

属孟氏专有，加工精良，绝不以次充好，深受平民百姓的欢迎。在定价方面，孟洛川采取的策略是高档精奇商品多定以高价，既体现其品牌价值，也获得高额利润。对于大众商品，则采低价策略，以招徕广大普通顾客。瑞蚨祥在定价方面还有一个特色是明码实价、言不二价、足尺加一。即按标价出售，不能还价。"足尺加一"即买一丈、送一尺，每年会有几次。许多顾客"货比三家"后认为，"瑞蚨祥"虽不能讨价还价，但价格的确很公道。对于有信誉、有实力的老客户，则每家设一个折子。每次购货记于"折"上，每年端午、中秋、春节结账，平时购货不用交现金。

修身践行，既有赖自悟，也需有制度规范。在"祥"字号鼎盛时期，孟洛川掌管着40多家商店，有职工1500余人。这样一个庞大的企业集团要想健康有序地运转，单纯的言传身教显然不行。孟洛川在瑞蚨祥内建立了一套严谨的组织机构和制度体系，将上述理念贯穿其中。在孟氏企业之内，孟洛川以出资者及掌控者的身份总揽大权。每到腊月初八至二十三日，各地的大小经理都要到天津当面向他汇报经营状况等事务。瑞蚨祥下有众多的企业，孟洛川设立了全局总理来协助他进行管理。早期他聘请了钱庄出身的沙文峰，后由孟觐侯继任，两人均精明干练，瑞蚨祥的繁荣两人功不可没。至于各地区，孟洛川则设置有地区经理，分设于济南、北京、天津三地，由当地总店经理兼任，负责当地所有分店的进货调拨、人员增添和年终结算，分店经理每天早晨必须到总店向地区经理报告前一天的经营状况。各分店则设分店经理及副经理，掌管分店的业务经营和人事管理。在店内，则以柜头制，一般分为前柜、二柜、调货柜、皮柜、金柜、账房等单位，每柜设柜头1~2人，负责具体的业务和人员管理。为加强监察，孟洛川还在分店内设立了"高管"，主要任务是监督售货员售货、监视扒窃，更监管一些杂物，如传达和送往迎来等，一般由老年掌柜或老年伙计充任。

在孟洛川一人总领之下，各层级管理人员依其权限各司其职，自上而下，井井有条。这种纵向性的体制安排有助于孟洛川统筹掌控企业的发展方向，可将其经营理念及市场战略及时贯彻下来。但从另一个角度来讲，这种管理方式对于领导者的才干及权威要求十分之高。如才、德、威不足以服众，则易造成各层级之间因循敷衍，效率低下。当然，对于孟洛川来说，这并不是问题。

瑞蚨祥专业、诚信的企业文化还体现于其铺规之中。瑞蚨祥自初立店起，铺规就在不断的完善之中。北京的"祥"字号在这方面的规定更为详尽。北京瑞蚨祥铺规首条便言立规目的：

> 该闻生意之道，铺规为先，章程不定，无所遵循。今奉东谕，议定章程列后，望各遵议奉行，以图长久，如有违犯，被辞出号，贻误终身，悔之不及矣。

至具体铺规，共计27条，从各方面规范管理人员及一般职员之言行规范。其条文包括：柜上同人不得携带家眷；不得长支短缺；春节放假，必须留人值班，顾客上门应予接待；同人之间不得吵嘴打架；营业时间不得擅离职守，不得交头接耳，影响观瞻；严禁嫖赌和吸鸦片，违者立即出号；不得无故纳妾；对待顾客必须谦和、忍耐，不得与顾客吵嘴打架；注重仪表，无论冬夏一律长衫，不得吃葱蒜，不得在顾客面前扇扇子；不得耻笑顾客；不得结伙营私，要挟柜方，违者立即出号；等等。在后记之中还补充曰：以上规定，俱系省、京诸店应有之定章，凡我同人概不准违犯，有股份者更宜谨遵履行，方能为同人之表率……号务其繁，非一二人

祥瑞天下儒者心
——孟洛川

所能周及，务必群策群力，严格执行，方免贻误。国家论功行赏，铺事亦大同小异，凡我同人，慎之勉之。

措辞定规之间，有威有信，有情有义。最为关键的是，执行起来，说一是一，毫不走样。铺规的执行，直接与工资、考勤、提升相结合，高悬于店内的条文，绝不是一纸空文。严规律己，诚义待客，瑞蚨祥的老字号招牌背后所深藏的其实是简单而又永恒的道理。

欲治其店，先正其心

走到瑞蚨祥一眼就能看到"货真价实，童叟无欺"牌匾，这是瑞蚨祥的经营方针，孟洛川处处以传统的儒家思想经营企业，强调"忠恕"二字：主张对人忠诚厚道，恕人责己，推己及人，提出"欲治其店，先正其心"的修身践言。1930年以前机器染布还不发达，多为白布染色，瑞蚨祥采购优质白布，以当时最好的染料委托染坊加工，绝不以次充好，瑞蚨祥所售青布、蓝布与众不同，久洗不褪色，买布时予以放布、放尺优惠，这样一传十、十传百的口碑宣传起到了比广告还要深远的作用，瑞蚨祥的"诚信"口碑不胫而走，不断扩大，致使瑞蚨祥的色布无论在城市还是农村都有广大的市场。

瑞蚨祥对所有的顾客都非常热情，一进门口，就能看到专为买布逛店的顾客而设立的茶座，顾客可以在这里一边歇脚、聊天，一边享用免费的茶水，茶的质量绝不含糊，哪怕做的是一笔小买卖，赚不到一壶茶钱，也绝不敷衍。

在物价不稳定的年景，如果当天有顾客以8分1尺的价格买回了布，第二天又回来买同样的布，但是这时的价格已经涨到了8分5，那么瑞蚨祥宁肯赔本儿，也仍然以每尺8分的价格卖给这位顾客，让老主顾满意。

在瑞蚨祥各店，每个售货场地设"瞭望员"，监督员工的服务态度，如果顾客进店认真挑选商品并未购买，"瞭望员"必须了解是因为花色品种不全还是服务不周所致，若是前者就向掌柜的汇报，研究改进，若是后者待业务结束后对此员工提出严厉的批评并以观后效。为使员工更好地为顾客服务，瑞蚨祥加大了对店员的福利，瑞蚨祥店的员工比其他同业绸布店的员工有更好的待遇，每餐四菜一汤，逢年过节或者月初、月中的时候，更会大力改善伙食，以鱼肉等犒劳大家。

这些都不难看出孟洛川"顾客至上"的服务宗旨，同时他也很重视商战。都说"同行是冤家"，孟洛川十分清楚，在商战中要想取得胜利，除了要了解顾客，更重要的是了解同行，知己知彼，百战不殆。瑞蚨祥为了了解同行的情况，经常派人以顾客的身份调查同行的商品质量、行情，便于自己给商品标价。凡是一般商品，瑞蚨祥的标价都略低于市价。遇到紧俏的商品，就适当地提高。孟洛川为了多销售，在北京首创"礼券"。这就类似于现在的购物卡，有了这个顾客就不用扛着大包小包送礼了，只需这么一张小小的礼券就够了。这么一来，既方便了送礼者，也方便了受礼者。正因为如此，瑞蚨祥的礼券大受欢迎。

在孟洛川掌管企业大权长达70年的时间里，对内部各层人员的管理严格有序，铁面无私。他在同经理掌柜闲谈时，常告诫大家：欲治其店，先修其身，欲修其身者，先正其心。要规规矩矩做人，诚诚恳恳相待。一旦有违背店规店训者，一律从严处理，济南瑞蚨祥有员工自恃是孟洛川本家又是他的亲信，不把店规放在眼里，一日与伙计打架被双双除名，任人说

祥瑞天下儒者心
——孟洛川

情也无济于事，孟洛川治店不徇私情、像阎王一样执法的形象在各个店号中无人不知，无人不晓。

孔孟文化，深蕴其中

据史料记载，孟洛川是孟子的第69代孙，作为儒家亚圣的后代，孟洛川并没有恪守祖先"重农轻商"的道德律令，这导致了他曾数次到邹城认祖归宗，都以违背祖训、弃读从商而被拒之门外。但是，孟洛川却深受儒家和为贵、仁爱、礼教等道德规范的浸染，深知只有靠诚信才能创出自己的牌子。他在世时曾经说过："就算将来瑞蚨祥不存在了，这个名号也是重值千斤的。"

孟洛川这个人物，这个商人，瑞蚨祥这个商号，他传递给我们的文化信息和文化特质，非常典型的传统文化。他身上所流淌的血液和细胞，几乎都是中国传统文化的血液和细胞。他做商人的原则是：以礼待客，才能以名得利；以德盛金，方能雄踞天下。

以诚信为本，是瑞蚨祥历来取胜的法宝，瑞蚨祥能穿透历史，风格犹存，就是最好的证明。

孟洛川带领"祥"字号度过了清末民初的动荡之秋，但在进入南京国民政府时期以后，由于受到国外绸布织品的更大冲击及日本侵华战争的影响，"祥"字号的业务出现衰减。1939年农历七月二十四日，孟洛川病逝于天津。2001年，孟洛川的墓由天津北仓公墓迁址山东邹县孟林。

宁波商帮领头人

——叶澄衷

　　叶澄衷（1840—1899年），宁波庄市人，是著名的宁波商团的先驱和领袖。他一手开创的"顺记五金"商号从经营船舶五金、零配件上升到能引进并出售整条小火轮，他把生意做到外国人的船上和北洋水师中。五金、火油、钱庄是他的三大产业。他做生意很有天赋，头脑清醒，乐观时变，为人处事既诚且信，宽厚待人，乐善好施，被称为"首善之人"。

　　成为巨富名流后，他热心社会公益与感善事业，在家乡和上海设立慈善救济机构，多次出资赈齐浙、鲁、豫等省灾区，受清廷嘉奖，并捐得候选道员加二品顶戴。

　　他出资创办的澄衷蒙学堂就是澄衷中学的前身，从这里走出了胡适、倪征燠、竺可桢、乐嘉陵和李达三等杰出人物。

诚信经商，赚取第一桶金

叶澄衷，浙江镇海人。原名成忠，上学后私塾先生更名为澄衷。

叶澄衷出身于一个贫苦的农民家庭，在他6岁那年，父亲就不幸去世了。家中留有兄弟姐妹共五人，都还年幼，全靠母亲一人白天到田里耕种，晚上在油灯下辛勤地纺织，才勉强地维持着这个家庭。叶澄衷6岁时，母亲曾送他上过私塾，但不到半年，因为贫穷交不起学费，不得不中途辍学了。这一经历给叶澄衷幼小的心灵很大的刺激，是他日后办学济贫的一个主要原因。

叶澄衷11岁时，母亲为了使家中减轻负担，将他送到了邻近的一家油坊去帮佣。在这家油坊中，叶澄衷干一年的活只得钱一缗，外加柴薪一捆。但油坊的老板娘凶悍无比，动辄对叶澄衷欺凌辱骂，使他受尽了委屈。过了三年，叶澄衷实在忍无可忍了，一次，在老板娘又破口辱骂时，他愤然地回答道："我以后宁可饿死于沟壑之中，也决不受你的侮辱了！"一气之下，他跑回了自己的家。

离开油坊之后，叶澄衷在家无所事事。一个经常往来于宁波、上海之间的乡邻倪先生，眼见叶家的日子越来越难过，便对叶的母亲说："你家的澄衷年已渐长，还是让他跟我去上海滩混混吧，兴许能有碗好饭吃。"

叶澄衷的母亲早就听说上海是个"好地方"，便用田中的秋谷做抵，借了2000文钱，给叶澄衷做了出门的盘缠。1853年初春的一个中午，在浑黄的进潮中，一艘从宁波方向开来的航船缓缓地驶进了黄浦江。船舱中，一个浙东乡土装束的少年张大着眼睛呆呆地望着越来越清晰的、犹如连绵起伏的小山岗一般的外滩沿江洋房出神：这就是上海？多少人说过的可以落脚谋生、可以发大财的上海滩吗？这个少年就是后来成为沪上名商的叶澄衷。就这样，14岁的叶澄衷一文不名，只是带了希望跟随着倪先生踏进了上海滩。

上海自1843年对外开放为商埠以后，外国资本主义势力逐渐渗入。黄浦江中挤满了洋船，西方的商人、传教士，各式各样的冒险家、投机者纷至沓来。外国人在上海先后设置了英、法、美租界，在租界中他们开洋行、办银行，建造了大量的码头、仓栈，并开设了一些工厂。上海商市大开，繁华日甚，成了国内的通商大港。

叶澄衷到上海后，倪先生将他推荐到法租界的一家杂货铺中去当学徒。杂货铺老板每天叫他黎明出门，驾着一只小船载货到黄浦江上向来往的船只兜售叫卖，傍晚返回店中。

叶澄衷年纪虽小，但人很聪明，在黄浦江上没过多久，他已能和洋船上的外国水手打交道，并学会了一些洋泾浜英语。

但这家杂货铺的境况却并不好，店主是一个无能而不治事的人，使店业日益衰败。随着时间的推移，叶澄衷越来越清楚地觉察到这家铺子所处的困境。这样过了三年，在上海滩已经开了眼界的叶澄衷各方面都比以前成熟多了，他决定离开这个没有前途的铺子，以自己的力量独立地在上海混饭吃。

脱离杂货店后，17岁的叶澄衷自立门户，仍然驾着一叶扁舟往来于黄浦江中叫卖杂货，他的事业也从此开始了。

叶澄衷起早摸黑，不避风雨寒暑地干着。黄浦江中外轮上的水手经常

宁波商帮领头人
——叶澄衷

听到他熟悉的声音，又见他一副敦厚勤勉的样子，都很愿意买他的东西。叶澄衷又非常留心并琢磨着生意兴隆之道，因而与人周旋的本领越来越强，诀窍越来越多。他赚的钱也相当可观了。

一天，叶澄衷用船摆渡一个外国人，那人匆匆上岸后，把自己的皮包落在了船上。叶澄衷打开一看，里面装有大量的外币、支票和各种证件。叶澄衷暗暗为他着急，便把船划到岸边，耐着性子等他回来。

外国人回来后，见到这一情景，分外感动，要拿出一部分钱作酬谢，叶澄衷说什么也不要。外国人自我介绍叫哈里，是英国一家洋行的经理，他留下自己的名片，叮嘱叶澄衷以后有什么事情需要帮忙，可以随时找他。

后来，叶澄衷想开一家五金店，便到英租界找哈里，说明自己想做洋行的代理，经营五金用品。哈里非常支持，并资助他一笔钱。

1862年，叶澄衷结束了黄浦江上的漂泊生涯，将"生意"移到了陆上。他筹措资金在虹口美租界开设了一家小店，主要经营食品、洋烛、洋线及五金等杂货。

虽然叶澄衷不再到黄浦江上去摇舢板兜售生意了，但他仍然经常跑到码头上去，登上外轮去承做"一揽子"的交易。凡是洋船上所需补充的食物，以及绳索、漆料、五金工具等零星添置的一应杂货，统统由他承包办理。外国船只初来上海，人生地不熟且语言又不通，乐得图个方便，把船上一应需要添置的物件，都交给叶澄衷去办理。同时，洋船上不用的新旧五金工具杂物，也都交给叶澄衷换取或收购。

叶澄衷的小店生意越做越多，越做越大，赚取的利润像滚雪球一样越滚越大。

1862年冬天，叶澄衷将小店迁往虹口的百老汇路口，扩大店面，商店取名为"顺记"，专门售卖洋货杂物、五金零件、废旧铜铁等。

叶澄衷仍如以前一样节衣缩食，刻苦耐劳，亲身经营店中的大小事务。每天，天刚蒙蒙亮，他就起床到楼下的店堂里，和伙计们一起，从后面库栈中搬出沉重的五金货物，陈列于店堂，并安排一天的进货出货任务。有时，店里伙计忙不过来，他会毫不犹豫地亲自拉起板车，将货物送到客户那里。安排好店里的一切后，他又马不停蹄地跑洋行，去茶楼，接洽生意，招揽业务，往往要忙到掌灯时分，才拖着精疲力竭的身子，回到顺记洋货行。

盘购可炽煤铁号

南顺记开张半年以后，机会又一次来到叶澄衷面前，而且这一次的情况和南顺记的情况又不一样。

原来几年前，有个德国人可炽在吴淞江畔开了一家店铺，名叫"可炽煤铁号"，专门经营进口的煤和钢铁。但是，由于德国人不熟悉中国的情况，所以一直打不开销路，连年亏本，难以为继。加之国内有事，可炽又要受召回国，于是他作出决定，打算低价转让。当可炽煤铁号的转让布告刚一贴出，就被该号的职员龚少蓉看到。龚少蓉先在上海祥生船厂做工，做过洋行职员，后来又到可炽煤铁号工作，对这里的情况比较熟悉。他看到转让的价格和内容，怦然心动，但又感到自己不是个做生意的人，无法一个人单独经营，必须要有一个生意上的合作伙伴。很快他就想到当时在五金经营上很有成就的叶澄衷，心想如能和他一起盘下可炽煤铁号经营煤

宁波商帮领头人——叶澄衷

铁，绝对是有利无弊，只赚不赔。于是就急匆匆地找到叶澄衷，向他讲述了可炽煤铁号转让的事情，并提出和叶澄衷共同接收这家煤铁店，两人合股经营。

听了龚少蓉的讲述，叶澄衷也认为这是个好事情，但他只知道龚少蓉是一个洋行职员，其他的一点都不了解，所以没有轻易表态。

龚少蓉见叶澄衷不表态，心中很着急，极力怂恿叶澄衷和他合股盘买，不要让这件好事白白地从身边溜走。

在龚少蓉滔滔不绝地讲述着盘买可炽煤铁号的种种好处时，叶澄衷一直没有吱声，他一面听着，脑子一面迅速地转动着。多年经营五金的经验告诉他，盘买可炽煤铁店确实是一笔一本万利的生意，值得去做。虽然前几年由于价格和消费群体的关系，西方生产的钢铁在上海的销路并不尽如人意，成为可炽煤铁号生意不好的重要原因。但这几年的情况已经发生了变化：西方的冶炼水平不断提高，生产成本不断下降，价格也越来越趋于合理，以后的销路应该比过去有所好转。更重要的是，近几年中国成立了许多机器制造厂，如上海的江南制造总局、天津机器局、安徽枪械所等都在大量制造枪炮等军用器械，需要大量的进口钢铁和优质煤炭。如果在这时候转而经营进口钢铁和煤炭，那是绝对赚钱的，而且利润也会比单纯经营五金不知要高出多少倍。但龚少蓉究竟怎么想，两人能否很好地合作，这是目前叶澄衷最为关心的事情。

想到这里，叶澄衷抬起头来，静静地望着龚少蓉，仿佛用目光问道："你说我们合股经营，究竟怎么合股呢？"龚少蓉见叶澄衷没有一口回绝，知道事情有了希望，连忙说道："叶先生是知道的，我是个不善经营的人，而你又是这方面的行家，所以我的意思是我出钱，你经营，到时候按股分红就是了。"龚少蓉一边说，一边观察叶澄衷的脸色，生怕叶澄衷对自己坐收红利有什么看法。

龚少蓉哪里知道，叶澄衷要的就是这句话，他宁愿龚少蓉坐收红利，也不愿意两个人共同经营。因为如果那样，就会相互掣肘，自己的经营理念和方式就得不到很好的贯彻。万一意见不合，起了摩擦，后果更是不堪设想。还有，商业经营中有许多机密性的东西，一旦人多嘴杂，意见不一致，就会导致商机泄露、生意亏损，甚至血本无归。叶澄衷半天就是琢磨如何说服龚少蓉放弃经营权，只是没有想好如何开口。现在听到龚少蓉自己提出来，才暗暗地松了一口气。他听完龚少蓉的话，又想了一会儿，从容地对龚少蓉说："好吧，既然是这样，那我就辛苦了，你就等着年终分红吧。"接着，叶澄衷又提出生意场上的许多辛苦和应酬，以及其他花费，提出红利要四六分成，龚少蓉听叶澄衷说得合情合理，也就满口答应了。

一切商量妥当，叶澄衷才和龚少蓉一起来到可炽煤铁号，经过一番讨价还价和反复协商后，最终达成一致，很快签订了转让协议。这样叶澄衷和龚少蓉共同获得了可炽煤铁号的所有权，叶澄衷则获得了经营权。

为了扩大影响，叶澄衷将可炽煤铁号的名字改为可炽顺记煤铁号，并派自己一向信任的顺记的经理陈瑞海兼任可炽顺记的经理。

可炽顺记煤铁号是近代上海最早的经营进口煤、铁的商号，也是上海民族钢铁商业的开拓者。

在可炽顺记开张之前，叶澄衷已经和当时上海的祥生船厂、耶松船厂、江南制造总局等建立了生意上的关系，包揽了向这些船厂和机器厂供应船舶五金的业务。可炽顺记成立后，他又把给这些船厂和机器厂供应煤铁的业务也全部包揽了过来。同时，他还把眼光投向中国的农村，向农民销售用来制造农具的字板铁、剪口铁和钉条铁。由于中国农村面积广大，农民人数众多，所以这一块的销售量也很可观。可炽顺记的开张使叶澄衷

宁波商帮领头人
——叶澄衷

的经营范围大大扩展，财富也源源不断地向他滚来。

刚刚安排好可炽顺记煤铁号的一切事务，叶澄衷就接到家里的急信，说是母亲洪氏病重，要他赶快回镇海老家。叶澄衷一听，立即放下手头的事情，连夜回到镇海。这时母亲的病势已经非常沉重，加之原来的哮喘病复发，躺在床上，一口一口地喘着粗气。看到叶澄衷回来，洪氏眼里透出一丝喜悦的光芒。可是可炽顺记的经理陈瑞海为了维护顺记商号的利益，将可炽顺记的部分赢利转到顺记洋货店的账上，这样可炽顺记的赢利数目便大大地缩水了，年终可以参加分红的钱就少了很多，身为股东的龚少蓉当然也分不到理想中的红利了。

对于可炽顺记的经营和销售情况，龚少蓉是看在眼里的，他相信如此红火的生意肯定会获得丰厚的利润。如果按照原来的约定和持股的数字，他应该分到更多的红利。但是，由于他对生意场上的事情一无所知，又一直没有参与经营，无法搞清楚其中的奥秘，心中不满又无计可施。就这样疑疑惑惑、嘀嘀咕咕地过了三年，龚少蓉终于退股，彻底和可炽顺记没有了关系，这样叶澄衷又获得了可炽顺记的独家所有权和经营权。这一年是同治十二年（1873年），距叶澄衷初来上海的时间整整20年。

由于可炽顺记经营的许多钢铁物资都要委托别人加工，从中流失了很多利润。叶澄衷实在不甘心这一部分钱被别人赚去，于是又买了一台剪刀车，直接从国外进口铁板和钢材，用剪刀车裁剪成农村所需要的各种形状的铁条和铁块出售。这样既满足了农村销售的需要，也使加工这一道工序的利润不致外流，给叶澄衷又增加了一笔收入。在进口铁板的同时，他又顺便买下外国报废的旧船，拆下这些旧船上的铁板，利用已有的机器进行加工，然后销售，这样既成倍地获得了利润，又开创了一个新的行业，这就是上海的拆船业。

五金起家，火油发财

随着租界的发展，居住在租界中的外国人越来越多。这些外国人，用不惯昏暗的菜油灯，因此，美孚石油公司委托英商"老晋隆洋行"代理商，销售火油（煤油）供租界中人士点灯用。当时，除美孚火油外，与其竞争的还有英国的亚细亚石油公司和美国的德士古石油公司。由于竞争激烈，而当时使用煤油灯的用户还不多，所以，三家石油公司急于扩大自己的销售范围，增加销售量，在竞争中击败对方。

当时，上海街道上的路灯，还是以菜油和豆油为燃料的油灯，一到夜晚，便昏黑一片。而中国内地城市及广大农村，每晚点燃的也是油灯。如果能用煤油灯来替换这亿万盏油灯，那么，火油的销售量将会使销售者顿时成为巨富。

三大石油公司的火油，都是由洋行代理销售的，但是，一旦想深入中国内地，叩响千家万户中国人的家门，那些洋行就无能为力了。由于中国的货币制度、度量衡制度十分复杂，每一地方又有地方势力的把持，洋行想要把火油扩大销售到内地，简直是难于上青天。

正是鉴于此，美孚石油公司不得不派代表汤姆来上海，物色美孚火油的中国销售代理人。汤姆一到上海，就有不少买办与其接洽，愿意代为销售火油，然而，对那些两手空空、挟着皮包跑来跑去的捐客式买办，汤姆不敢信任，所以一直没能物色到一个能令他满意的代理人。

宁波商帮领头人
——叶澄衷

当汤姆听说，叶澄衷拥有一家五金店，并与外商在上海的洋行关系都不错时，便对他产生了浓厚的兴趣。

汤姆表示，叶澄衷每销出一加仑的火油，美孚公司愿意支付25%的佣金，结账收款时间为60天，即叶澄衷在收货后两个月内付清货款。

叶澄衷一边仔细地听着，一边在肚子里拨着小算盘。他知道，美孚石油公司请英国的老晋隆洋行代销火油的佣金只是20%，而却愿意支付给叶澄衷25%，这正说明了美孚石油公司同其他石油公司的竞争措施。既然如此，叶澄衷觉得，还可以利用美孚石油公司的迫切心理，进一步提高自己经销火油的优惠条件。

叶澄衷打定主意，胸有成竹地说："我愿意经销贵公司的火油。不过，我也有两个条件。"

"请说。"汤姆一脸狐疑。他意识到，叶澄衷虽然年轻，却不好对付。不过，话又说回来，如果让叶澄衷这样精明的人来经销美孚火油，还愁打不开销路吗？所以，汤姆并不恼火，反而在心底里暗暗敬佩叶澄衷。

叶澄衷略一沉吟，便毫无讨价还价余地地说道："首先，必须由我独家长期经销火油，贵公司不得再发展第二家商行。如果这点不能答应，对不起，请贵公司另请高明。"

叶澄衷这话说得有点冒险。万一汤姆不答应，就没有挽回的余地了。不过，叶澄衷非得冒这个险不可，否则，他就无法垄断美孚火油的经销权，无法去赚取最大的利润。

叶澄衷说完这句话后，不无紧张地望着汤姆，等待着他的回答。

"这……"汤姆露出了为难的神色，使叶澄衷的心猛地悬了起来，"这……叶先生，你是知道的，我们公司和英商老晋隆洋行有合同在先，我们不能撕毁和老晋隆的契约，让你独家经销啊。我们美国人做生意，是最讲信用的。"

原来如此，叶澄衷不由地松了一口气，说："当然，人无信不立嘛。老晋隆洋行除外。我的意思是说，我们……"

汤姆急忙说："我明白了。除了你叶先生之外，我们美孚公司绝不和第二个中国人打交道。"

叶澄衷满意地点头。他并不担心老晋隆洋行，和中国人做生意，洋人是无法和他竞争的，不然，美孚公司何必再来找他呢。

"请问，你的第二个要求是什么？"汤姆问。

叶澄衷摆出一副坦诚的姿态，对汤姆说道："汤姆先生，你有所不知。中国内地的交通运输十分不便，要把火油运到内地去销售，很费时间。所以，你刚才说的货到后60天结账，实在是有点难以办到。"

"那么，你说呢，要多少时间？"

"紧打紧算，起码也要90天才行。"

汤姆略一思忖便一拍巴掌，欣然同意了："好吧，90天结账。"

"一言为定。"叶澄衷一锤定音。

谈判中的原则性问题解决后，技术性的问题也就不成其为问题了。

三天后，叶澄衷以Ching Chong（澄衷）的英文商号名义，与美孚石油公司签订了经销美孚火油的十年长期合同。

当第一批美孚火油运到叶澄衷的商行后，他立刻带了几箱火油和几盏煤油灯，返回镇海老家。他没有忘记，母亲在月光下织布的情景。

同时，他又帮他的兄弟在宁波开了一家顺记洋货号的分店，为今后将火油销往宁波、杭州等浙东一带，打下了基础。

自从经销美孚火油以来，他的业务蒸蒸日上，他的资产倍增。经销美孚火油，不但给他带来了优厚的佣金，而且，最大的好处还在于货到后，

宁波商帮领头人
——叶澄衷

90天优惠的付款期。

叶澄衷在与汤姆谈判时，佯称中国内地交通不便，火油货款起码要90天才能结账。其实，叶澄衷在发出火油之后，在25~30天就回笼了货款。但他并不把这些货款立即交给美孚公司在上海的经理人，却把这笔大款子存入银行或钱庄，或者投到自己的五金店的流动资金中，做短期投资用。叶澄衷巧妙地用美孚公司的钱，来做发展自己业务的资金，为自己办事。如此一来，顺记洋货号的资金逐渐充实，营业日益扩大，叶澄衷感到，自己大展宏图的日子，已经为时不远了！

1866年5月，英国伦敦掀起了一场骇人的金融风潮，它像飓风一样横扫欧美，也刮进了上海。

上海，不再是风平浪静，黄浦江畔掀起了千丈狂风恶浪。从5月到11月，上海数家外国银行纷纷倒闭，就像多米诺骨牌效应，无数与银行休戚相关的洋行和中国的钱庄，也频频破产。破产的洋行和钱庄又累及众多的中国商行、小型企业和手工作坊，造成成千上百户倾家荡产。一时间，上海滩上惊恐万状，黄浦江里，浮起了一具具自杀者的尸体。

这场金融危机，最初也使叶澄衷受到了影响。他有一笔资金存在英国汇隆银行中。5月23日，在伦敦金融风潮影响下，汇隆银行首当其冲，第一个倒闭。当天，该行就接到英国总行下达的解散命令。6月4日，伦敦派人来清理该行债务，叶澄衷虽然得到了一些赔偿，但终究还是损失了一笔钱。

叶澄衷凭着他的敏感，当机立断，迅速抽回了存放在其他银行和钱庄中的资金，并火速催讨客户所欠他的火油货款，回笼了所有的欠款，叶澄衷总算是不幸中的万幸，避过了这场金融危机。

美孚石油公司大概也受到了伦敦金融风潮的影响，为了挽回其损失，将更多的美孚火油运来上海，以增加销售来弥补损失。这一下，正中叶澄衷下怀。尽管上海仍在金融危机中动荡不安，但中国的广大农村和内地，却依然过着封建的小农经济生活，伦敦的金融风潮丝毫也波及不到内地。叶澄衷将这些美孚火油大量地运往汉口、九江、芜湖、镇江等地，浩浩荡荡的长江，为叶澄衷带来了源源不断的财富。金融风潮无情地削弱了众多洋行和中国商行的实力，无形之中，叶澄衷减少了许多竞争对手，使他的业务犹如鼓满了风帆的快船，一路领先。

这一年，上海开设了上海最早的一家民族资本机器厂——发昌号铜铁机器车房，为外商船厂、老船坞打制修配船只用的机器零件。

江南制造总局的移建和扩充，都为叶澄衷带来了数量可观、利润丰盈的五金生意。他一手抓火油，一手抓五金，左右逢源，东西来财，生意益发兴旺。

随着生意的兴旺，顺记洋货号这一处狭小的门市店面，已远远地不敷应用了，扩展店号已势在必行。

叶澄衷将自己15年前学生意的三茅阁桥边的杂货铺地皮买了下来。

几天后，杂货铺的旧屋被推倒了。不到一个月，一家崭新的洋货店出现在三茅阁桥畔，取名"南顺记"。为了以示区别，原来地处虹口的顺记洋货号，便被人们改称为"老顺记"了。

老顺记和南顺记除了经营绳索、漆料、桅灯、锚链、五金工具等各种船头五金外，还经营洋皂、洋线、洋烛等洋杂货，当然，经销火油仍然是它们的主要业务。老顺记和南顺记两个店一南一北，生意兴隆，很快又为叶澄衷积累了大笔的资财。

叶澄衷凭借顺记洋货号的雄厚实力，进一步扩大五金经营范围，竟开始着手买卖进口小火轮的业务。所谓小火轮，是当时的一种设施齐全、高

宁波商帮领头人
——叶澄衷

效便捷的水上运输工具。

1875年1月，年仅19岁的同治皇帝病死。2月25日，只有4岁的光绪帝宣布继位。就在光绪皇帝即位、慈禧太后垂帘听政不久，叶澄衷在《申报》上登载了出售小火轮的广告：

小火轮为外国制造。规格：轮长70～120英尺，引擎马力12至50匹，时速30里。可行驶苏、杭内河。

叶澄衷白手起家，一手开创的顺记五金商号从经营船舶五金、零配件上升到能引进并出售整条小火轮，已经使他的五金商业达到了相当的规模，雄踞上海同行业之首。从1875年到1878年的4年之间，叶澄衷以老顺记的名义，出售的进口小火轮就有十几艘。

然而，他并不以此为满足，他更加雄心勃勃。1876年，他进一步扩展顺记商号，又在百老汇路武昌路口开设"新顺记"洋货行，专门经营英美进口的"吃食五金"。

所谓"吃食五金"，实际上是罐头水果、鱼肉和铁盒铁箱装的饼干、糖果、奶粉之类的罐装食品。因为中国过去从未见到过罐头食品，且外包装又都是以铁皮（马口铁）为材料，所以，最初被上海人归入五金类，误称为"吃食五金"。

叶澄衷开设的新顺记洋货行，与其说它是五金店，不如说它是出现在上海的第一家专售进口罐装食品的食品店，叶澄衷就是喜欢领先一步，不断地开拓新的业务。

新顺记洋货号一开张，立刻门庭若市，上海人纷纷赶来争购"吃食五金"尝个新鲜，顿时誉满全城。

不断创新的精神，再一次给叶澄衷带来了难以数计的财富。

叶澄衷想进一步拓展顺记业务的雄心益发不可收。

他将最初创办的顺记洋货号，正式改名为老顺记洋货行后，又于1890年在百老汇路开设"义昌成号"，特聘与李鸿章、盛宣怀有关系的樊树勋为经理，专管海、陆军军装、五金、机械及军需物件，把生意做到了清朝的北洋水师、新军等军队之中，生意顿时兴旺异常。

叶澄衷靠五金起家，以火油发财，再投资于五金业，成为上海巨富之一，被当时的上海商界誉为"五金大王"。

老顺记、南顺记、可炽顺记、新顺记等几个商号，为叶澄衷在上海的发展奠定了牢固的基础，加上一本万利的地产经营，叶澄衷在上海商界的地位遂牢不可破。以后叶澄衷又在全国各地遍设顺记商号，将经营的范围扩大到全国。

修桥便民，带动地价

同治十一年十二月（1873年1月），因一个偶然的机会，叶澄衷涉足房地产业，并打了一场漂亮仗。

当时年关临近，一家钱庄的老板忧心忡忡地来到顺记洋货店，愁眉苦脸地向叶澄衷求助。

原来虹口有一个业主急于要做一笔大生意，苦于没有现钱，就以吴淞江北岸虹口一带的400多亩地作为抵押，从这个钱庄老板手里贷了4万两银子，说好赢利以后一定在年关前还上，绝对不会影响钱庄老板年关时候的

汇兑业务。谁知商场无常，这家业主将贷去的4万两银子赔得血本无归，当然无法归还钱庄的款项了。时值年关，各家钱庄都要清算结账，储户也都要取回所存的钱财。钱庄老板所贷的4万两银子正是众多储户的存款，现在存款亏空，土地又不能抵债，面对即将取钱的储户们，钱庄老板面临着破产的危机。老板想来想去，急得像热锅上的蚂蚁，实在无计可施，忽然想到了在上海已有三家商号、生意红火、资金堪称雄厚的叶澄衷，目前只有他有这个实力能一下子拿出4万两，而且此人素称诚信仗义，也许会在此时拉自己一把。想到这里，也就顾不上其他，径直找到叶澄衷，向他倾诉自己的窘境和严重后果，恳求他能在这种危难时刻向自己伸出援助之手，以4万两银子的代价把那400多亩地买走。

按理说，400多亩土地作价4万两银子，并不算贵。只是那片土地位于苏州河北岸，隔着一道江水，交通不便，钱庄老板一直找不到买主，所以才来求助叶澄衷，再三哀求叶澄衷一定要设法帮他渡过这一难关。说到动情处，钱庄老板泪流满面，最后竟跪到了叶澄衷的面前。

到了这个地步，叶澄衷已经没有退路了，他连忙上前扶起钱庄老板，连声安慰，并说自己一定会帮他的忙，让他先回去，两天后再来听消息。

钱庄老板听出叶澄衷话里还有希望，连忙站起来千恩万谢，在喃喃的感激声中离去。

其实，在听钱庄老板哭诉的时候，叶澄衷心里已经有了一个新的想法，对于钱庄老板所说的那一片土地的位置，他是很熟悉的，那是一片不错的土地，如果不是苏州河的阻隔，其价值远远不是区区4万两银子可以买到的。现在假如有人能在苏州河上修一座桥梁，不是一切问题都解决了吗？想到这里，叶澄衷心里暗暗打定主意，等钱庄老板一走，他立刻去了公共租界的工部局。

大清巨商故事

工部局的英国总董事见是老熟人来了，便把叶澄衷让进客厅，询问来意。叶澄衷不谈正题，而是拉起了家常。他说自己从虹口来外滩，十分不便，要从苏州河上绕韦尔斯桥才能过河，不但绕了路，还要交过桥费，真的很不方便。说完，话锋一转，向英国总董事提出了一个问题：董事先生，我从虹口来一次外滩，尚且如此不便，现在吴淞江将公共租界分成英、美两个租界，南北来往十分不便，难道工部局就没有想过要在江上修建一座桥梁吗？

　　当时苏州河上有一座桥，是一个叫韦尔斯的英国人组织修建的，故而命名为韦尔斯桥。因是集资修建，所以建成后一直收费，如是数年，百姓颇有微词。工部局迫于公众的压力，也打算在苏州河上再建一座桥梁，只是资金不足，英国总董事也正在为此发愁。听到叶澄衷发问，他苦笑了一声，说道：我们何尝不想再建一座桥梁，但目前资金不足，我们也是有心无力呀。叶澄衷一听，正中下怀，说道：我今天到这里来，就是为了修桥的事情，如果工部局愿意在吴淞江上再建一座桥梁，我准备出资相助。

　　英国总董事一听叶澄衷愿意出钱资助修桥，马上喜笑颜开，连忙问叶澄衷愿意拿出多少资金。叶澄衷笑着说他愿意拿出修桥所需款的1/3，但工部局必须答应桥修好以后不向过往行人收取过桥费。总董事几乎不相信自己的耳朵，哪有拿钱修了桥却不收过桥费的？但他见叶澄衷说得十分认真，料想不是假话，就爽爽快快地答应了，并同意资金到位后立即动工。叶澄衷见总董事答应修桥，心中一块石头落了地，安安心心地离开工部局，顺路来到那家钱庄。见到钱庄老板后，告诉他自己同意买下那400多亩地，并答应马上把钱付给钱庄老板。钱庄老板一听叶澄衷愿意买地，且立即可以拿回资金，以解自己的燃眉之急，心里感动得不知说什么好，只是一个劲儿地道谢。

宁波商帮领头人——叶澄衷

叶澄衷没有多说，让钱庄老板拿上地契，跟他一起到老顺记拿钱。就这样，叶澄衷以原来的抵押价格4万两银子顺利地买下了苏州河北岸的400多亩土地。

第二天，叶澄衷又如约将1/3的建桥款送到工部局，那位英国总董事遵守诺言，组织人力，立即动工。几个月的工夫，一座沟通吴淞江南北两岸英、美租界的木质桥梁便修好了。

叶澄衷集资修建的这座桥梁，因为不再向过往的人们收取费用，被戏称为"白渡桥"，相对于韦尔斯桥的地理位置，这次工部局修的桥就叫做"外白渡桥"。现已成为上海一处著名景观。

苏州河南北两岸沟通以后，北岸立即显得热闹起来。原来南岸已经人满为患，显得有些拥挤，而北岸过去一片冷落，现在突然显得很宽阔，很多投资者和有条件的住户都将眼光投向了北岸。叶澄衷以4万两银子购进的那块地皮，顿时就成了黄金地段，价值迅速上升，很快就达到100多万，翻了几十倍。叶澄衷从地价的上涨中看到了房地产生意的巨大潜力，于是就以这块地为基础，开发房地产事业，成立了树德地产公司。

树德地产公司营运带来的利润总额很快超过原来几个商号营运资金的总和，成为他事业发展的经济支柱。

购地修桥这件事可谓一石三鸟。既解了钱庄老板的燃眉之急，又做了一件有益于社会的好事，同时又给自己带来了巨大的利润和事业上的突破。这件事，典型地反映了叶澄衷的经商智慧。

向"洋火"挑战

在欧洲的火柴传入我国之前，中国人是使用火镰和火石，打击取火种的。上海开埠之后，火柴开始从欧洲传入，那时，上海人称它为"洋火"。

上海人对火柴虽觉十分稀罕，但每盒火柴售价为五六文钱，一般人却舍不得买。因而那时火柴在中国的销量不大。

1880年，在上海新闸区吴淞江南岸出现了开设在中国的第一家火柴厂——燧昌自来火局，那是英国人美查开的。

叶澄衷却决心向"洋火"挑战，制造自己的中国火柴。他把筹建火柴厂的事，交给了他非常信任的宋伟臣。

1890年8月9日，燮昌自来火公司宣告成立。叶澄衷一下子就投资了6万元，雇用了800名工人，他要在竞争中超过并挤倒英国人的燧昌自来火局。

1890年8月16日，上海燮昌火柴厂生产的渭水河商标的黄磷火柴上市销售了。这是我国最早出现的由中国人自己制造的火柴之一。

燮昌火柴一打入市场，立刻就投入了与洋火的激烈竞争之中。那时，进口火柴和外商在上海开厂生产的火柴，每盒卖五六文钱，而燮昌火柴为了在市场上为国产火柴争得一席之地，售价降低为4文钱一盒。

燮昌火柴以它的价廉质优，很快便在由洋火垄断的市场上杀开一条血路，站稳了脚根。面对挑战，洋商慌了手脚。英国领事在《商务报告》中

宁波商帮领头人
——叶澄衷

如此写道：

"上海制造的火柴，已成为进口火柴的可怕竞争者了！"

英商美查公司在上海开设的燧昌自来火局为了竞争，在《申报》上不断刊登广告，以招徕顾客。

火柴大战的序幕一经拉开，各国火柴纷纷登上擂台，欲称雄争霸。其中最为可怕的竞争者是日本火柴。燮昌火柴销到哪里，日本火柴就跟到哪里。在温州市场上，日本火柴为了挤垮竞争对手，竟将每罗价格降到二角六分，几乎完全不赚钱。在福州市场，中、日火柴相互削价竞争。

在竞争中，九江的荣昌火柴厂不得不宣告破产倒闭，然而，叶澄衷的燮昌火柴厂由于知人善任，生产的火柴不但质量好，而且由于宋伟臣善于经营，才没有在激烈的火柴大战中饮恨倒下。

然而，燮昌火柴厂还是付出了沉重的代价。为了在竞争中立于不败之地，燮昌火柴不得不降低生产成本，以求廉价销售，为了降低生产成本，工厂设备和劳动条件也无法改善。

竞争使火柴变得廉价，使众多过去不舍得用火柴的人也纷纷购买火柴，改变了中国人使用火种的旧习，打开了火柴市场，但竞争最直接的受害者，却是那些在火柴厂做工的工人。

1897年，叶澄衷又在汉口增设燮昌火柴分厂，投资30万两银子，雇工1200人。不久，又在苏州设燮昌火柴分厂。叶澄衷成为当时中国最大的火柴制造业主。那时，燮昌火柴厂已度过了创业初期最艰难的岁月，营业额直线上升，赢利也极为可观。在这段时间里，生产走上了正轨，不再是乱糟糟的了。据工业史料所称，"制造甚属可观，其工程亦有条不紊。"中国的民族火柴业，终于走出了它的阵痛期。

结交高层，进军银行业

1890年，叶澄衷又设了"义昌成五金号"。叶澄衷考虑再三，委派樊树勋任义昌成五金号的经理。

这个樊树勋，绝非等闲人物。他手段灵活，又善于结交官府，从义昌成五金号一开张，他就建议叶澄衷吸收清政府海军官僚白某的暗股入股。

白某暗中入股后，成了义昌成五金号的匿名股东之一，为了能多分红利，他当然要千方百计地让义昌成五金号多赚钱了。于是，在白某的暗中帮助下，义昌成五金号几乎成为"海军供应部"，不仅上海的海军采购军服、军需品及五金器材非义昌成莫属，就是福建等地的海军部门，也成为义昌成五金号的独占户。

有一次，江南制造局的兵工部门要买一批"火不焚板"（石棉制品白纸板），这笔生意当然又是落入义昌成五金号的手中。

义昌成五金号直接从欧洲进口的"火不焚板"每磅折合银子约三钱余，但义昌成五金号转手卖给江南制造局，每磅竟高达银子一两五钱。这让义昌成五金号稳稳地赚了一大笔。

这件事，使叶澄衷感慨万千。他从中悟到一个道理，要发展自己的事业，抵御外商的竞争，必须交结官场，提高自己的身份。赚的钱再多，没有社会地位，仍然是人微言轻，难以称雄上海滩。

主意打定，叶澄衷不惜拿出两万两银子，通过上海道的关系，向清政

宁波商帮领头人
——
叶澄衷

127

府捐班，得了个观察使道台衔，戴红顶花翎。义昌成五金号经理樊树勋也捐班同知衔，戴明蓝顶子、蓝翎。

从此，义昌成五金号宦海路通，业务更盛，一时冠盖云集。当时上海滩上的显赫人物，如岑春煊宫保、熊希龄督办等，经常成为叶澄衷的座上客。至此，叶澄衷不但是富豪，而且成为了上海滩上的显贵，是当时上海工商界举足轻重的人物之一。于是，一些中小资本家，钱庄业主遇到难办之事，便经常来求助于叶澄衷。这一来，为叶澄衷进一步拓展自己的事业，又打开了一重天地。

1894年是历史上风起云涌的一年。

7月，因日本侵朝，中日发生战争。清廷要求沿江沿海口岸各地，严密监视日侨间谍。

8月以来，上海市民反日爱国情绪激烈，冲击日侨企业，袭击日本商人。日本设在上海的银行停业。日驻沪领事馆降下日本旗，挂上美国星条旗，美驻沪总领事宣布代替日本领事馆的产业及业务。在中日战争中，美国成了日本的后援。

在此种形势下，美国美孚石油公司寻找了一个借口，中断了叶澄衷独家经销美孚火油的经营权。

美国人出尔反尔，使叶澄衷万分恼火。幸亏这时，英国的亚细亚火油和俄国火油源源而来，叶澄衷当机立断，改为经营英国和俄国火油，依然雄踞上海"火油董事"之宝座。

上海民众的抗日爱国浪潮，大大地激励了叶澄衷的爱国之心，他忿然不平地想，世界列强轻视中国不算，如今连小小的日本，竟然也来欺侮我们了，是可忍，孰不可忍？

11月2日，两江总督署向英国汇丰银行借银1000万两，用于中日战争沿海防务，其中拨给江南制造局银子40万两，专事军火生产。

叶澄衷闻讯，立刻指派可炽顺号的人长住江南制造局，一旦军火生产短缺煤、铁、铜等金属材料时，立即火速供应。

同时，叶澄衷又叫义昌成五金号经理樊树勋，设法帮助清政府向欧洲订购军火。整整一个多月，叶澄衷睡不暖衾，食不知味，跑里颠外，忙得连轴转。

12月1日，向外国订购的对日作战枪械，由德商船运到上海，后又转运到镇江，送到清军手中。

就在全国上下一致抗日的时候，慈禧太后却在大肆铺张地庆贺她的60岁生日。叶澄衷的心里，真有一股子说不出的滋味。长此以往，国衰民弱，不堪设想！

叶澄衷的担忧，很快变成了现实。甲午之战，清军惨败。1895年4月17日，李鸿章作为清政府的全权代表，与日本政府签订了《马关条约》。

1897年5月，我国最早建立的一家由中国人自办的银行，在上海正式营业。

盛宣怀特别指派张振勋、严信厚、叶澄衷、朱葆三这四个人担任中国通商银行总董，负责经办银行业务。当然，全行大权还是由盛宣怀自己独揽。

叶澄衷是个工于心计、绝顶聪明的商人，他当然明白，虽然自己是通商银行的总董，但并无实权。按照叶澄衷的一贯经营原则，如无实权，他绝不会与人合股经营。但这次却例外，他心甘情愿地将10万两银子作为股金，投入了通商银行。

叶澄衷这样做，并非轻率决定，而是经过慎重考虑后，毅然采取的一个做法。叶澄衷自有叶澄衷的道理。

首先，叶澄衷觉得，通商银行是中国人开的第一家银行，要振兴民族工商业，中国人不立足于银行界不行。过去中国金融，以钱庄为主，但事实证明，在资本主义市场经济占主导地位的上海，钱庄过于弱小，无法与大资本的银行相匹敌，承担不起发展资本主义市场经济的历史重任。一出现经济风潮，首当其冲被击垮的，便是那些虽然数量众多，却实力薄弱的钱庄。所以，投资通商银行，叶澄衷认为是自己义不容辞的责任。

其次，盛宣怀在上海实业界是个权势显赫的人物。他上通朝廷，受宠于李鸿章，连外国人也得买几分账。这样的人物，不但得罪不起，而且还应该靠拢他、利用他。最后，叶澄衷自然还有他的小算盘。既然自己身为通商银行的总董之一，那么也就是在社会上奠定了他在金融界的地位，他正可以利用这一有利、有影响的地位，发展自己在上海的金融业。

早在几年之前，叶澄衷由于经营事业的不断扩大，资金的运行和调度，便显得日益重要。于是，叶澄衷便在上海设立"大庆元票号"，以利散布于各地的顺记号的资金汇划和调剂。他还在外埠设立了多家钱庄，这些钱庄都用"叶永承号"的名义，资金多在白银万两以上。

如今，叶澄衷成了通商银行的总董，他不是正好可以利用通商银行这棵根深叶茂的大树，发展自己的钱庄吗？

叶澄衷不但善于抓住契机，而且还是个善于把计划迅速付诸行动的人。

不久，叶澄衷与许春荣在上海开设了4家钱庄。金融界称之为"四大"，即余大、瑞大、志大、承大，在上海钱庄业中造成了很大的影响。然而，叶澄衷对此并不满足，他又独资投入白银二万两，由"叶永承号"出面，开设了"升大钱庄"，委派心腹冯吕卜出任经理。

至此，叶澄衷的独资钱庄和合股钱庄，在上海的钱业界中布下了犄角阵势，相互支持，相互调剂，如鱼得水。除此之外，叶澄衷先后又在杭州开设了和庆、元大钱庄，在芜湖开设了怡大、怡庆等钱庄。

其后，叶澄衷于全国各地不断开设钱庄，竟多达108家，分布全国各地，"镇海叶家"成为当时上海实力雄厚，声名显赫的9个钱庄资本集团中的一个。在1897年这一年中，叶澄衷不但开设了多家钱庄，还与人合股开设了"协记石子行"，"顺泰木行"，并独资开办了"三元保险公司"。

1898年，叶澄衷又投资徐杰创办的福建南太武山煤矿，资本为5万元。

叶澄衷通过担任买办，从外商方面源源不断地得到了大量的佣金以及其他有关费用，又自己经营了如此众多的工商、金融、运输等企业，同样源源不断地取得了巨额利润。叶澄衷积累的财富越来越多，这个晚清名商在1899年逝世时，据估计资产已达白银800万两。

叶氏义庄与澄衷中学

光绪二十五年（1899年），是叶澄衷生命的最后一年。从咸丰三年（1853年）他告别母亲，告别家乡来到上海滩谋生，到此已经整整47年。47年来，叶澄衷以艰苦卓绝的精神，在黄浦江的风浪中搏击，在风起云涌的商海中驰骋，实现了人生的辉煌，见证了上海的兴衰变迁，为上海的繁荣作出了不凡的贡献。

一个人积累了巨大的财富，也不可能带到另外一个世界。人总要留下点什么，以实现生命的不朽。一向健康的叶澄衷在这一年突然病倒了，而且病情不见好转。这使他感到时间紧迫。

宁波商帮领头人
——叶澄衷

一直以来，叶澄衷的心头都萦绕着一个问题，这就是，镇海沈郎桥叶氏家族有几百户人家，除了小部分人生活充裕外，还有很多叶氏族人生活在贫困之中。如何使整个叶氏家族的人生活上都有保障，就成为他心中的一件大事。

　　北宋名相范仲淹在家乡苏州举办义庄救济同宗的事迹，对他影响很大。他想效仿这位先贤。

　　范仲淹，字希文，谥文正，苏州吴县（今江苏苏州）人，北宋仁宗时的著名宰相。从小家境贫寒，刻苦自励，曾经立下了"不为良相，便为良医"的誓言。做官以后，他以"先天下之忧而忧，后天下之乐而乐"的思想自励，以"为天下事奋不顾身"而成为古代文人的表率。不仅如此，在慈善义举方面，范仲淹在我国历史上也是一位具有里程碑意义的人物。1050年，范仲淹第三次被贬官回乡闲居，其间他没有因为自己受到不公正的待遇而自怜自惜、消沉抱怨，而是把关注的目光投向家族中贫苦人的生活。当他看到这些同族同宗的人们因为贫穷而生活没有着落时，心中产生了深深的悲悯之情。于是他慨然捐田1000多亩，建立义庄，用这些土地上的地租收入赡养同宗族中贫苦的成员。为了使义庄能够长远地维持下去，他给义庄订立了严格的管理章程，规范族人的生活，使义庄的救助适得其所，既不能使人冒领救助，也不让需要救助的人贫寒无告。后来，范仲淹的后代们继承祖先的遗德，不断完善和维护义庄的财产和管理，使得范氏义庄一直延续了800多年，一直到清代末年还在继续。范氏义庄的建立和持续，是我国慈善史上的大事，也是我国古代慈善事业的光辉典范，在官方和民间都有良好的口碑。苏州距离上海不远，对于范氏义庄的情况，叶澄衷是早有耳闻并歆慕已久的，所以在自己的花甲之年，他决心以古人为榜样，以自己的力量在家乡兴办叶氏义庄，以救助同宗族中的贫寒者，使他们免遭饥寒之叹。

于是，叶澄衷给在乡下的族叔叶志铭写信，陈述自己的心愿，请他主持叶氏义庄的修建。

1899年9月30日，叶澄衷受上海知县王豫照之请，参加了沪上名流座谈会，商讨捐资修建医院事宜。在叶澄衷的带动和倡导下，上海各界人士纷纷捐款，用捐助所得修建了一所中国人自己的医院——上海同济医院。

同济医院的事情议定之后，叶澄衷还有一件放不下的心事，这就是他一直想创办一所学校，但因为没有考虑成熟，所以也一直没有付诸实施。

叶澄衷为什么想创办一所学校呢？这和他幼年的经历有关。幼年时私塾读书的美好回忆一直深深地留在他的脑海里，后来的被迫失学就成了他心中一个永远抹不去的痛。所以他想着自己发达以后，一定要创办一所学校，让穷苦的孩子都能上学。还有一种说法是，有一次叶澄衷和樊棻他们到张家浜（今上海新建路一带）去考察义昌成商号的选址，路上看到一群孩子在河边玩耍，此时正值河潮初涨，叶澄衷怕孩子们出事，就劝他们离开河边，到相对安全的地方去。哪知那些孩子不但不听，反而破口大骂，骂叶澄衷多管闲事。叶澄衷一方面为自己的好意得不到孩子们的理解而懊悔，另一方面又觉得这些孩子现在如果不接受良好的教育，将来就会是一些不懂文明礼仪的野蛮人。因贫穷而得不到教育，更加愚昧，愚昧又会加剧贫穷。贫困的人总是陷入这样的恶性循环，难以摆脱不幸的命运。

他决心创办一所从蒙童开始接受教育的学校，让穷人家的孩子从小也能受到良好的教育，知书识礼。他早就有这个想法，只是以前无暇实施，现在病重，深恐去日无多，便乘着头脑还清醒，给他的慈善机构"怀德堂"的董事们写了一封信，诉说办学初衷。

光绪二十五年十月初三（1899年11月5日），叶澄衷在老顺记安然去

宁波商帮领头人
——叶澄衷

世，永远地离开了他的亲人、朋友和为之奋斗了一生的店铺商号。

在他去世的第二年，"澄衷蒙学堂"开始兴建，1901年正式招生开学。当时，清政府的督学部颁发给学堂"启蒙种德"匾额一块，是光绪皇帝的御笔亲书。

澄衷蒙学堂的第一任校长为刘树屏，不久即因为在南洋公学任职而辞去澄衷蒙学堂的职务，并推荐好友山阴蔡元培担任澄衷蒙学堂的第二任校长。

蔡元培为学校制定的校训是"诚朴"二字，即"诚信""朴实"之意，这既是对学校创办者叶澄衷高贵品质的赞扬表彰，也是对就学于澄衷蒙学堂的学子们的基本要求。

澄衷学堂培养出了大批杰出人物，有胡适、竺可桢、乐嘉陵、倪征燠、李达三、陈秉权、于崇文等。

著名学者胡适进校的时间是光绪三十一年（1905年）。在若干年以后撰写的回忆文章中，他对澄衷学校的学习生活依然记忆犹新，以《管理严肃，考试认真》为题，写下了一段充满感情的文字：

我进的第二个学堂是澄衷学堂，这学堂是宁波富商叶澄衷先生创办的，原来的目的是教育宁波的贫寒子弟；后来规模稍大，渐渐成了上海一个有名的私立学校，来学的人便不止于宁波人了。澄衷共有12个班，课堂分东西两排，最高一班称为东一斋，第一二班为西一斋，以下直到西六斋，这时候还没有严格规定的学制，也没有什么中学、小学的分别。用现在的名称来分，可算前六班为中学，其余六班为小学。

澄衷的学科除国文、英文、算学之外，还有物理、化学、博物、图画诸科。分班略依各班的平均程度，但英文、算学程度过低的都不能入高班。

我初进澄衷时，因英文、算学太低，被编在东三斋（第五班），下半年便升入东二斋（第三班），第二年（光绪三十二年，1906年）又升入西一斋（第二班）。澄衷管理很严，每月有月考，每半年有大考，月考大考都出榜公布，考前三名的有奖品。我的考试成绩常常在第一，故一年升了四班。我在这一年半之中，最有进步的是英文、算学。教英文的谢昌熙先生、陈诗豪先生、张镜人先生，教算学的郁耀卿先生，都给了我很多的益处。

澄衷的教员之中，我受杨千里先生（天骥）的影响最大。我在东三斋时，他是西二斋的国文教员，人都说他思想很新，我去看他，他很鼓励我，在我的作文稿本上题了"言论自由"四个字。后来我在东二斋和西一斋，他都做过国文教员。有一次，他叫我们班上买吴汝纶删节的严复译本《天演论》来做读本，这是我第一次读《天演论》，高兴得很。他出的作文题目也很特别，有一次的题目是《物竞天择，适者生存，试申其义》（我的一篇，前几年澄衷校长曹锡爵先生曾在旧课卷中寻出，至今还保存在校内），这种题目自然不是我们十几岁小孩子能发挥的，但读《天演论》，作"物竞天择"的文章，都可以代表那个时代的风气。

……

我在澄衷只住了一年半，但英文和算学的基础都是这里打下的，澄衷的好处在于管理的严格，考试的认真。还有一桩好处，就是学校办事的人能注意到每个学生的功课和品行。白振民（总教）先生自己虽不教书，却认得每个学生，时时叫学生去问话。因为考试的成绩都有很详细的记录，故每个学生的能力都容易知道。天资高的学生，可

以越级升两班，中等的可以半年升一班，下等的不升班，不升班就等于降半年了。这种编制和管理，是很可以供现在办中学的人参考的。

胡适的这篇回忆文章，对母校充满了眷恋、怀念和感激之情，更重要的是，通过他的文章，我们似乎感同身受地领略了澄衷学堂先进开放的理念、严谨刻苦的学风和庄严神圣的使命，不由自主地对澄衷学堂的创办者和经营者升腾起一种深深的敬意。

叶澄衷虽是一位商人，但他身上体现了许多中华民族的传统美德。他刻苦勤奋，坚忍不拔，诚信经商，致富不忘造福桑梓、施惠于民。他虽然不是范仲淹这样的士大夫，但他们的胸怀是一样的。

官僚资本第一人

——盛宣怀

盛宣怀（1844—1916年），江苏武进人，集大官员大商人身份于一身。作为官员，他为清廷尽忠竭智，参与过清廷许多大事，为清廷苟延残喘立下汗马功勋。作为商人，他建招商局、做报业、办银行、开铁矿，都成就一流。一生艰难前进，虽曲折却终有所成，唯一的失算就是坚持"铁路国有"，导致清廷灭亡，也葬送了自己。他在教育、慈善上所作贡献亦不小。

入李鸿章幕，初受赏识

常州盛氏是江淮一带的大姓，代代都有贤人。到了清朝，先是盛宣怀的祖父盛隆于嘉庆年间中举，当上了浙江海宁知州，接着他的父亲盛康于庚子（1840年）中举，进而在甲辰（1844年）考中进士，获得了封建社会的最高学历，当上了湖北武昌盐法道（分管食盐产、运、销的副省长），成了地方实力派。

盛康任职湖北，对于盛家来说最直接的影响是，这期间李鸿章正奉命攻打太平天国，盛康参与操办后勤军务，甚得赞赏，这就为后来他的儿子盛宣怀进入李鸿章的幕府打下了"伏笔"，也为这个家族后来的振兴，做好了最重要的人事铺垫。

盛家两代人居外做官，俸禄日增，家底渐厚，盛宣怀的父亲和叔父就在常州城里买地造屋，建起了前后九进的深宅大院。在盛宣怀的父亲盛康快要告老还乡的时候，又在苏州买下一处偌大的旧式园林，精心修整后，作为盛家的别墅和祠堂所在地。这处园林，就是现在号称苏州四大园林之一的留园。

数年后盛宣怀青出于蓝而胜于蓝，发迹后也在故乡大兴土木，在常州周线巷建起了前后十一进的大宅院。盛家在常州的两处豪宅相距不过百米，威严显赫，时人莫不称羡。

盛家虽也可谓是书香门第，但祖父两人都比较注重社会实际问题的研究，对孩子的"学历"教育抓得不是很紧，盛宣怀有时随父亲居住官邸，开阔眼界，增长见识；有时回到老家盛氏府第，攻读经书，接受传统教育，其间，他也并非心无旁骛，而是经常参与设义庄、增祭田、建义学、修宗谱等具体事务的规划。成长于这样一种环境的盛宣怀，八股文章了了，应试能力平平，所以他在1866年考中秀才后，乡试三次不中。然而，盛宣怀落榜不落志，慨然以匡时济世自期，从此绝意科举，积极致力于"有用之学"，对天下之事，均"事事研求"。

盛宣怀毕竟是一个有家庭背景的人，虽然没有正规文凭，但"找工作"并非难事，1870年，26岁的盛宣怀经人推荐，来到湖广总督李鸿章幕府做了机要秘书。

他处理日常公牍倒是应付裕如，当年在他父亲的衙署内就曾协助老人家处理过事情。他办事机灵，是个干才，来到李鸿章的麾下不负厚望，吃苦耐劳，精明练达，克勤克俭，很快获得李鸿章的好感。初"派委行营内文案兼充营务处会办，属橐鞬，侍文忠"，是秘书、兼总务处副处长的角色，直接对李鸿章负责。

他到李鸿章在陕西的行营后不久，天津教案发生，奉朝廷之命，部队立马向天津开拔。时值盛夏酷暑，部队常常要"日驰数十百里"，"涉函关，登太行，尽揽山川扼塞形胜"，遇到紧要的公文，盛宣怀能"磨盾草檄，顷刻千言"，同僚们无不刮目相看。不久，他就升任陕甘后路粮台淮军营务处，继而又因军功升任知府、道员，并获赏戴花翎二品顶戴的荣誉。此时距他入李鸿章戎幕，仅一年有余，可见李鸿章对他的器重。

历来江南的达官贵人或是富豪人家，在发迹之后，总想到苏州这个地方买一处产业，或深巷小院，或水边大宅，作为休闲养老之处。盛家也是如此。盛康在盛宣怀跟上李鸿章之后的第三年（1873年）就在苏州城外寒

官僚资本第一人——盛宣怀

山寺附近，买下了一处占地35亩的大园林，这就是现在被誉为中国四大古典园林之一的留园。这是盛康留给其后代的最大的一份不动产。

留园的来历是这样的。当年太平天国攻打苏州的时候，在城外放了一把火。大火连烧三天三夜，苏州城满目焦土。正在风声鹤唳之际，人们发现西城外有一处绿地安然无恙，池水依旧湛蓝，高枝照样连理。后来人们弄清了，这是明朝万历年间太仆寺少卿徐泰时的园林，后来被清代嘉庆年间的柳州、庆远知府刘恕买了下来，苏州人称之为刘园。

这场兵灾过去若干年后，盛康看中了这块劫余之地，视之为风水之胜，斥银买了下来，加以修缮整饬，很快，这里楼台迤逦相属，嘉木秀而繁荫。因苏州老百姓过去一直称其为刘园，不方便改口，盛康与盛宣怀商量下来，决定仿照袁子才的随园的办法，取谐音，变"刘"为"留"，于是就以留园称之，取"长留天地"之意。

盛康买园后没几年（即1877年），李鸿章在给朝廷的一份奏折里就对他的儿子盛宣怀大加褒扬，说他"心地忠实，才识宏通，于中外交涉机宜能见其大，其所经办各事皆国家富强要政，心精力果，措置裕如，加以历练，必能干济时艰……"盛宣怀前程远大，将来必能建一番功业，使盛家家声远扬，"长留天地"了。

创办招商局，举步维艰

19世纪60年代至70年代，随着外国资本的不断渗入，我国沿海一线以及长江内河的航运，几乎全被洋人的轮船占领，中国传统的船运已成衰落之势。尤其是英国的怡和洋行、太古洋行和美国的旗昌洋行，都拥有大规模的船队。他们不仅在沿海和内河各码头沿线揽货，还设法把朝廷的漕运生意（即每年按时运送的官粮）也拉过去，致使中国船队无货可揽，而朝廷专拨的运粮费也大量流入了洋人的口袋。

鉴于这种情况，从19世纪60年代起，一些地方官员和开明之士就联络起来，向朝廷献计献策，主张中国人自办轮船运输，把船运之利从洋人手中夺回来。太平天国被平定之后，"天下承平"，海内似有"中兴"气象，李鸿章办洋务，师夷制夷，图谋振兴，除了军事工业之外，很用心的一件事就是办船运。此时李鸿章已升任直隶总督兼北洋通商事务大臣，总揽了清廷外交、通商、洋务大权，成为洋务派的首领。由谁去举办中国人自己的近代船务，全凭他一句话。盛宣怀抓住机会，力劝李鸿章"此大利不可不兴"，并要求让自己前去试一试。他在《上李傅相轮船章程》（1872年）中纵论当今大势："伏思火轮船自入中国以来，天下商民称便，以是知火轮船为中国不能废之物。与其听中国之利权全让外人，不如藩篱自固。"明确地提出，轮船非办不可。具体的办法，他主张官商合办，或者官督商办。

他在给李鸿章的信中还表示，要尽自己的一切努力办好航运这件要政，并要"竭我生之精力，必助我中堂办成铁矿、银行、邮政、织布数事"。他想得很远："百年之后，或可以姓名附列于中堂传策之后，吾愿足矣。"又说："中堂得无笑我言大而夸乎？职道每念督抚姓名得传后世者几人哉？遣论其下。"这封信写得掏心掏肺，开诚布公，并以传名百世来"激将"李鸿章，表示不仅仅是办船运，而是要将毕生精力投入洋务大业。

李鸿章最初确也有意让盛宣怀前去筹划创办招商局，命他起草一个轮

官僚资本第一人
——盛宣怀

船公司的章程。他要知道，这项中国人从未办过的洋务，究竟该怎么个办法。盛宣怀心领神会，精心研究了外国船运公司的章程和经营办法，构思了一幅中国轮船公司的发展草案。中国的弊病，他看得很透了。像这类前人从未做过的事情，尤其是有利可图的事情，没有官股官本是办不成的，因为民间商人力量太小。但光靠官办也办不成，因为官场有太多的累赘。他指出："中国官商久不联络，在官莫顾商情，在商莫筹国计。夫筹国计必先顾商情。倘不能自立，一蹶不可复振。试办之初，必先为商人设身处地，知其实有把握，不致废弛半途，办通之后，则兵艘商船并造，采商之租，偿兵之费，息息相通，生生不已。务使利不外散，兵可自强。"这段精彩的理论，可算是把中国现实中官与商的相互关系说透了，尤其是他那"顾商情"的观点，实际上是主张在"官"的领导下，官方也入股，加以监督，以"商"为主体去具体操办。

然而事情并非那么简单，官督商办企业乃近代新生事物，官方许多大员均持怀疑态度，连李鸿章左右的亲信如天津海关道陈钦、天津河间兵备道丁寿昌，均主张采用朱其昂的纯官办的办法，以求稳妥。李鸿章在事无七成把握的时候，就来个少数服从多数，采纳了朱其昂的意见，并且委任朱其昂、朱其诏兄弟，负责筹建，因为朱家兄弟是上海宝山的沙船世家，与洋行里的买办关系较熟，或可便于参照洋人的办法，办中国的事情。

结果不出盛宣怀所料，这种纯官府官办的企业，要想争取商人的投资是不容易的。商人为何要为你官办企业投资呢？商人还怕你官方依仗权势欺压商人呢！而且朱其昂兄弟的具体做法也有点保守，仅仅运输漕粮，而不揽载客货，自是起不到与洋商争利的作用。事实上，各地漕运司已有不少与洋商挂钩了，你现在要把生意再拉过去，你给漕司什么好处呢？你的运费能比洋船便宜吗？吸收不到商股，底盘有限，事业就难以发展。果然，这个轮船局1873年1月开办，不到半年时间就困难重重，陷入停顿，只好另想办法。

于是李鸿章回过头来再找盛宣怀，盛宣怀也不搭架子，再次细细谋划，提出了"委任宜专""商本宜充""公司宜立""轮船宜先后分领""租价宜酬足""海运宜分与装运"等六款，并提出应仿照外国洋商的样子，招集商股50万两，100两为一股，认票不认人，"以收银日为始，按年一分支息，一年一小结，总账公阅，三年一大结，盈余公派"。对于来自官场上的骚扰，他也早有预见："官场来往搭货搭客，亦照例收取水脚"，以使投资者安心勿虑。为使新生的招商局站稳脚跟，不至于一出台就被挤垮，他在这个章程里明文写上，要官方保证每年有四十万担的漕粮交轮船局装运，以"稍藉补苴"……可以看出，他已把这个活计的来龙去脉、营运门槛、关键部门，都做过深入的调查研究了，说出来的都是行话。这六条纲领，是轮船招商局章程最早的雏形。

然而这一回，李鸿章还是没让他担任领衔主管，而是把上海怡和洋行的买办唐廷枢给挖了过来，要其为国家办事。1873年6月，李鸿章任命唐廷枢为招商局总办，又任命宝顺洋行的买办徐润担任会办，指望他们利用其在商界的影响，招募商股。朱其昂、朱其诏兄弟也是会办。至于盛宣怀，也是个会办，与徐润他们平起平坐。李鸿章如此布局，自有他的道理。因为要举办这样一个投资几十万、上百万银两的大型企业，话虽好说，而集资殊难，没有钱万难总其成。公款有限，只能出20万两。盛宣怀牛犊出山，初涉洋务，在集资上难有号召力。而唐廷枢、徐润、朱其昂等，已有多年的洋行和商场经验，在商人中号召力极大，他们本人还能带大笔投资进来。权衡下来，李鸿章只能再委屈一下盛宣怀。

盛宣怀不情愿当这个"牛后"，而李鸿章偏偏要他当这个重要的"牛

官僚资本第一人——盛宣怀

后"。于是有了这样的分工：唐廷枢、徐润主管揽载、招股等轮运各务，代表商方；朱其昂、朱其诏兄弟主管漕运事宜，代表官方；而盛宣怀地位非常微妙，要兼管漕运和揽载二事，等于兼了"官""商"两个方面的角色，说具体也具体，说架空也架空，实际上是个非常重要但是有点尴尬的位置。李鸿章老谋深算，目的是要通过他察看和掌握轮船招商局的一切。盛宣怀毕竟不是小肚鸡肠之人，尽管不情愿，但还是走马上任了，后来果真开创了响当当的局面。

唐廷枢任总办以后，凭借他个人在商界的影响力，招商局资金匮乏的局面一下子改观了，从不足20万两一跃而为100万两，其中徐润一个人就投资24万两，为企业输了血。唐廷枢的办法原则上与盛宣怀是一致的，只是唐更多地强调了"商"的利益，而盛则更强调"公私合营"，即官督商办。这在轮船招商局初办之时还看不出多大优势，然而时间一长，尤其是面临外商激烈竞争时，"官"的力量就成了可靠的后盾。在这一事关前途的大政方针上，盛宣怀绝不是一般商人能望其项背的。

1873年年底，轮船招商局已经有天津、汉口、长崎等19个分局，该局的"伊敦"轮已经能驶往日本长崎、神户，菲律宾吕宋岛等地了。1874年7月，招商局公布了第一届结账，盈余2100两银。1875年7月第二届结账，已能结余24000两银，首次分发花红六千七百余两。全局上下自是皆大欢喜。

1875年秋天，盛宣怀奉命督办湖北煤铁局，同时另外还有其他实业要办，暂时离开了轮船招商局。可是非常奇怪，盛宣怀一离开就出了问题，第二年（1876年7月）结账结下来，居然亏损35000两银。

他虽在湖北办矿，但招商局的要紧事情还是过问的，比如收购美国旗昌公司的事情，他仍是主谋之一。

"水线"之战，一展才华

　　1880年秋，李鸿章又委派盛宣怀举办电报事业，统筹全国各地电线电缆的铺设，建立国家电报局，把洋人非法在我国铺设的"水线"，该拆的拆，该买的买，以争回电报自主权。这件事"创行之始，人皆视为畏途"，因为这不同于办一般的实业，前面虎狼成群，先得在谈判桌上"推磨"，扫除了障碍，事情才能办成，这是一场政治、外交和个人胆识的较量。

　　当时，列强已在事实上盘踞了中国的电报业，水底下的电线纵横如蛛丝。

　　1874年，日本侵略台湾，中国吃了信息不灵、调兵迟缓之亏，李鸿章认为架设电线、开通电报势在必行，而真正将架设电线、开通电报付诸实践的则是盛宣怀，如盛同颐所述："英、法、德、美各使请设立万国电报公司于沪，拟添由沪至粤各口海线，并由英商添设自沪甬、瓯、闽、厦、汕海线，其势几难禁，府君请细谕华商自设沿海各口陆线，以争先著，使彼无利可图，或者中止。且从此海疆各省与京外脉络贯注，实于洋务、海防有裨，即商民传输贸易消息灵通，为利亦更广远。文忠遂与译署商派府君诣沪，次第开办。"

　　1880年秋，继架设津沽电线之后，李鸿章委派盛宣怀设立津沪电线，盛宣怀在天津中国电报总局，自作总办，并任郑观应为电报上海分局总

官僚资本第一人
——盛宣怀

145

办。不久，他拟定《开办自津至沪设立陆线电线大略章程二十条》，得到李鸿章批准。开始，津沪电报为官本官办，1881年冬，津沪陆线竣工，盛宣怀请改为官督商办，其理由为："中国兴造电线，固以传递军报为第一要务，而其本则尤在厚利商民，力图久计。"电报根本是为商业的需要而设，因此商本商办，国家不加干预才是电报业发展的出路。然而在电报业未获大发展，商人投资电报不甚踊跃之时，国家应在资金、政策方面予以扶持，以保护电报的初创和发展，如果朝廷不加以"认真照料保护，则恐费糜巨万，功堕半途，华商寒心，外人贻笑"。为办好电报局，盛宣怀亲拟《电报局招商章程》，后增为《详定大略章程二十条》上于李鸿章，其中就电报局已存的官股与商股的关系、国家的利益作了翔实可行的说明，最后强调电报局内部的管理一律按商业原则，政府不得干预，并且提出除军机处、总理衙门、各省督抚衙门、各国出使大臣所寄洋务军务电信，区别对待记账结总作为归还官款外，其他所有各省官府电信一律收取现金，并要先付钱后发电。其他的关于电线材料免税、各局用人、洋员的使用和严格要求、巡警沿途保护电杆电线、电码的规格和使用法等，盛宣怀都做了周密的规定和安排。

　　自1881年中国电报总局改归官督商办、盛宣怀任督办后，在他的主持下，1882年接办了苏、浙、闽、粤等省陆线，1883年办了长江线；1884—1885年因海防吃紧，设济南至烟台线，随后添至威海、刘公岛、金线顶等地方；1887年因郑州黄河决口"筹办工赈事宜"，由山东济宁设线至开封；1888年因广东官线已造至南雄州，乃由江西九江设起到赣州以达瘐岭入南雄相接；1889年因东三省边防需要，由奉天接展吉林至珲春陆线；1890年"因襄樊地方为入京数省通衢，楚北门户边境要冲"，乃由沙市设线起以达襄阳，1893年又由襄阳设至老河口；1895年由西安起设电线与老河口相接，"使西北电线得有两线传递，庶无阻隔之虞"；1896年设线武昌至长沙，1898年又由长沙设至湘潭、萍乡等地。这是电线干线的敷设，另外，盛宣怀还主持设立了许多电报支线。

电报局与轮船招商局一样，在发展中同样受到了与洋商英国大东公司、丹麦大北公司竞争之事，盛宣怀在李鸿章的支持下，坚持与大东、大北公司斗争，最后终于做到了中国收回大东、大北公司设在岸上的陆线，并且拒绝了大东、大北公司要将海线牵引上岸的要求。在1887年与大东、大北公司签订了《华洋电报公司会订合同条款》，即电报"齐价合同"，既收回了利权，又有利于中国电报事业的发展。

另外，为了中国电报事业能早日不借用洋人，早在1880年津沪电线架设时，盛宣怀就建议设立天津电报学校，以培养电报业的人才，获得李鸿章的同意。天津电报学堂的开办，原来只有一年，后因津、沪、浙、闽、粤和长江线需用人才，天津电报学堂连续办了几年。为了提高学堂的地位，减少办学的阻力以及鼓励学生学习的积极性，原来以电报局名义开办的电报学堂，第二年盛宣怀即提议学堂应由朝廷的名义开办，由朝廷提供办学经费。他对李鸿章说："学生俟到局派事之后，薪水由本局开支，所有设立学堂经费系为国家造人才起见，应在军饷内开支，免在商本内归还。"李鸿章同意了盛的意见，这样，电报局节省了办学的投资，减轻了商资的负担，有利于电报局的发展。

盛宣怀办理电报卓有成效，李鸿章向清廷为其请奖。在该请奖折片中，李鸿章盛赞了盛宣怀主持中国电报局的业绩："沿江沿海各省电线系派布政使衔直隶候补道盛宣怀总理其事，该道首赞成议，会商各省地方官次第筹办，事属创始，而规划精审，调度悉合机宜，用能妥速告成，远近无忧。复以经费有常，劝集华商巨款，将各省正线改归商办，俾公家久享

官僚资本第一人
——盛宣怀

其利，商人亦获什一之盈，实能裨益大局。各国觊觎已久，英丹电报公司且于九龙及上海至吴淞安设陆线，方谓非常之举，中国未必果行，遂群起相争，多方挠阻，该道奉饬设法抵制，相机操纵，一面集资赶设沿海陆线，使彼狡谋废然中止，保我自方之权，尤于国体商情所关匪细。今线路绵亘万数里，京外军谋要政瞬息可通，成效昭著，其功实未可泯。该员才具优长，心精力果，能任重大事件，足以干济时艰。"

糊涂世界中办银行

1895年，中国甲午战败，全国上下对李鸿章一片声讨。看到自己的顶头上司一生忠心耿耿，权倾朝野，一旦失算，就落得个如此下场，盛宣怀心底不免阵阵凄凉，加上自己长年因劳累过度而体虚内亏，常常夜间咳喘不止，于是一纸奏折上去，申请退休回家。

然而朝廷此时正需要干才。在甲午战败的刺激下，朝廷必须设法挽回一些面子，何况上下内外正一片变法呼声，要自强，要改革，要励精图治，因此朝廷需要盛宣怀出来做事，不仅不同意他退休回家，而且派他于大用场，要他出来办银行！

盛宣怀毕竟是朝廷的忠臣，惯于识大体，况且办银行也是他多年前就向朝廷建议过的事情，如今朝廷真的要你去办了，你却要打道回家，是何居心，能说得清吗？没奈何，只有拼着命上。

此时清廷面对着两亿白银的战争赔款，一筹莫展。光绪皇帝问计于他，如何才能摆脱困境，他直言不讳地和盘托出：仿照泰西各国的样子，办商业银行，"铸银币、开银行两端，实为商务之权舆，亟宜首先创办。不必畏难避嫌，一年即可建成，一年即可收效……如任用得人，一呼可集"。又具体设计了公私两方如何集资的总体方案。针对当时时髦的话题，关于变法问题，他劝说皇上头脑要冷静，现在空谈变法的人太多了，然而说起来容易做起来难，立个新法容易，而要收到实效并非那么容易。提醒光绪帝不要轻言变法，只管真抓实干好了。

然而中国的事情历来就是复杂的。不久，京城传出消息，说是海关总税务司、英国人赫德准备组办中英合资银行，要抓中国银行的开办权。盛宣怀此时已失去了李鸿章这个最有力的支持者，有话他也不能天天对着朝廷叨叨，只好去盯张之洞。他给张之洞写信："闻赫德觊觎银行，此事稍纵即逝。应否预电总署颇有关系。"他唯恐张之洞认识不清此事的极端重要性，过了几天又写信去："华商无银行，商民之财无所依附，散而难聚……若是银行权属洋人，则铁路欲招华股更无办法……铁路既以集华股归商办为主，银行似亦应一气呵成，交相附丽。"

光绪皇帝看到了他的忠诚，接连召其进京问策，他及时地呈进《请设银行片》和《条陈自强大计折》，重申了在中国开办商务银行的极端重要性和紧迫性，折子里尤其强调说："西人聚举国之财为通商惠国之本，综其枢纽，皆在银行。中国亟宜仿办，毋任洋人银行专我大利。"

那天他进宫向光绪皇帝辞行，皇帝对他说："你的奏折已交总署讨论，但是事情总是人做的，今天这班督抚大员都在推诿延宕之中，你看怎么办呢？"光绪这是有意启发他勇挑重任，因为皇帝也知道，这些年办洋务，成果最显著的就数盛宣怀。果然，圣旨下达仅仅十几天时间，盛宣怀就把最关键的人物搞定了。他选定的八个董事会成员为：张振勋、叶澄衷、严信厚、施则敬、朱葆三、杨廷杲、严潆、陈猷。

这八个人，都是近代上海滩上的实力派人物。张振勋是南洋华侨巨擘；叶澄衷是五金行业的巨头，号称五金大王，在上海及各商埠均有支店，又是纶华缫丝厂、燮昌火柴厂的老板，海上巨富；严信厚原是李鸿章的旧属，以盐务起家，积资巨万，是宁波通久源轧花厂、通久源纱厂、通久源面粉厂、上海中英药房等著名企业的老板，华商巨擘；朱葆三原是日商平和洋行的买办，后来自己开设商行，从事进出口贸易，大发其财，在华商中极富号召力；施则敬也是海上华商中举足轻重的大资本家。另外，严潆和陈猷是轮船招商局的会办，能带船局的资本进来；杨廷杲是电报局总办，亦能带大量资本入股。此时的盛宣怀，已经把这些大腕人物掌握在手里，说派用场就能派上用场的。

300万商股看来不是很费劲儿就集起来了。其中仅轮船招商局就有80万两。他又替王文韶留了500股的份额，用朝廷里大官投资于此，来进一步安定民心，致使商股招集"甚踊跃"。

然而朝廷则常常是三分钟热度，忽冷忽热的。商股落实了而官款迟迟没有落实。盛宣怀一再催促，不仅迟迟没有下文，反而传出朝廷已批准中俄两国合办华俄道胜银行的消息，而且据说朝廷已拨款500万两入了股。这么一来，已经入股中国通商银行的商人们议论纷纷，怕朝廷变卦，盛宣怀自然处于非常被动的地位。他一方面加紧向朝廷催促原定200万两官款的落实，另一方面给户部左侍郎张荫桓写信，因他明白，节外生出华俄道胜这一枝，完全是翁同龢的主意。对于盛宣怀牵头办银行，翁氏嘴上不说不支持，却背地里把资金分流掉，叫他难办。

盛宣怀在信中对张荫桓说："俄行已入官股五百万，而中国银行转无官款，不足取信，为外人笑，一经洋商之谣言倾轧，必致众商裹足。"他又强调，向政府借这200万不是作为股份投入银行，而是按照过去办轮船招商局的办法，将此款"存放该银行，按年认缴息银五厘，不计盈亏，六年为限，限满或分年提还，或仍接存"。这种办法"有利无害，而外人知有官款在内，足以取信，可与中俄（道胜银行）争衡"，而且，如无官股，不足以号召各省汇票。张荫桓将盛氏的意见转达户部及朝廷，这帮昏人无以对答。

就在这关键时刻，官场上又有人提出对他的弹劾，说他揽银行、轮船、电报等大权于一身，全为图谋私利，等等。这下可把盛宣怀给气火了，心想这些人不干正事罢了，还专门干给人泼脏水的营生。他接连两次向北洋大臣王文韶（甲午战败以后李鸿章的接班人，时任直隶总督、北洋大臣）提出辞职："似此糊涂世界，何以尚想做事！"准备"挈全眷而返"，"举亲耕读，从此再不与人言家国事！"王文韶为官，以圆滑著称。他当然不能允许盛宣怀就此撒手不管。他一方面尽力为盛氏开脱，在朝廷面前说他的好话；另一方面积极为之催官款。最后总算打了一半折扣，原拟的200万两变成了100万两，也算有了表示。

然而天有不测风云，一会儿又传来朝廷对办银行有所动摇的消息。如此朝三暮四，简直如同儿戏，国家大事，已无章法可循。盛宣怀此时强忍愤怒，耐心地向总理衙门解释，指出中国通商银行势在必办，"中外早已传扬，若届期不开，失信莫大于是。商股必致全散，以后诸事万难招股，不仅银、铁两端也！"苦口婆心，艰苦奋斗，这个眼看就要流产的中国的第一个银行总算诞生了，时为1897年5月27日，地点就是现在外滩6号的那栋三层楼房（现已变成购物休闲场所）。

盛宣怀气得没有出席开幕的盛典。接到银行已按期揭幕的电报时，他长长地吁了一口气。

中国通商银行如同一个难产儿，在千呼万唤之后，终于在外国银行林

官僚资本第一人——盛宣怀

151

立的上海滩站稳了脚跟。开办不到一年时间，又先后在天津、汉口、广州、汕头、烟台、镇江和北京等城市开办了七个分行。两年之后，已能每六个月结账一次，除开销外，发给股商利银40万两，缴呈户部利银10万两……拿盛宣怀的话说就是："询诸汇丰开办之初，尚无如此景象。"而汇丰银行，当时已在上海开办了30多年了；英商丽如银行已开办了52年了。

近代中国第一所大学

盛宣怀把教育视为兴国之本。在办理洋务事业中，盛宣怀深感"每逢办理交涉，备尝艰苦"，认识到当时中国最缺乏懂技术、懂外语、懂管理的新式人才，而只会读经史、写八股的学究，在洋务事业中根本没有多大用处，传统的教育非革新不可。盛宣怀决心着手培养新式人才。最初他创办了一些附属于企业的技术训练班式的学堂，在短期内培养了一些具有中等技术水平的技术人员。随着对人才的要求不断提高，19世纪90年代初，盛宣怀开始提出要办正规的学堂，以培养高级专门人才。

中国近代教育发端于19世纪末20世纪初。天津作为洋务运动的起源地，兴建起许多学堂。维新运动之后，天津兴办的新学，已经在各通商口岸中位居第一。特别是甲午战争之后，中国的知识分子从新学中寻求科学救国、实业救国的方法，开始兴办西式学堂，近代中国第一所大学——北洋大学就是在这一时期创办的。

1892年，盛宣怀出任天津海关道，与当时在天津主持中西书院的美国教育家、美国驻天津领事馆副领事丁家立常研讨办学之事，并着手筹办一所新式学堂。1895年春，盛宣怀将经过详细研究、讨论制定的实施计划向李鸿章禀请具奏。9月19日，盛宣怀拟定了《拟设天津中西学堂章程禀》，递交给新任直隶总督兼北洋大臣王文韶。王文韶将盛宣怀的方案改为《津海关道盛宣怀创办西学学堂禀明立案由》，上奏朝廷。

1895年10月2日，光绪皇帝批准了盛宣怀的奏章，下令成立天津北洋西学学堂（天津大学的前身。1896年更名为北洋大学堂，1912年更名为北洋大学，1913年改称国立北洋大学），校址在天津大营门外梁家园博文书院（今海河中学一带）。10月2日，也成为中国第一所大学的建校纪念日，盛宣怀由此也成为中国历史上第一个大学校长。

北洋大学自创办之始，就仿照美国的大学模式，全面系统地学习西学。例如，除汉文课和部分外语课外，其余所有功课都由外籍教习担任，要求学生外语基础好；教科书使用外文原版，用外语授课；学生实验所用的各种器具、设施都从美国进口；等等。在当时，北洋大学被誉为"东方的康奈尔"，它的教学计划、讲授内容与方法、教科书、教员配备，成为后来其他各地兴办新式大学的模式。北洋大学堂从一开始就是一所综合性大学。学堂分别设头等班（相当于大学）、二等班（相当于大学预科），学生除学习语言文字外，主要学习理工知识。头等班又分为律例、矿务、制造3个专科，用以培养专门人才。1897年，北洋铁路学堂并入北洋大学堂后，又增加了铁路科。北洋大学堂成为我国历史上第一所真正意义上的理工科大学。同时，北洋大学堂也是我国近代第一个设置法科的新式大学，开创了中国近代的法学教育。

盛宣怀推崇"以致用为本"的西学，在"经世致用"的思想下敢于冲破封建顽固派的藩篱，引进西方先进的科学技术和教育制度，对传统教育进行改造。这种改变主要表现在以下几个方面：第一，变革传统教学内

官僚资本第一人
——盛宣怀

容，加重西学课程的比例。第二，采用新的教学组织形式和考核制度。第三，采用新的管理模式。盛宣怀参照西方，在学校中设置了督办、总理、监院、总教习、提调等人员，参与学校的管理，并增设文秘、会计、图书管理员、校医等。这些教职工各司其职，互相配合，已具现代学校管理模式的雏形。

盛宣怀对新式教育有着独特的见解。他给学堂的学员定下了严格的规则，要求学员一定要钻研本专业，不可心有旁骛，要循序渐进，不容紊乱。他认为，打牢知识基础很重要，绝不可"学无次序，浅尝辄止"。另外，盛宣怀对外语学习的看法非常难得，他不赞成学员单纯学习外语，认为外语只不过是一种工具，学员要结合自己的专业学习外语。这是他有感于中国缺少高技术人才而提出的要求。

1899年，北洋大学堂第一届学员毕业了。翌年元月，学堂颁发了中国历史上第一张大学文凭。由于成绩最优，法律专业的王宠惠成为"钦字第壹号"文凭获得者。1905年，王宠惠获耶鲁大学法学博士学位，1912年出任南京临时政府外交总长。

选送头等学堂毕业生出国留学，是北洋大学堂创办计划中的重要组成部分。1901年，盛宣怀通过南洋公学选送北洋大学堂第一批学生赴美留学。这是中国首批出国留学生，是中国高等学校留学教育之始。1951年9月，北洋大学与河北工学院合并，定名为天津大学。作为北洋大学的创始人，盛宣怀受到天津大学师生的纪念。在2005年10月2日天津大学建校110周年之际，盛宣怀的蜡像在天津大学落成。

1896年，盛宣怀的事业重心南移上海。这年，时任太常寺少卿的盛宣怀上奏朝廷，呈请在上海设立"专学政治家之学"的南洋公学，得到光绪皇帝的批准。

"公学"这个名称，是由盛宣怀参照国外惯例而定的。经费由盛宣怀主管的轮船招商局、上海电报局两家捐助，每年10万两白银，这也是向外国学来的。当时在西欧一些国家，学校的经费就是半由商人资助（公助）、半由官方付给（官捐），统称"公学"。当时我国海岸线的划分，黄海、渤海称为"北洋"，而长江口以南（东海在内）直到福建、广东称为"南洋"，所以盛宣怀在上海新办的学堂称为"南洋公学"。

盛宣怀期望把南洋公学办成培养内政、外交、理财三事之教授的正规大学。南洋公学的宗旨为：以通达中国经史大义、厚植根柢为基础，以西国政治家日本法部文部为指归，略仿法国国政学堂之意。作为洋务运动的代表，盛宣怀看到洋务派开办的各类学堂、培养的学生只能满足洋务运动技术层面的人才需求，并不能从根本上改变人才的知识结构，也不可能培养具有新式管理理念和管理能力的人才。南洋公学的创办，已经超越了实业的视野，考虑了满足晚清朝廷更广层面、更高层次的人才需求。

南洋公学诞生后，盛宣怀亲自担任公学督办。他聘请同乡何嗣煜担任总理（校长），又聘前南京汇文书院院长福开森担任监院（总教习）。从1896年至1905年，盛宣怀一直任南洋公学督办。在此10年间，他是公学校务的最高决策者、最高主管人。10年里，南洋公学从无到有、从小到大、从弱到强、从低到高，走过了一条巩固、发展、壮大之路。所有这一些，都与创始人盛宣怀苦心经营、执著追求密不可分。

南洋公学作为我国近代第二所大学，在高等教育史上留下了许多开创之举：首立师范院，初步奠定了我国近代师范的雏形；公学一改清朝的旧教育体制，参照西方的办学体制设立四院：师范院、外院、中院和上院，相当于师范、小学、中学和大学，开创了大、中、小学三级分层办学的先河；拟定《南洋公学章程》，采用分年级按班级授课制，为我国教育有系统、有组织之肇始；师范生自编写的《蒙学课本》，成为我国最早一本近代教科书。

自有人类社会以来就有教育，人类进入奴隶社会以后就产生了学校，有了专门的教师。但培养教师的师范教育却是近代社会开始才有的。盛宣怀认为，"师道立则善人多，故西国学堂，必探源于师范。"1897年4月8日，南洋公学师范院在租借的上海徐家汇民房中正式开学上课，这是我国教育史上的第一所师范学校，标志着我国师范教育的从无到有，意义非同寻常。由于师范为教育之本，南洋公学师范生又是日后办学的生力军，其地位相当重要。因此盛宣怀对师范生寄予了很大希望，在"中学为体，西学为用"的教育思想下，盛宣怀为师范院制定了"明体达用，勤学善诲"的培养目标。

1897年3月，南洋公学师范院在盛宣怀的主持下举行第一次招生考试。各省纷纷前来应试者数千人，多数是贫寒子弟和愿舍弃科举仕途的有志之士。经过严格挑选，第一次录取师范生40名。公学给师范生的待遇是十分优厚的。师范生入学后，食宿杂费均由学校供给，每月还按层格发给津贴，一层格每月津贴银6两，进一层加银1两，加到10两为止。另外，对学习成绩优良者还有奖学金。1903年，南洋公学师范院停办，前后总共7年，培养学生71人，其中包括吴稚晖、钮永建、白毓（雅雨）、章宗祥等。南洋公学师范院办学时间虽然不长，但却初步具备了近代师范教育的雏形，揭开了我国师范教育的序幕。对于中国师范教育的发展来说，南洋公学师范院是中国第一所正规的高等师范学校，标志着中国师范教育的开始，是中国师范教育的发源地，在中国教育史上具有划时代的重要意义，谱写了中国有史以来教育的新篇章。

在盛宣怀档案中，有一份"南洋公学特班生成绩表"。从这个表中，我们可以看到当时所设的学科是务实而有效的，比如设有外文、法律、理财等专业。在盛宣怀档案中，还有一份由他本人所写的《奏陈南洋公学历年办理情形请旨遵行折》，陈述了在南洋公学中设置特班的用意："变通原奏速成之意，专教中西政治、文学、法律、道德诸学，以为有志应经济特科者预备之地。"邵力子、李叔同、黄炎培等均为此班学生。

1912年，南洋公学改称上海工业专门学校。1921年，上海工业专门学校、唐山工业专门学校、北平铁路管理学校及北平邮电学校合并成为交通大学，分别称各校为交通大学上海学校、唐山学校及北京学校。

几多辛酸汉冶萍

盛宣怀一生致力于办实业，样样都挺干净利索，然而，也碰到了一座巨大的"火焰山"，即办钢铁。他创办的汉冶萍公司，是中国第一个大型钢铁联合企业，先后耗资数千百万，也是盛宣怀一生用力最大、磨难最深、倾注心血最多的一个企业。可悲的是，他一生与洋人争利权，谋振兴，最后使他蒙受"卖国"败名的，竟也是这个企业！

盛宣怀办其他洋务工程，少则一年，多则几年，就被他"搞定"了，而这个难产的汉冶萍却千呼万唤始出来。若从他1896年从张之洞手里接办汉阳铁厂算起，至1907年新炉出钢为止，整整耗去他11年的光阴；若是从1875年李鸿章派他去湖北找煤勘铁时算起，那就是花了他32年的光阴！盛宣怀绝非办事拖沓之人，相反是个心急火燎、事无巨细都要搞个水落石出的急性子。在这32年中，自然穿插了许多其他重要工程，如办铁路、赈

官僚资本第一人
——盛宣怀

灾、治河、电线等，中间又经历了甲午之战及庚子之变的轩然大波，然而他毕竟为中国的钢铁工业的创建付出了几十年的学费。

那时办钢铁，一是国内没有先例，二是要靠洋人技师，三是还没有资金，全靠自己去"招商"，更重要的是，那时人们还不明白炼钢尚有酸法、碱法之分，不明白重工业发展有绝对不同于轻工业发展的独特规律，更不懂得钢铁工业自身存在的"瓶颈"问题……

于是，盛宣怀就必然地碰到了多次大的挫折。几次大的挫折之后，他又面临着敢否再上的痛苦选择。盛宣怀的过人之处及其人格的伟大，正是在这个倒霉的汉冶萍身上，一再地闪现出光华！

当年他在李鸿章的领导下，亲赴湖北查矿找矿，还向时在福建的张鸿禄要求代为寻觅斯米德翻译的《五金矿论》。当他获得此书的第一卷时，真是如获至宝，喜出望外，同时请赫德（海关总税务司）和中国驻外使节推荐优秀矿师，前来参加工作。经过一段时间的调查，他认为湖北的煤矿铁矿确有开采价值，于1876年1月，与当地道员李墀明一起写了一份报告致李鸿章：《湖北开采煤铁总局试办开采章程六条》，主要内容是：地势宜择要审定；开采宜逐渐扩充；用人宜各专其责；官本宜核定支用；售款宜缴还资本；官煤宜广开销路。李鸿章是办事果断之人，当年就会同两江总督刘坤一、湖广总督李瀚章，札委盛宣怀作为督办开采湖北煤铁事宜，拨出官款，立即上马。

为了选择最好的突破口，盛宣怀不辞劳苦地乘小船，涉激流，穿回溪，入深山，力求掌握可靠的第一手资料。当他发现广济一带的煤质并非优质时，又亲自率矿师溯江而上，转到荆州和当阳地区继续勘查。他在写给李鸿章的信中曾道及当时的实情："（光绪三年）九月十九日，自宜昌启程，二十日行抵荆州府属之沙市。职道（即盛宣怀本人）即舍舟登陆，先赴当阳县属之观音寺，会同地方官查明产煤各山，并晓谕绅民……免疑阻生事端。部署既定，职道仍遄归沙市。于十月初七日亲率矿师乘舟，溯沙江、入漳河，时水竭滩多，日行二三十里，至十三日始获行抵观音寺。逐日督率矿师郭师敦等履勘荆、当所属各矿……拟即率该矿师前赴大冶复勘铁矿。"

盛宣怀千辛万苦地忙碌了一通，却并没有达到"一举成功"的目的，第一个回合败得还很惨。原来，其中一个重要原因是，不知是哪位"好心人"，向他推荐了一个叫马立斯的洋矿师，此人自称擅长勘矿找矿，神通广大，而实际上根本就是个"山寨版"，不仅对矿区的储藏、分布、走向都是"毛估估"，对煤质的品级也给你"毛估估"，误把劣质煤当成优质煤，实际上经他"勘定"的煤矿出产的煤，由于质劣根本不能用于炼铁，致使盛宣怀大上其当。等后来又聘请到了有真本事的矿师郭师敦前来任职时，资金已浪费了很多。

新来的矿师果然能干，不仅勤奋、扎实、能吃苦，而且精通矿务，兼谙采矿机器原理，于化学、绘图也触类旁通。在他的帮助下终于勘明，湖北大冶的铁矿"铁层平厚，一如煤层"，而且"邻境俱属富有铁矿"，储藏量不仅量大而且质好，同时在荆门和当阳一带也找到了优质煤，"能与美国白煤相埒"。终于找到了好铁，又有了好煤，自然是天大的好事，终于在1878年炼出了铁样，但此时距最初找矿，已经过去了三年。

然而新的问题又出现了——广济之煤不能应大冶炼铁之需，而新找到的荆门、当阳之煤又距大冶铁矿太远，加上运输成本核算下来，所需资金大大超出原来的预算，也就是说，炼铁的成本太高了，反而不见得比进口铁合算。于是盛宣怀开始考虑舍鄂他图，另找地方再干。然而老上司李鸿章不允许，怕传出去影响不好，松懈了斗志和士气。他对盛说，如果湖

官僚资本第一人
——盛宣怀

159

北煤铁"规画难成，不得已而改图北来，议其后者将谓不克取效于南，亦必不能取效于北"，仍旧是死命令，只能成功，不能失败，也不许转移阵地，必须在湖北把煤铁办成。盛宣怀心中也苦，退步不成，然而前进又谈何容易！延缓到1884年，李鸿章只好下令裁撤。然而那时的"王法"很厉害，事情办不成，官方的投资则要追回的，追不回的部分就要算到你盛宣怀头上，算来算去，盛宣怀还要"吃倒账"，赔款1.6万余串钱！这下盛宣怀惨了，想不到这煤铁如此烫手！

事情还没有就此算完，人若是倒了霉，真的是喝凉水也噎人。1884年又碰上世界性的经济危机，中国的制钱比光绪初年时，也就是比刚开始找矿的时候，每两要少换四百余钱，币值往下跌了不少，原来官款所余14.3万串生息官本，又吃倒账，被"倒"去十余万。这笔账，亦"倒"在盛宣怀个人头上。本已失，利尽赔，又赔上加赔，共要赔出15万两银，他不得不喊出"宣怀以此败家"了。

这是他办矿办铁的第一次挫折。

第二次挫折是办金州矿务。19世纪80年代是清廷大力举办矿业的年代，这期间清廷又要盛宣怀负责山东登州铅矿和辽宁金州铁矿的开采工程。他被任命为金州矿务局督办，他的一个得力助手郑观应任总办，他还亲自草拟了《试办山东滨海各铅矿章程》。盛宣怀于1882年率矿师亲赴山东登州探矿，随后又到辽宁金州勘查煤矿铁矿。可是最终也不顺利，还得了个"科以降级调用处分"。盛宣怀当然不服，据理力争，最后还是曾国荃为他说了几句良心话。然而清廷为了顾全面子，还是将其"宽免降调处分，改为降二级留任"。接下来的事情，凡是关系到煤铁，仍是不顺。

1896年，办汉阳铁厂办了7年的张之洞，被弄得焦头烂额、赔本赔尽不说，还欠了500万两债，实在苦撑不下去了，跑到上海来求盛宣怀去接办，这下让盛宣怀看了个大笑话。

当年（1889年）张之洞要办汉阳炼铁厂，曾在上海与盛宣怀商议办法，盛宣怀告诉他要商办而决不能官办。商办，入股者均精打细算，心精力果，赔本买卖是不会做的；而官办，大家均不肉痛，反正是官本，死活无关其痛痒，就容易滋生是非，办事拖沓，事倍而功半。然而张之洞不听，他踌躇满志，以为办重工业可像剿捻一样，凭一鼓作气加洋枪洋炮，就可望夺取山头。如今张之洞办不好，你盛宣怀又有什么高招呢？他之所以敢于接下来，就是自有办法。首先他拖上了他的搭档郑观应，让郑出任汉阳铁厂的总办（其继任是李维格，亦为办厂好手），并抓住接办的机会，整顿该厂的要害。但是盛宣怀万万没有想到，事情到了他手里，仍然是不顺利。

俗话说，"不怕不识货，就怕货比货"。汉阳铁厂出产的钢材不知何故，看样子挺好，可是中看不中用，质量非常脆，动辄就要断裂，与外国进口的钢材实在不可同日而语。这么一来人家就有话讲了，你盛宣怀扛着朝廷和王文韶（李鸿章的继任者）的大牌子，责令各地督抚必须购买国产的钢铁材料，尤其是各地正大力举造铁路，清廷命令必须要买汉阳厂出产的钢轨，以挽回利权，但是你的质量不行又作何讲？钢轨一再断裂，经常更换费时费力且不说，成本必然上扬，更危险的是，要是出了车祸，弄得处处惨案，那谁还敢乘坐火车，无人敢乘敢用，此铁路办之何用？此汉阳铁厂又办之何用？盛宣怀为此大伤脑筋。

人云"祸不单行"。正当盛宣怀为矿务、铁路等实业忙得心力交瘁之际，他的老父亲盛康又去世了。按照清代旧制，父亲去世要回家守制的，曰"丁忧"。在回家守制期间，一切官职公务均要交付掉，这下可给了袁世凯千载难逢的机会，他趁机安插亲信，把电报总公司及轮船招商局的实

官僚资本第一人
——盛宣怀

权夺了去，而这样一来，正在嗷嗷待哺的汉阳铁厂就像没了娘的孩子，日子又难过起来。过去铁厂借钱，是盛宣怀从中操持，并以轮、电二局作为担保，而袁世凯拿到了轮、电二局后就声明，以后不可以借钱给铁厂，更不允许以其资产为彼作抵押，盛、袁间的矛盾即以此始。

产品质量，实乃企业的生命线，盛宣怀立志非要把问题的症结找出来不可。他弄不明白，一样是煤是铁砂，一样是洋人的技术和西式的机器设备，为什么洋人炼出来的产品就优质，而我们炼出来的就不行呢？国内聘请的洋人技师也讲不清楚其中的所以然，那么就只有一个办法，就是派人跑到国外洋人的炼钢厂里去侦察，一个细节一个细节地对照，看看究竟有什么不同，问题究竟出在哪里。

1902年就在他的老父亲盛康去世的那个月，心力交瘁的盛宣怀，在病中提笔向清廷打报告，要求派员出国考察，他在《铁厂派员出洋片》中申诉："……制造必取法于人，耳闻不如目见，臣久思亲赴各国一观其布置而未得其暇，只得遴派妥员代往考查。兹查有总办湖北铁厂三品衔候选郎中李维格，心精力果，体用兼赅，本来诸熟方言，近复留心工学，臣与李维格坚明约束，铁厂之成败利钝，悉以付之……臣已代筹资斧派令该员带同洋工程师一名，克日驰赴日本，先阅其新开铁厂，即由日本放洋赴泰西各国，游历各厂，究其工作精奥之大端，彼何以良？我何以楛？彼何以精？我何以粗？他山之石，可以攻错。"为派李维格出洋考察，还专门向朝廷打了报告，可见此事非同小可，关系到成败大计。

李维格（字一琴，继郑观应之后出任汉阳铁厂总办），与盛宣怀为生死至交。他不仅精通英文和法文，于近代洋务诸事悉心精研，尤其工科知识渊博，又办事认真，作风踏实，盛宣怀认为是个可依赖、重用之才。其他洋务派大官也看到了他的使用价值，清廷商部和北方实业界巨头周馥、周学熙父子，前后三次要求请调或借用李维格，都被盛宣怀"弹"了回去。"三军易得，一将难求"，"铁政关系制造，各国视为强弱关键，中土仅此一厂一矿，若为大局计，似未便听其蹉跌也"，李维格是位铁厂之"将"，岂能随意搁置？

李维格果真不负厚望，考察国外各厂之后，经总结和对比，终于找出了汉阳铁厂炼钢技术上的症结。原来中国国产钢材易脆、易断裂的原因是矿石含磷太多，因而在冶炼的过程中，就理应采取去磷法。而汉阳铁厂当年由张之洞举办时，却忽略了这样一个关键性的技术问题，所采用的机炉，都属使用酸法，这么一来，不仅不能去磷，反而情况更糟。这一南辕北辙式的战略技术错误，使中国的钢铁工业"糜去十余年之光阴，耗尽千余万之成本"，损失惨痛之极。原因自然是自己不懂技术，只好相信洋人，而洋人的技法竟如此不可靠，谁知是"挂羊头卖狗肉"，还是根本就在故意扰乱、阳奉阴违，依据背后人的指示在行事，事过一百年之后再来看这个问题，不能不引起人们的怀疑：连李维格这个非内行都能解决的问题，难道那些内行的洋技师真的解决不了？无论是张之洞还是盛宣怀，当初都是花重金聘用他们的，然而问题真正的解决，还是盛宣怀派李维格出洋之后，才弄清了真相。中国钢铁工业起步之艰难，由此可见一斑！

李维格一行赴欧考察，"方若夜行得烛"，情况一目了然。他回国后立即向盛宣怀建议，购置新机，改造旧炉，将原来的贝色麻酸法废弃，改用马丁碱法之炉，同时改进工艺，以去磷质。这样，就使"十余年未解之难题，一朝涣然冰释"。从李维格回国酝酿购置新的设备到炼出合格的钢材，实际用了五年时间，距盛宣怀接手办汉阳铁厂，已耗去11年光阴；距盛宣怀第一次到湖北找煤办矿，已经30年过去了……拿出了真正合格的钢材，汉冶萍才算真正站住了脚根。于是，汉冶萍费尽千辛万苦，于1909年

官僚资本第一人
——盛宣怀

正式挂牌宣告成立。编制上改督办为总理，盛宣怀出任第一任总理，李维格出任协理。后来担任过汉冶萍公司经理的浙江兴业银行的老板叶景葵先生，曾撰文总结过汉冶萍的曲折经历。

中国人积30年之沉痛经验，方炼出了第一炉真正合格的钢铁，建立了第一个集煤、铁、钢于一体的大型联合钢铁企业，掀开了中国近代钢铁史的第一篇章，盛宣怀的高兴劲儿真是无以复加。他亲自赶到湖北去验视新钢，"居然媲美欧洲，东西人来阅者，皆称中国亦能做到如此，真出意外，洋报称羡不置"。他还赶到萍乡煤矿，乘"大槽"入井下，又乘电气车在矿井下行走四里许，亲自从井下抱起一大块煤块而出。出井后又见"荒山十里，炉厂如栉"，自忖明年以往，大利将见，"商股争投如水趋壑，二千万元已操在券"。其兴奋之情，可以想见。事情办到了这个份儿上，他总算尝到了钢铁带来的一丝甘甜。

汉冶萍后来的情况确如盛宣怀估计的那样，情况一天天好转：汉阳铁厂出铁从原来的每年二三万吨，上升为十万吨以上，钢产量从一万吨左右上升为六万吨；大冶矿石从十几万吨发展为四十万吨；萍乡煤矿从二十万吨发展为六十万吨，焦炭也相应地提高了产量。由于钢铁材料质量的提高，1909年，汉冶萍接到的订单猛增，铁路、桥梁、轨件均来订货，且有应接不暇之势。

1909年的中国，距辛亥革命只有两年了。两年后辛亥革命爆发，盛宣怀逃亡日本，差不多一年后才回国，汉冶萍经历了一场来自政治因素的剧烈动荡。日本人趁中国之乱，想方设法涉足汉冶萍，加上重工业发展中本身固有的种种矛盾和困难，汉冶萍——这盛宣怀亲手"抱大"的心肝宝贝，直到1916年他离开人世，依旧是一块无法痊愈的心病。

人在商界撬中枢

　　1900年（庚子）是百年来中国最"热闹"的年头之一。

　　这一年盛宣怀正在全国铁路总公司督办的任上，还是汉冶萍公司、中国电报总局和中国通商银行的老板。一般情况下，晚清政坛上的事是轮不到他管的，他肩上那些"富强要政"已经把他忙得够呛了。但是，有时候你不管政治，政治还是要来管你的。眼看北方"拳乱"日起，把他费尽千辛万苦建起来的电报、电话、铁路等设施，一阵旋风似的刮得乱七八糟了。在眼看大局愈发不可收拾的时候，他必须出来"突出"一下政治了。

　　这年春天盛宣怀接到上谕，要他去北京与聂缉椝会同总税务司赫德，照会各国公使，着手修改税则事宜，争取能够通过增加进口物品税收的办法，来对付因甲午战败带来的巨额战争赔款。

　　这年五月，义和团已如燎原之火，朝廷剿抚两端，各国不断向北京发出警告，部队正在集结、进发。

　　这种复杂的局面，精明的盛宣怀在一旁洞若观火，预感到京城将出大乱，于是赶紧收拾行囊，携带家眷，向朝廷奏明"前往上海考察货物时价"，匆匆赶回上海。

　　可是，清廷若亡，他又怎能成为完卵。于是，他心急火燎地飞驰函电，请求中央赶紧抓住时机，加紧围剿，勿使事态滋蔓。他向两江总督刘坤一通报情况："拳匪二十九、初一将涿州至卢沟桥丰台铁路车站机厂全

官僚资本第一人
——盛宣怀

165

行焚毁……"又向朝廷建议："必须临以纪律严明之大军，方易解散了结。否则养痈成患，滋蔓难图。地方受害，何止铁路！"他又向荣禄等大帅建议："凡聚众持械，即准格杀，以免统将误会，袖手失机"；"津城市教堂三处被毁，聚众不散，病在不肯杀人！"

他甚至直接电奏皇上："今匪患已著，若再姑容，恐各省会匪愈炽，内外勾结，或有举动，更恐各国推广保护使馆之议，派兵分护商埠、教堂、铁路，何堪设想！……似宜趁各省土匪尚未联合，外人尚未启齿，即就现在有力，克期肃清畿辅，消外衅而遏效尤。"他还劝说总理各国事务衙门，应当尽快主动将"剿拳""护洋"的方针照会各国事务衙门，要让他们知道，朝廷已经在派兵剿匪了，并无姑息，以堵洋人之嘴。一旦外衅内乱相因而至，大清王朝危若累卵，后果将不堪设想！也就是说，盛宣怀在五月初九那天的电奏中，就已经预见到了八国联军登陆入京的一幕。

1900年6月21日，慈禧太后召集"义民成团，藉御外侮"，同时向十一国宣战。

北方的战火使上海的经济遭受了巨大损失，各地在上海转口的货物无法运出，轮船招商局的营业额不及平时的一半，江海关的税行到了门可罗雀的地步。更为严重的是，英国人已经把三艘军舰分别开到了汉口、南京和吴淞口，以防不测，还放出舆论，一旦形势需要时，英国将出兵占领江阴炮台、江南制造局以及整个吴淞地区。

盛宣怀再也坐不住了，他不断地致电长江沿线的总督大员张之洞、刘坤一及山东巡抚袁世凯，互通情报，献计献策，同时与宁、汉、沪东各国领事也频频接触，酝酿中东南地区实行"互保"，与朝廷的"抚团灭洋"政策来了个分庭抗礼。这就是说，你朝廷若弄得战火南下，对不起，我们南边要"格杀勿论"。你们要"灭洋"，由你们灭去，我们南边却要联合一起，实行"互为保护"。因为凭他的聪明，他知道清廷并无与洋人打到底的决心与实力，弄到最后，少不了又要与洋人讲和，说不定今天是"借团灭洋"，明天还会"借洋灭团"呢！后来的事实表明，盛宣怀不愧为一大战略家，他把后来的事情全预料到了。

事关重大，事不宜迟，北方已乱，现在必须保住江南的稳定。盛宣怀与李鸿章、张之洞、刘坤一、袁世凯等东南一带的督抚大员取得了一致意见，成了串联"东南互保"的中心人物，在他的洋幕僚福开森的帮助下，还草拟了与上海各国领事的"互保"条款八条。6月24日（即慈禧下令开战的第三天），张、刘二人接到了约款八条的电文，表示同意，并称赞他思虑周密。于是，才有两江总督刘坤一，命令上海道台余联沅，在此八条的基础上，紧急与在上海的各国领事会商，从速订约。

盛宣怀以特殊身份——既非上海道，亦非长江各地督抚，更非朝廷特使，然而却是这个"东南互保"的幕后策划者，堂而皇之地也入座谈判桌旁。

经过商谈，通过了一些条约，这些条款自然符合各国在华的利益，当然也符合中国的当前利益，而且事先都已经密议过了，所以到了谈判桌上，事情就好办多了，但是还是出现了非常惊险的一幕。

据当天也参加会谈，并为此"互保"出过很大力气的赵凤昌（常州人，张之洞的幕僚，晚年居沪）在他的《惜阴堂笔记》中记载说，那天会谈为排座位的问题，也是颇费考虑的。会谈既然是以上海道牵头，自然由上海道余联沅主持会议，并代表中国方面发言。而盛宣怀是幕后人，不属于签约人，按说位子是不便往前排的。但是，余联沅这位道台大人一向"拙于应付"，临时遇到"突发事件"是拿不出主意的。没办法，只好把盛宣怀以太常寺卿的名义硬安排在余联沅的身边，其次才是各省派来的道

员。会前又与余联沅讲好，一旦遇到棘手的问题可以及时与身边的盛宣怀商量后再作答复。

果然，会谈一开始，"突发事件"就来了。外国领事团中的领袖领事、美国人古纳率先发问："今日各督抚与各国订立互保之约，倘若贵国大皇帝又下旨来杀洋人，你们遵办否？"的确，一周前朝廷已经下令与各国宣战了，你们南方各省难道不听吗？此语颇难应付。只见"余道即转盛踟蹰。盛告余：'即答以今日订约系奏明办理。''奏明办理'四字本公牍恒言，古领向亦解之，意为已获谕允，即诺诺，而两方签约散会。盛回来，深服予之先见，预与余道有约，幸渡危境。予亦极称其迅答四字之圆妙"（赵凤昌《惜阴堂笔记》）。如今看来，盛宣怀的确身手不凡，到了关键时候，该撒谎时就撒谎！

为了贯彻"东南互保"的精神，盛宣怀、张之洞和刘坤一又分别致电其他地方官员，说明这是一个委曲求全之策，要求他们务必顾全大局，一律照办。结果各地聪明的长官一致响应，这么一来，"互保"的范围就从原来的长江一线，扩展到了苏、赣、鄂、粤、湘等十多个省。而在这个时候，北京城内主和的五位大臣都被砍了头。

南方的督抚思想基本统一了，可以实行"互保"，而北方的战火何时能灭？盛宣怀这时寄希望于他的老上级李鸿章。李鸿章自甲午战败后已经失势，此时在天涯海角当两广总督。他致电李鸿章，劝他在国家危难的关头出来主持和局。而李老夫子却说："国事太乱，政出多门，鄙人何能为力！"他又去游说张之洞，对他说："傅相（指李鸿章）督直二十五年，深得民心，若调回北洋，内乱外衅，或可渐弥。"同一天他又致电刘坤一，希望张、刘二人以封疆重臣的资格，向朝廷推荐李鸿章回镇直隶，拯救万一。

大清巨商故事

盛宣怀这时还直接向握有兵权的荣禄直接进言，也是建议调李鸿章回京平乱："李鸿章督直二十五年，久得民心，威名素著，即调令督直，限十日到津，于平内乱及劝阻洋兵进京，必能做到。"

恰好这时，北京的主战派"战"了没多久就打不下去了，义和团"刀枪不入"的神话在八国联军的炮火下一败涂地。7月14日天津失守，一个月后北京城被攻破，朝廷只得求和。

荣禄力主调李鸿章回京。朝廷遂于7月8日，重新任命李鸿章为直隶总督，以全权大臣的资格与列强谈判。

盛宣怀赶紧电告还在广州的李鸿章："洋兵到京尚需一月，顷商各领事，如各使尚存，除德国外，似可先议停战之法，或送中堂进大沽，或送外使到上海，彼此可商。事极急迫，务请师速到上海再筹进止。愈迟遇难，此正不待驾而行之时也！"

他仅仅一商界领袖而已，此时却在指挥李鸿章了。

但是，洋人被砍了那么多人头，被烧了那么多洋楼，仇尚未报，气尚未消，怎么可能坐下来跟你讲和？清廷原先的牛气一时全无，只顾一道道"金牌"催李北上。李鸿章7月21日到达上海，与盛宣怀密议了两天，然后由盛宣怀电告张之洞和刘坤一，眼下只能在上海静观时局变化，北京一时还进不去。

8月24日，逃亡中的清廷生怕李鸿章搭架子不肯进京，大拍李鸿章马屁，在"全权大臣"之上又加了"便宜行事"的特权。此时，八国联军占领北京已有十天，其"忿"已大泄，朝野"惩治祸首"的呼声正高，形势到了这个份上，盛宣怀乃安排李鸿章北上，认为和谈的时机差不多了。而李鸿章要拉盛宣怀一起北上。老李毕竟年近八十，又是要面对十一国列强，他实在需要有盛宣怀这样一个足智多谋的人从中相助，何况与此

官僚资本第一人
——盛宣怀

同时，与李鸿章一起被委为"议和大臣"的庆亲王奕劻，也专电奏调盛宣怀进京"襄办和约"。然而，南方的几员大将不同意。两江总督刘坤一以盛宣怀"内与疆吏联络奏事，外与各领事传达意见，商量止兵，斡旋危机"，无出盛宣怀右者为由，驰电坚请"请毋北辕"。张之洞也来电："北可无公，南不可无公！"，也反对盛宣怀北上，希望他仍留在南方暗中主持一切。

盛宣怀成了香饽饽，南北都抢。他分身无术，灵机一动，就去请示其父盛康为其决断。此时盛康虽在苏州留园养老，但对局势看得一清二楚，他对儿子说："时局如斯，宜退不宜进。"好，盛宣怀在老上级面前也好交账了：父亲不容我去。

李鸿章只好独自北上，临行留给盛宣怀一句话："和议成，我必死。"果真是这样，辛丑条约一签订，"西狩"的慈禧和朝廷尚未回到北京，李鸿章就在北京东城的贤良寺咯血西去了。这也证明了盛康的英明，卖国贼的千古骂名让李鸿章一个人去背吧，盛宣怀倒是躲过了一劫。

1903年，天下已是另外一番景象了。4月，两宫皇太后谒东陵。因盛宣怀父亲盛康去世，正在守制，朝廷准其以素服冠顶在保定迎驾请安。西太后此时还专门召见了盛宣怀，无限感慨地对他说："若非汝等，力保东南，恐无今日！"还犒赏了一些食品类的东西。盛宣怀在危急关头力挽狂澜，到这时候，总算听到了西太后的一句良心话。

魂断铁路心茫茫

李鸿章一直对铁路事业的落后耿耿于怀，但受朝廷内部的守旧派掣肘，他举步维艰，难以打开局面。

甲午战败后，李鸿章失去了昔日的辉煌。朝野上下在一致声讨李鸿章的同时，变法自强的激情也空前高涨，建造铁路这时被提到时务要端，谋划全国主要铁路干线的计划也被提上议事日程。这时候，在全国范围内大规模地规划和营造铁路的重任，就历史性地落在了盛宣怀的肩上。当时他在天津任津海关道。

盛宣怀的命运总体还算不错，在失去了李鸿章这个后台之后，又有了张之洞和王文韶两员大将来为他撑腰，他俩联合向朝廷推荐，要盛宣怀来督办全国铁路。张之洞在给朝廷的奏折中讲得很明确："中国向来风气，官不习商业，商不晓官法，即或勤于官，通于商者，又多不谙洋务。惟该员（指盛宣怀）能兼三长，且招商、电报各局著有成效。今欲招商承办铁路，似惟有该员堪以胜任。"换句话说，他们认为要主办全国铁路，非盛某人不可了。

此时的清廷为图振兴正思贤若渴，见重臣张之洞、王文韶联名具保，两个月后就有了下文。1896年9月，盛宣怀奉命入京，至总理衙门面呈《拟办铁路说帖》，在这个《说帖》里，他把自己关于举办全国铁路的初步设想全部托出，如特设铁路总公司，先造芦汉铁路，然后建苏沪、粤汉

等路，不再另设公司；由总公司招集商股四十万股，每股银百两，拟先收七百万两作为根基，并暂入官股三百万两，以为天下倡率；由总公司先借官款一千万两，续借洋款两千万两，五年之后，分作二十五年归还；铁路总公司悉照公司章程办理，遴选各省公正股实，声望素著之体面绅商十二人为总董……具按西方国家模式，消除官场习气，等等。总理衙门认为他的说法确有见地，即奏请准设铁路总公司，并由盛宣怀担任督办。

10月19日，光绪皇帝召见了盛宣怀，向其咨询南北铁路事宜，盛宣怀趁机敷陈大旨，侃侃而谈，深得光绪的赞许。第二天，他的任命下来了："直隶津海关道盛宣怀着开缺，以四品京堂候补督办铁路总公司事务"，并授予专折奏事特权，从此，他有权直接向皇帝打报告了。不久，又被授予太常寺少卿的头衔。

1897年1月6日，根据盛宣怀的要求，中国铁路总公司在"天下华商以为会归"的上海挂牌开张，开始了他的十年筑路生涯。

要建铁路，而且要建从北京至汉口的长达一千多千米的"中权干路"，即芦汉铁路，工程浩大、艰苦卓绝且不说，首先资金就是个大问题。

当时清廷正背负着甲午战败的巨大战争赔款，自然无力再出巨资。这时有人主张集"洋股"较为容易做到，连李鸿章也认为，借洋债不容易借到，而"洋股"则容易募集，虽损失部分股权，但路能造得快些。但是盛宣怀反对，他认为股权不能放给洋人，此口一开，将来终必"因路割地，后患无穷"。他给王文韶写信，详述己见："借洋债与招洋股，大不相同……若借款自造，债是洋债，路是华路，不要海关抵押，并不必作为国债，只需奏明芦汉铁路招商局准其借用洋款，以路作保，袭由商局承办。分年招股还本，路利还息，便安。""若芦汉招洋股，鄂、豫、东、直腹地，原不至遽为所割，但此端一开，俄请筑路东三省，英请筑路滇、川、西藏，法请筑路两粤，毗连疆域，初则借路攘利，终必因路割地，后患无穷！"

由此可知，若把盛宣怀看成是一个商人或是一般官僚，实在是小看他了。若说他只知"一只手拿十六只夜明珠"则更是有眼无珠。他做事走一步而看三步，从筑路看到路权的得失，进而看到沿路地区的主权得失，这正是他"承上注下，可联南北，可联中外，可联官商"，知彼知己的精明过人之处。他宁肯走举借洋债的艰难之路，为此事，多少也得罪了老上级李鸿章。在这个问题上，仍是张之洞和王文韶支持了他。

可是到了招股的时候，突然传来消息，说是广东有几个人，均称可以认股资5000万，他们愿意出资兴办芦汉铁路，请朝廷派员管理。信已经到了张之洞和王文韶手里。两帅听说中国人自己有钱来造铁路，自是兴奋无比，那不是天大的好事吗？那不就不用借洋债了吗？

可是盛宣怀听了就不相信，他打听了这几个人的名字后尖锐地指出："岂有一个无名望之人能招千万巨股？"他怀疑这些人的背后是洋人在操纵，如果表面上是华商集资，而背后实为洋人握有路股的话，那路权岂不是仍落入洋人之手？于是派人明察暗访，果不出他所料，所谓的华商民间集资，不过是一场骗局而已。

盛宣怀毫不客气地断了这些人的财路，这大概就是说他"挟官以凌商"的出处吧。

说是借洋债，具体操作起来也断非易事，虽说西方各国资本巨头竞相前来表示愿借钱给中国筑路，其实也都各怀鬼胎，前后说法不一，总想赚取更多的利益。盛宣怀等人比较下来，觉得比利时国的条件较为宽松，不像其他一些国家狮子大开口，又"不干预他事，较诸大国为胜"，因此决定向比利时借款修筑芦汉铁路。

盛宣怀于1897年5月27日，在武昌与之签订了草约，即《芦汉铁路借

官僚资本第一人
——盛宣怀

款草约》。按照这个草约规定，中国铁路总公司向比利时某公司借款450万英镑，九扣实付，年息四厘，期限30年，以铁路为抵押；办理铁路之权归中国铁路总公司，比国公司派一人为监察并遴选外国工匠；筑路的材料须购自国外者，由比国公司承包一半。可是这个较为宽松的草约只是个以退为攻的策略，到了第二年要签正式合约的时候，他们又提出许多额外的条件。原先讲好的年息四厘已经变成五厘了，而且规定存付事宜由俄国和法国合资的华俄道胜银行办理，经手佣金二毫半；行车事宜由比国公司派人经理，每年提取20%余利作为报酬；比国公司运进的铁路材料，免纳关税厘金。对于后加的这些条件，盛宣怀虽然非常不满，但是终因筑路时间已经迫在眉睫，款项不能再拖了，如果罢议另外再谋他国，又恐要挟更甚，于是只得迁就了。

结果，清政府先拨了一千万两官款交盛宣怀筑芦汉铁路，于1897年动工，建好一段就以之作抵押，再借洋款继续建造；造好一段后再抵押，借款之后再续造。就这样一段一段地建造，终于在1905年9月南北两段建成，11月，黄河大桥（3011.2米）也建造完成。整条铁路，全线1300多千米（包括六条支线），于1906年4月1日全线贯通通车，改称京汉铁路，平均造价为每千米52400百银元。这在内外交困的晚清时代，不能不视为一桩惊天动地的壮举，直至今天，这条铁路仍是我国南北交通的大动脉。

其他铁路线如粤汉铁路、关东铁路、沪宁铁路、津浦铁路的借款和建造过程，也都充满了艰难和屈辱。外国人条件越开越高，胃口越来越大，有的甚至违背合约的条款，如对美国借款修筑粤汉铁路，美方一变再变，中国方面最后只好废除旧约，将筑路权收回自办。但从筹议向美国借款到收回自办，中间历经了8年之久，早已超过了原定竣工的日期，而到收回自办时，这条铁路才建了几十千米。

中国铁路总公司从成立到1906年裁撤，共经营了10年，这10年是近代中国铁路建设的高潮时期，在盛宣怀的主持下，除了成功兴建了芦汉铁路，还修筑了淞沪铁路（吴淞到上海）、正太铁路（正定到太原）、广三铁路（广州到三水）、株萍铁路（株洲到萍乡）、道清铁路（道口到清化）、沪宁铁路（上海到南京）、汴洛铁路（开封到洛阳）。这些铁路后来对国计民生的深远影响，在100多年以后的今天，应当看得很清楚了。

1903年，清廷改变了过去奉行的铁路政策，允许各省自办铁路了。盛宣怀很知趣，在芦汉铁路全线贯通通车之后，就自请将这个铁路总公司给裁撤了，此后铁路事务就由商部统领了。

1901年以来的十年，对于盛宣怀来说却并不算顺利。首先是他的老上司李鸿章在1901年辞世。第二年，他的父亲盛康过世。以为父守丧的名义，他在之后的几年相继失去了对轮船招商局、电报局以及铁路公司的控制。直到1907年保守派大臣打压袁世凯，他才逐渐收回了这些控制。1896年，盛宣怀就执掌铁路总公司，1906年邮传部成立，他却直到1908年才做了个邮传部副部长（侍郎）。

1911年1月，盛宣怀终于坐上了邮传部部长（尚书）这个早就该属于他的位子，接着在5月份，又成为内阁阁员，一切看上去都重新走上了正轨。按照李鸿章的说法，他盛宣怀一生所求，无非"欲办大事"而"兼作高官"。5月8日新成立的内阁，13名阁员之中，满人占了9席，其中又有6人为皇族，舆论汹汹，讥为"皇族内阁"，他盛宣怀身为汉人，年轻时科场不售，连举人都没有考上，现在却跻身内阁大臣，达到人生的顶峰。在这个新的大舞台上，盛宣怀正准备再一次一展身手。

内阁成立的第二天，"铁路国有"的政策出台，这是盛宣怀力主的结果。盛宣怀把铁路国有看得如此之重，自有他的考量。光绪年间，清政府

官僚资本第一人
——盛宣怀

同意由各省地方筹资建造铁路干线，但造路进展不顺，四川铁路更是亏损达到300万两之多。他有感于各省自行造路既缺乏全盘规划，甚至连铁轨宽度都不相同，而且为了造路纷纷额外征税，导致民众不堪其负，因此力主将铁路干线收归国有，以加紧建设进度。而在此之外，他还另有一笔盘算：筑路要用大量的铁轨，这些铁轨的一半要由他主掌的汉冶萍公司生产——于公于私，铁路国有如果进展顺利，将是盛宣怀的另一个顶峰。

官办当然有官办的道理。比如，国家财力雄厚，可以由政府出面向外国银行团融资，并统一协调铁路建设。但由于盛宣怀亦官亦商，地方股民们认定他接手铁路国有化，等于变相将铁路利权收归自己囊中，因此抵触情绪十分激烈。

这时候，盛宣怀一方面看到地方商办铁路的财政压力，另一方面也出于进一步打击政敌、借机谋取买办私利的考虑，向摄政王载沣提出，铁路商办是清谈误国，当务之急是将铁路收归国有，再由政府出面与列强协商，争取好的借款、管理条件，避免主权过分流失，争取铁路早日投入使用。

这个说辞非常合乎载沣的脾胃：贬斥汉族督抚，利权收归满人和皇族为主的中枢，又可"多快好省"地建设铁路，他即刻批示"不为无见"。1911年5月9日，清廷发布《铁路干路国有定策》，宣布"干路商办""支路仍许商民量力酌行"，并规定责成邮传部和度支部制订国有化细则。11天后，盛宣怀与四国银行团签订条约，规定清廷借款1000万英镑，年息五厘，以四省厘金520万两为抵押，修建粤汉铁路，规定"铁路3年完成，贷款40年还清"。

表面上看，这个协议条款较为优厚：建成铁路后的管理权仍归中方，人事权由中方牵头，施工、还款等方面的条款也似合理。但该协议有许多致命的、原则性的错误。首先，当时几条铁路的路权尚在商股手中，国有化并未启动，清廷实际上是把不属于自己的东西拿出去出售；其次，《铁路干路国有定策》只谈原则，却把国有化细则交给盛宣怀操纵，后者出于政治倾轧和买办私欲，对两湖、广东和四川提出了不同的国有化方案。湖北、湖南由于张之洞管理得宜，资金损失不大，盛宣怀提出用"国家保利股票"1：1按原股面值置换；而四川因资金亏损中有300万系"橡胶股灾"亏空，盛宣怀认为不应"慷国家之慨"，决定不予承担。

看起来盛宣怀义正词严，但实际上却大有文章：施典章是官方"空降"的朝廷命官，川汉铁路的股权一直把持在官方手中，却让民间全部承担亏损；盛宣怀就任半年工夫便强推国有化，且以近乎"强买强卖"的手段逼迫绅民无利、亏损让股，给人以国家与民争利、经办人假公济私的强烈印象（尤其盛宣怀本人还是个买办）；此时清廷正是皇族、满族少壮派得势，向汉族督抚发动清算的时期，盛宣怀依附载沣，露骨地对张之洞、袁世凯等汉族官僚的成算开刀，在铁路发展战略上处处反其道而行之，更给人以政治投机的感觉；具体操办中，盛宣怀徇私舞弊，将襄阳几百里铁路列入"支路"允许商办，却把邻近的夔府铁路列为"干路"收归国有，难以服众。不仅如此，只谈"国有化"，却不谈是否继续"田亩加赋"，以及已经收取的"田亩加赋"是否偿还，这等于是赤裸裸地侵夺最基层农民的利益。

随后保路运动爆发，辛亥革命的钟声即将敲响。

至于始作俑者盛宣怀，在用两条铁路激变四川、湖北，拉开清朝葬礼的序幕之后，又捧出袁世凯，为清廷的棺材钉上最后一根钉子。由于千夫所指，他被清廷革职、"永不叙用"。当年的12月31日，67岁的盛宣怀从大连乘坐轮船前往日本，踏上了流亡之路。一年后他返回上海，重新回归

官僚资本第一人
——盛宣怀

买办商人的本色，于1916年病逝。

他本来是大清的忠实臣子，没想到自己却成了大清的催命郎中。

慈善济民报社会

盛宣怀不仅是位实业家，同时也是一位社会慈善活动家。上海图书馆保存的近18万件《盛宣怀档案》中，大约有两万多件档案与中国近代社会的慈善事业有关，其中有不少文献披露了近代上海民间慈善组织积极参与赈灾救济活动和慈善事业的史实。从大量原始档案中我们可以看到，在清代，江南地区特别是上海地区的善会、善堂等民间慈善组织，在赈灾救济活动中发挥了重要的作用，对国家赈灾救济工作起着不可或缺的补充作用。

清光绪三年至四年（1877—1878年），山西、陕西、河南、河北一带遭受极其严重的旱灾，史载饿殍达一千万人以上，被称为"丁丑奇荒"。李鸿章时为直隶总督，正处重灾之区，赈灾工作十分繁重。他在天津设立了直隶筹赈局处理赈务，盛宣怀以候补道的身份参加该局工作，于1878年5月，被派往献县主持赈灾。他会同地方官员下乡做了一次调查，给李鸿章写了两份报告，详细汇报了献县受灾后的情形。由于连年灾荒，当地农民除了土地之外已一无所有，久旱无雨，土地坚硬，种粮已被吃尽，农田大半荒芜，无人耕种，灾民或者流落外省，或者坐以待毙，形势非常严峻。灾民人数太多，"献县至少须发二万户，方能稍援垂毙"。盛宣怀所带政府赈灾款只有六千串，以每户一千文散放，只能救济六千户。盛宣怀请求借库平银一万两，以满足救济"极贫之户"之需。由于这是计划外的要款，可能拨不下来，盛宣怀提出："此银如筹赈局无款核销，拟请代为转借，俟职道回南劝捐，如数归缴，决不敢短少。"

所谓"劝捐"，即是在民间开展募捐义赈活动。"回南劝捐"之"南"，指的是江苏、浙江、上海一带，主要是上海地区。我国江南地区素称"鱼米之乡"，上海开埠后，逐渐成为万商云集的国际化都市，工商业阶层和市民阶层较国内其他地区发达。江南地区的商贾市民长期有乐善好施的传统美德，另外也在长期接触西方传教士和商人的过程中受到西方文化的影响，特别是基于人道主义思想的国际红十字会组织的影响。19世纪中叶，上海一地已出现为数众多的善会、善堂。其中，同仁辅元堂的董事主要是上海的船商和钱业商人，如郁松年、沈大本、赵立诚、经纬等皆为著名富商；果育堂的主持人主要是在上海经营洋药、洋布业的广东籍买办商人唐廷枢、徐润等；沪北仁济堂和元济善堂则是丝商施善昌、施则敬父子创办主持的；普育堂有着著名慈善活动家、上海知县余治参与创办的背景，带有半官方的色彩，但董事主要来自民间商人。

这些民间慈善组织的资金来源，主要依靠行业商会，机构稳定，运转圆熟，平时从事施医、施药、施衣、施棺、恤嫠（lí）、保婴、惜字等社会救济工作，灾时就成为募捐义赈的组织机构。由于善堂、善会常常带有同业商会的背景，基于互助救济的理念，他们的募捐活动常常颇有效果，是民间赈灾救济活动的主要力量。同治十年（1871年）河北水灾时，盛宣怀与父亲盛康一起参与赈灾工作，曾到江苏、上海一带募捐钱物，收效颇大，因此他才有把握向李鸿章要求增加一万两赈款，"回南劝捐，如数归缴"。

光绪五年（1879年），为了解决河北特大旱灾后遗留下来的为数众多的孤儿寡妇的抚养问题，盛宣怀秉承李鸿章的旨意，在天津设立一座名

官僚资本第一人
——盛宣怀

为"广仁堂"的慈善机构，其创办者和董事多为"南省助赈绅士"，如王承基、吴大澂、经元善、郑观应、李金镛等。盛宣怀晚年回忆广仁堂时曾说："北省向无善堂"，广仁堂可称南方绅商在北方创设善堂的开山之举。

1904年日俄战争期间，为了救助陷于战区的民众，上海的一些慈善事业活动家仿效西方红十字会的章程和办法，联合中立的英、美、法、德等国在沪的外交人士、企业家，在上海创设了"上海万国红十字会"。这个组织虽然也带有政府背景，当时的两位商约大臣吕海寰、盛宣怀是肩负政府使命的幕后主持人，但出面活动的华人董事沈敦和、施则敬、任锡汾则都是长期在上海从事慈善事业的南方商人。这为1910年2月中国红十字会的正式成立起到了先导作用。

1906年春、夏，安徽、江苏发生特大水灾，受灾人口达730万人。由于地方官吏对赈灾救济工作的漠视和拖延，造成大批灾民流离失所，清江、沭阳一带灾民每天饿死者数百人，情况非常紧急。鉴于盛宣怀在历年赈灾活动中的影响和号召力，灾区绅民纷纷写信给盛宣怀，甚至直接派代表到上海拜见盛宣怀，呼吁他出面主持赈济工作。由于朝廷初次拨给的政府赈灾款只有十万两银子，远远不够使用，新任两江总督端方也竭力邀请吕海寰、盛宣怀主持义赈募捐工作。盛宣怀当时在上海和吕海寰一起与德国、意大利等国进行商约谈判，虽然公务繁忙，但还是难以袖手，便承担起义赈重任。由于掌控了上海广仁堂这样一个民间慈善机构，盛宣怀运作起来颇为顺手。上海广仁堂成为徐、淮、海水灾的义赈主持机构，刊印灾启、登发广告、寄发募册、派员巡视调查、收取捐银、填开收照、编制账册、散放赈款赈衣、编印征信录，一概义赈事务，全由广仁堂经手办理，起到了组织机构和指挥中心的作用。

上海实业王中王

——朱葆三

朱葆三，浙江定海人，宁波商团的代表人物之一。早年只身来到上海滩。一边卖苦力，一边痛下工夫。学习"洋泾浜英语"。他从进口贸易做起，先后涉足保险、电力、交通、自来水、面粉、丝织等领域，位及通商银行总董、上海总商会会长、沪军都督财政总长。

在他离开政界、商界之后，便全身心地投入到慈善事业中去，频频投资兴建医院、孤儿院、学校等。

他出世后，为表彰朱葆三在社会公益和市政建设上的功绩，上海法租界当局特意将租界内的一条马路命名为"朱葆三路"（今溪口路）。这是上海以中国人命名的第一条马路。

从学徒到店主

清道光二十八年（1848年），朱葆三生于浙江乍浦。其父朱祥麟世籍浙江黄岩，时任乍浦都司，定海营游击。

清咸丰元年（1851年），朱祥麟举家迁居定居定海县城。朱葆三兄弟两人，弟名叫捷三。1859年，朱祥麟将家眷移居定海县东乡北蝉村后，11岁的朱葆三每天早上从北蝉村步行至县城父亲处，回家时在集市买回油盐酱醋等食用之物侍奉母亲，徒步往返数十里。儿童时代的生活磨炼，铸就了朱葆三吃苦耐劳、刚毅不屈的性格。

殊料朱葆三13岁那年，突遇一个晴天霹雳：父亲患上重病，旷日持久的求医用药使家境日趋困苦。数年，母亲方氏无奈之下忍痛托人，把尚未成年的朱葆三带往上海学艺谋生。

19世纪60年代的上海已成为远东最大的资本主义现代化商业大都会，各国身无分文的冒险家，在上海大发横财，一夜之间成为富翁。与此同时，上海的繁荣也对中国国内产生了巨大影响，江苏、浙江、山西、河北、广东、福建、四川等地的移民纷纷来到上海经商开铺，并形成帮派体系。山西帮经营票号；扬州帮经营饭店、理发业等；广东帮经营进出口行；绍兴帮经营酒店、染坊、柴炭店等。徽帮在上海经营面宽而且颇有特色。歙县人经营京广杂货；黟县人经营草货、皮革、土布、绸缎；休宁人经营典当；祁门人经营茶业。

朱葆三的家乡人则属宁波帮，他们从事的职业也很杂，主要有信局、银楼、糖行和海味北货等。

经人介绍，朱葆三在一家"协记"吃食五金店当学徒，这是一家经营五金用品的小商店，在上海像这样不起眼的小店到处都是。

一般来说，当学徒初到时实际上就是苦力，师傅常把最苦的差事交给学徒，几年下来也学不到东西，师傅怕徒弟抢自己的饭碗，往往教一半留一半。朱葆三还算幸运，碰到的老板是位老实的生意人，对他还不算苛刻。

初到上海时，朱葆三发现很多中国商人都会说英语，而那些会说英语的人直接与洋人谈生意，个个都很风光。他虽一句英语也听不懂，但他注意到这些说英语的都带有各自的方言腔，五花八门，很有趣。这就是所谓的洋泾浜英语。他暗下决心，一定要把英语这东西学会。

上海开埠之初，有许多"露天通事"，指的是略通外语、自告奋勇地为外国人充当业余翻译的华人，以及华商、跑街，在洋泾浜附近与外商接洽生意，买卖货物。这些中国人使用一种半生不熟的英语与外商交谈，加上各种手势比画，表达意思。天长日久，这种夹生的英语居然有了约定俗成的表达格式。洋泾浜英语的一个特点，就是用汉语中的近音字来为英语单词标音，使英语读音汉语化。

朱葆三对这种洋泾浜英语很感兴趣，但是学外语要请老师，请老师就得付学费，朱葆三每个月的月规钱只有5角，这哪能够付学费呢？一个偶然的机会，他听到隔壁店铺传来读英语的声音，连忙放下手中的活儿，跑过去一看，原来是那家的学徒小刘正拿着读本在读呢，仔细一打听才知道，小刘每天夜里都到补习学校里去学英语，朱葆三也想去上课，可当他听到每月要付3元钱的学费时，他傻了，这相当于他半年的月规钱啊！

上海实业王中王
——朱葆三

怎么办？一天，朱葆三想到了一个两全其美的办法，就跑去找小刘。他对小刘说："你每天将学校教的东西转教给我，我把每月5角钱的月规钱给你当酬劳。"

小刘和朱葆三都是小学徒，命运相同，又是邻居，见朱葆三真心诚意地向他求教，而且还付给他报酬，便一口答应了。从此，小刘晚上放学后，总是用一个小时的时间教朱葆三英语。朱葆三珍惜这来之不易的学习机会，如饥似渴地学习着，打下了扎实的英语基础。

店老板非常欣赏朱葆三刻苦好学的精神，又见他聪明伶俐，进店后不久就精通了业务，有心要提拔他，破例在学徒期间，就让他当跑街、进货员、会计员。

1864年，店里的总账房去世了，17岁的朱葆三立即被提升为总账房和营业主任。四年之后，经理又去世了，朱葆三又荣升为经理，这一年，他才21岁。

朱葆三很感激老板的器重，便把心思都用在了生意上。几年实践使朱葆三积累和掌握了许多商业经验和知识。同时，由于他的才干和勤勉，店里的生意也做得很红火，商店的赢利不断增加。老板更是笑得合不拢嘴，庆幸自己有这样一位生财有道的人才。可惜好景不长，老板不幸去世，协记吃食五金店也随之不存在了。

朱葆三便用自己多年积攒下来的钱，开了一个自己的小五金店，取名叫"慎裕五金号"，地址在上海南市新开河。

上海滩崭露头角

凭着多年的经商经验，朱葆三把小店办得红红火火。

俗话说一个篱笆三个桩，一个好汉三个帮。他店里的总账房名叫顾晴川，是位精通账法的可靠人，他既是朱葆三的雇员，又是好友。顾晴川的儿子就是后来成了北洋政府外交部长的顾维钧。其他店内的职员，都是经过朱葆三亲自严格挑选的五金好手，因此凡在慎裕五金号里工做的人，都被认为是行家里手，无形中增加了该店的信誉和影响。

就这样，"慎裕"的生意进入了兴旺发达的轨道。但才能卓越的朱葆三并不满足于眼前的小康经营。他领悟到，要在十里洋场、强手如林的大上海站稳脚跟并把事业做大，光埋头于自己那个经商的小圈子是不行的，必须编织一张有利于经商发展的关系网。

他首先把突破点选择在结交那些经营有方且有一定社会地位的人士。清末上海著名企业家叶澄衷是朱葆三结交的一个挚友。叶澄衷比朱葆三大八岁，他的"老顺记"开业比"慎裕"早16年。与叶交往中，朱葆三从他的发迹轨道中获得了启迪。在叶的劝告和支持下，朱葆三将"慎裕"从新开河迁移到商业闹市区四马路（今福州路）13号，这所大厦是叶所置地产之一。新"慎裕"的气派和规模顿显改观，朱葆三的身份和名望也随之攀升。尔后朱葆三的经营范围逐步扩大，一跃成为申城巨贾显贵，其崛起的过程与叶澄衷极为相似。

朱葆三的另一位莫逆之交是袁树勋，此人系湖南湘潭人，曾在上海县署中任主簿。20世纪初，袁树勋在政界步步高升，先后出任苏松太道、江苏按察使、顺天府尹、民政部左侍郎、山东巡抚、两广总督。袁树勋任苏松太道时，朱葆三忍痛割爱，将手下得力的财务总管顾晴川推荐给他，担任道台衙门的会计员兼出纳。朱葆三这一着妙棋让他后来获得一笔普通商人可望而不可即的收益。当时，苏松太道经手庚子赔款，款项由各通商口岸海关关税等收入作担保。朱葆三通过袁树勋身边的顾晴川，经手这笔在交付给上海口岸海关之前先由上海道库暂行保管的巨额赔款，将其拆放到上海钱庄里去生息。袁树勋上缴的利息以一般官利计算，而钱庄利息一般都高于官利。中间的差额则归于袁树勋、顾晴川和朱葆三，与此同时，朱葆三开设的"慎裕"也就成为当时上海众多钱庄要求拆款的追逐热点。每天清晨，地处福州路的"慎裕"二楼会客室高朋满座，那些钱庄"阿大先生"（经理）竞相等候朱葆三拆放头寸，"慎裕"由此成了当时掌握上海各钱庄拆放权的"领头羊"。

朱葆三长袖善舞，既与袁树勋、顾晴川共享其中的巨额经济利益，又提高了自己在工商界和金融界的地位。值得一提的是，上海各银号和钱庄利用这笔公款经营存放业务，推动了上海金融市场的运转、流通和调剂，促进了上海工商业的发展。

朱葆三善于协调各方面的关系，广泛结交各界人士，在清朝官府、外国领事乃至革命党人中间均有他的朋友。这在半封建半殖民地的旧中国的上海滩尤其需要，使朱葆三在各种危难情况下能左右逢源，化险为夷，为自身的经商事业发展创造了得天独厚的优势。

上海金融工商巨擘

1897年5月27日，由盛宣怀开办的中国通商银行在上海成立。银行一成立，盛宣怀便立即聘请朱葆三、叶澄衷、严信厚、张振勋为该行的董事。这些人都是上海商界的头面人物，成为盛宣怀的得力助手，为他出谋划策。

朱葆三自从这次介入金融界以后，便一发而不可收。1907年投资浙江兴业银行。1908年与人创办了四明商业储蓄银行（以下简称四明银行）并任董事长。1909年，浙江省政府将官钱局改为浙江银行代理省库，朱葆三是商股的大股东，任该行的董事。同时他还在江南银行、中孚银行投资。

四明银行的发起人都是宁波人，有朱葆三、李云书、袁鎏、虞洽卿等12人。他们中有的经营纱船业和贸易业；有的开设五金号、糖行；有的经营钱庄，是银行的股东和经理。当时由袁鎏等出面奏请清政府批准，四明银行于1908年在上海开办，总董事是周金箴，董事是朱葆三、袁鎏等，总经理是陈薰，协理是虞洽卿。

初办时，实际收到资本50万两。银行得到了宁波帮工商业和钱业界的支持和援助。1915年，袁世凯下令中国银行和交通银行停兑，引起了挤兑风潮，波及四明银行。宁波帮的钱庄和各行各业纷纷支持和协助，使它没有被挤兑倒闭。

四明银行的发起人和股东也帮助家乡的父老，他们在那儿开办各类企

上海实业王中王
——朱葆三

业和钱庄，朱葆三则在家乡投资教育事业、造桥、开设轮船公司。

四明银行于1910年在宁波设立分行。辛亥革命爆发时，很多钱庄倒闭，但宁波的天益、元益钱庄，由于四明银行的配合和调剂，得以生存。

那时，被允许发行钞票的银行并不多，四明银行凭着自己的名气和财力，享有钞票发行权，它发行1元、2元、5元和10元的兑换券。到1927年，该行已拥有资本150万两，成为一家业务量近6000万元的大银行。在宁波、汉口、温州、南京设有分行；在苏州、杭州、绍兴，上海的南市西区、城区、西门、南京路、霞飞路设有支行；在南京下关，宁波灵桥门、鼓楼，香港设有办事处。

进入20世纪，事业处于日升中天的朱葆三已年过半百，但他不减当年勇，接二连三地甩出了大手笔：

发展交通运输业，如宁绍轮船公司、长和轮船公司、永利轮船公司、永安轮船公司、舟山轮船公司、大达轮埠公司以及法商东方航业公司等。

发展公用事业，开设上海华商电车公司、定海电器公司、舟山电灯公司、上海内地自来水厂、汉口自来水公司、广东自来水厂等。

建造工矿企业，有上海绢丝厂、上海华商水泥公司、柳江煤矿公司、长兴煤矿公司、大有榨油厂、海州赣丰饼油厂、龙华造纸厂、日华绢丝厂、上海第一呢绒厂、中兴面粉厂、立大面粉厂、和兴铁厂、宁波和丰纱厂、同利机器纺织麻袋公司以及马来亚吉邦橡胶公司等。

朱葆三的资产如滚雪球般越滚越大，跻身于上海为数不多的巨商行列。他的成功，秘诀之一是广泛结交社会各界人士，协调多方关系；秘诀之二是以儒家的"信义"两字作为准则，为人恪守信用、讲义气，由此而被中外人士所推崇。他每每为人排难解纷，言出立断，让人都有"朱先生公正，不会欺负我们"的安全感。朱葆三曾为宁波籍同乡作保推荐者不知

大清巨商故事

其数，而为人陪保所累巨万，但他在所不惜，这种崇尚信义的品质被人们交口称赞。

朱葆三在当时上海商界已成为举足轻重的角色。宁波籍买办多半出于他的引荐，在同乡中他被称作"买办中的买办"。上海各国领事以战胜国自居，盛气凌人，唯独对朱葆三优礼有加。更多的民族资本企业则借重他的声望招徕资本，扩大影响。例如，刘鸿生创办的上海水泥股份有限公司聘请朱葆三出任董事长；上海南洋兄弟烟草股份有限公司扩大改组招收外股，聘请朱葆三为发起人；设在杭州的中华民国浙江银行特任命朱葆三为总经理……

20世纪初叶，朱葆三为发展中国人自己的民族金融业和工商业作出了不可低估的贡献，是一位经常见诸报端的"闻人"。

朱葆三在经济实力充裕后，又参与了社会和政治活动。1898年，清政府下令各省设商务局，两江总督刘坤一"因照会上海通商银行总董严信厚，丝业董事施则敬（子英），办理商务，通上下情，议会商会"，于是，在1902年成立了商业会议公所。1903年商部成立，公布了《商会简单章程》。1904年，上海商会会议公所改称为上海商务总会。1905年改选，总理为曾铸，协理即为朱葆三。1906年，总理为李云书，董事为朱葆三等18人。从1904年起，朱葆三在上海商务总会已出任要职。

1905年7月21日，上海商务总会为美国限制华工入境和虐待华工，发动抵制美货和收回苏浙铁路利权的斗争，各行业有代表性的企业家有：洋广五金业——朱葆三、丁钦业；火油业——丁钦业、徐文翁；洋布业——邵琴涛、苏保笙；铁业——祝兰舫；械器业——祝兰舫、项如松；面粉业——林纯翁；木业——曹予翁。他们当即在大会上签名，不订美货；并即拟订通告全国35个埠的电稿。朱葆三当时作为上海商务总会协理，在反

上海实业王中王
——朱葆三

对美国虐待华工的斗争中，团结其他行业的工商界代表人物，坚定地站在上海商务总会总理曾铸的一边，在这次工商界反帝爱国的斗争中，表现得很积极，很活跃。

造福桑梓，主持公道

朱葆三对家乡很有感情，当他白手起家，终于成为上海巨商，手中有了钱后，他决定在家乡兴办教育。

1902年，朱葆三和翰林院编修、直隶候补道王修植等，鼓动上海富商王绍勋等十几个人捐银洋6000多元，作为办教育的创业费。然后他呈准定海厅署，将厅署东南侧的关帝庙拨给他，作为官立申义蒙学堂。1905年改称申义初等小学堂。1912年改为私立申义小学校，办学经费主要由朱葆三担负，常年经费约千余元。

1919年，朱葆三还捐款2000银元，帮助刘鸿生创办定海公学。

朱葆三于1911年创办了宁波电话股份有限公司，从此才有了宁波的电话业，虽然最初只有一百门磁石式交换机。

1912年，由海外归来的厉树雄又重新合资成立了四明电话股份有限公司。

朱葆三在家乡还建立了定海电力公司、舟山电灯公司、舟山轮船公司、定海会馆，修建了定海南门南珍桥等，促进了家乡经济、文化的繁荣。

朱葆三在家乡的威望极高。1907年，定海发生岭碇案件，因当局扣押无辜，激起民反，他们提出两点要求：第一，请朱葆三和镇海的吴吉人出来主持公道；第二，释放被抓的起义领袖。

当朱葆三和吴吉人乘坐的船刚靠码头，农民便头戴笠帽，身披蓑衣，手中拈香，沿途跪拜迎接。后来这件事经朱葆三、吴吉人协调后得到了解决。

在上海北门外有一个四明公所。四明是宁波的别称。公所就是公墓，内有殡馆、祠堂和墓地。

1898年7月，法国侵略者要在租界扩充马路，拆除公所。

一天，80多名法国士兵，手持武器，到公所强行拆墙。当时在沪的宁波商人有30多万人，经公所董事会商量决定，宁波帮商人一律停市，工人也相继罢工，法国巡捕荷枪实弹，枪杀了15个中国人，群众更加激愤。

不仅法租界宁商罢市，英美租界的宁商也相继罢市，事态不断扩大。

事隔多时之后，法租界当局再次借口要扩展人民路、青莲路的街口，要拆迁四明公所。当时先由宁波同乡会出面，与法国领事谈判，谈判破裂，交涉无效后，在法租界内的商业立即举行总罢市，接着中国巡捕罢岗、煤气厂罢工，致使法租界陷入瘫痪的状态。法租界当局吃不消了。这时，他们想到了朱葆三。

朱葆三是宁商总会的发起人之一，持有租界工部局的第一号总会执照，人称特别照会。租界的捕房未经允许，不得到宁商总会去抓人。有一次法国巡捕不懂此规，擅自闯入宁商总会抓人。朱葆三闻讯后，立即打电话给法国领事，质问他，为什么随便到宁商总会抓人？对方表示马上放人。朱葆三说：此事违反规定，侵犯人权，你们必须赔礼道歉，而且派军乐队护送。对方答应一一照办，这事才算了结。

此次朱葆三出面调解，最后法租界让步，四明公所没有迁移。

参与辛亥革命

　　1910年，辛亥革命前夕，上海商务总会、上海城自治公所、上海商团公会的一些领袖人物，认识到清政府的预备立宪终是个骗局，非常失望，因此对革命党人的活动表示同情和支持。

　　沈缦云、陈其美等几个重要人物都与朱葆三关系甚密。

　　沈缦云，名懋昭，祖籍江苏无锡。1905年，无锡实业家周舜卿与沈缦云倡议开办储蓄银行，得志同道合者呼应，由沈缦云拟定银行缘起和章程，呈请商部注册。

　　次年，上海信成商业储蓄银行正式成立，这是中国第一家商办储蓄银行，由周舜卿任总理，沈缦云任协理，主持日常行务。

　　信成银行设于南市万聚码头，另在北市开设一分行。银行集股50万元，先收半数。由于沈缦云主持得法，银行业务得以迅速发展，先后在南京、天津、无锡、北京等地设立分行，并有筹设广东、福建、新加坡分行的打算。

　　1907年，信成银行获得发行钞票权。该行发行的钞票中央印有"华商上海信成银行""中国信成银行洋票永远通用"等字样。

　　信成银行创立后，沈缦云以商业银行为掩护，筹措大量经费，支持孙中山和同盟会的革命活动。沈缦云由于右任介绍加入了同盟会。

　　1906年，朱葆三和虞洽卿、李平书、王一亭等人发起创立华商体操会，是个武装团体。会长是沈缦云，后来该会成为光复上海的一支重要武装力量。

沈缦云继李平书之后担任过商团公会会长，另任全国商团联合会副会长、中国国民总会会长等职。

陈其美，字士英，号无为。他是光复上海的主要领导人。

朱葆三与陈其美相识，是通过沈缦云的介绍。朱葆三比陈其美年长30岁，陈称朱为大阿哥，对他非常尊敬。为了帮助陈其美在上海开展工作，朱葆三特地在上海粤华菜馆设宴，把周承弼、李平书、孙梅堂、方椒伯等上海工商界的头面人物都请来，席上，将他们一一介绍给陈其美。

为了保护陈其美的安全，朱葆三在粤华菜馆长期包租一间雅致的房间和清和坊里的一座琴楼别墅，供陈其美使用，当活动场所。

上海发动武装起义的时间原定于1911年11月3日下午4时，不料，情况突变，计划被暗探发现，起义时间提前到上午11时。

起义开始后，闸北、吴淞、上海城厢等处顺利光复。攻打江南制造局是上海起义过程中唯一的一场硬仗。陈其美上前劝降，不幸被拘，强攻又遭失败，在这紧急的时刻，朱葆三又得到一个骇人的消息。

当上海起义的前夕，任上海道署总账房的朱葆三随末任上海道台刘燕翼躲避于租界洋务局，在那儿获悉了清政府南京督署复电的内容，内中讲道：上海革命党人起事，商团尽叛，两江总督已调清军向上海进攻，并饬令无论革命党人或商团团员，捕擒后立即正法，等等。

朱葆三立即赶到南市毛家弄商团公会会所报告。

王一亭听了，激动地说："事急矣，有进无退，进或亦死，退则必死，等死耳，与其引颈待戮，毋宁为国殉身。"

当即由王一亭草成商团团员反攻令，由李平书签名发出。商团团员闻

上海实业王中王
——朱葆三

讯赶来参加的有六七百人,编为两队。

出发前,王一亭、沈缦云、叶惠钧向众人痛哭誓师。经过一场恶战,终于攻下江南制造总局,起义胜利。于6日正式成立沪军都督府,陈其美为都督,同时兼司令部部长,副部长盛典型;参谋部部长黄郛,副部长刘基炎;军务部部长钮永建,副部长李显谟;民政部长李平书;外交部长伍廷芳;交通部长王一亭;海军部长毛仲芳;财政部长沈缦云。

沪军都督府成立以后,首先面临的问题是财政上的困难。

为此,军政府多次召集大会,号召社会各界助饷。财政部长沈缦云因要前往南洋群岛劝募,便辞去了财政部长的职务。

在张园举行的一次集会上,沪军都督府和各界人士代表公举朱葆三出任财政部长,因为朱葆三有别人不具备的三个条件:一是他与银行界有密切的联系,二是他能获得一般人的信仰,三是他不会营私舞弊。

刚刚发生过战事的上海,商业凋敝,金融恐慌,筹集款项十分艰难。

朱葆三出任财政部长后,与其他商界人士共同发起成立财政研究会,定期在上海盐务公所研讨盐政、厘金及丝茶出口、洋货进口等事宜,由此密切了军政府、商务公所与上海商界的关系。上海商务公所在当时被誉为"革命商会"。

沪军都督府刚成立时,陈其美要求提用道库存款,可上海道刘燕翼在避入租界后,于11月16日突然把以前存于各钱庄的道库的存折送交比利时领事薛福德。

无可奈何之下,陈其美以议事为名,将钱业会商处总董事朱五楼软禁在闸北湖州会馆。这朱五楼也非等闲之辈,他是陈果夫的岳父,而陈果夫又是陈其美的侄子,说起来,陈其美和朱五楼还有点亲戚关系,这使钱业界大为震惊,于是他们召开紧急会议,商量如何让朱五楼早日恢复自由,

大清巨商故事

他们找到了新任财政部长朱葆三。经朱葆三从中调停后达成三条协议：

一、开设在上海租界之福康、同余等几家钱庄，原存有道库公款的，从1912年1月4日起，按照存款比例，摊付钱10万两。

二、存有道库公款在15万两以上的福康等5家，凭中国银行借据抵押156575．19两。

三、由未存公款的乾元等19家共同负担责任，出具同样的保证书，再由福康庄在所存道库款项中垫付119000两。

以上各款由朱葆三核收后发给收据，将来此项划款，准予从清政府上海道存在各钱庄的存款内抵付，倘然各国驻沪领事干预，仍由沪军都督府承担责任，负责料理清楚，不使各钱庄稍受牵累亏损。

凭着朱葆三的信誉，8家外国银行答应各借5万元，90家华商银行及钱庄，各借2万元，共获得200多万元。

1911年11月12日，沪军都督府发布筹备设立中华银行告示，并请财政部长朱葆三具体经办。

当时有湖州人郭竹樵投入了巨额资金，经过一星期的紧张筹备，于农历十月初一，在南市久大码头财政部总事务所底层正式开幕成立，这是中华民国成立后的第一家银行，发行军用票、公债和募捐，这些都是沪军都督府的财政收入。

朱葆三虽然任职上海财政总长仅几个月，但他力挽狂澜的历史功绩不可磨灭。

与此同时，他竭尽全力支持革命党人。1913年3月20日，宋教仁被袁世凯党羽刺杀于上海火车站。已加入国民党并担任上海分部副部长的朱葆三当即与王一亭、沈缦云联名致电袁世凯，要求整治吏治，保护人民，饬令缉凶，严肃法纪。1913年4月13日，国民党交通部在张园开会追悼宋教

上海实业王中王
——朱葆三

仁，朱葆三担任大会职员。1916年，陈其美在上海遇害后，上海组织公祭，朱葆三是主丧者之一。"二次革命"失败后，朱葆三积极筹款接济革命党人。

朱葆三晚年仍致力于社会公益事业，先后创办和投资的社会福利事业有：中国红十字会、华洋义赈会、济良所、广义善堂、仁济善堂、惠众善堂、四明公所、定海会馆、四明医院、吴淞防疫医院、上海公立医院、上海孤儿院、新普益堂、普益习艺所、妇孺救济会、同义慈善会、联义慈善会、贫民平粜局、上海时疫医院等。他还创办了同济医工学校、定海公学、尚义学校、宁波益智学校等教育事业。

1926年夏季，上海时疫流行，朱葆三创办于大世界附近的时疫医院病人骤增，经费短缺，为此他冒暑前往察看，顺道劝募捐款。终因伏暑积食，年老气血两亏，一病不起，随之从定海帮乡传来其胞弟朱捷三去世的噩耗，悲痛不能自制，于9月2日在上海西门外斜桥寓所与世长辞，享年79岁。3日起，宁波旅沪同乡会为会长朱葆三下半旗志哀三天。同月4日，原副会长虞洽卿长任会长、方椒伯升任副会长。10月24日，该会会同上海各公团，为前会长朱葆三举行追悼会，到会3800余人。

为表彰朱葆三在社会公益和市政建设上的功绩，上海法租界当局特意将租界内的一条马路命名为"朱葆三路"（今溪口路），这是上海以中国人命名的第一条马路。

一位商人的死亡能对如此众多的人产生如此巨大的影响，这在中国历史上并不多见。

末代状元救国梦

——张謇

张謇（1853—1926年），江苏海门人。出身贫寒，靠个人奋斗终成大器。艰辛求学，几经坎坷终成一代状元。仕途不畅，然清末民初重大政治事件都可看到他的身影。他的最大成就乃是实业，所创的"大生"集团最辉煌时曾虎视华夏，他本人也成为20世纪20年代初"中国第一个实业大王"。但时代与性格决定了他尽管成就赫赫，终究只能惨淡收场。

艰难求学不自弃

　　1853年7月1日，一个婴孩在偏僻的长江口北岸江苏海门常乐镇呱呱坠地，他就是张謇。张謇，字季直，他出生的时候，正是太平天国起义军攻占南京后不久，但他的家乡尚未受到战火冲击。张謇的家庭，世代务农，比较殷实。

　　张謇小的时候非常聪明，他的父亲对他钟爱有加，3岁的时候就教他读《千字文》，4岁就送他入塾启蒙。

　　1868年，已经15岁的张謇准备开始他一生的首次科举考试。

　　张謇的高、曾祖以下，没有读书应试的人，这样的家庭，在当时称为"冷籍"，子弟如果要参加科举考试，经常会受到地方学官和保人的多方刁难、勒索，稍稍应付不当，就可能误了考期。15岁的张謇首次参加科举考试就面临着这样的境况。张謇的父亲张彭年对儿子考试得中满怀信心，他想避开入考前的这种困难，就想出了一个冒籍赴考的办法。他多方活动，找到了如皋人张驹，经过与张驹的磋商，双方商定，张謇冒充张驹的孙子张育才，在如皋参加县试，如果县试考中，张彭年必须付给张驹酬金。

　　张謇参加这年的如皋县试，一考得中，随后参加通州州试，但是考试成绩却不理想，名列百名之外。同乡一个姓范的学生与张謇同年，考中了第二名。乡里人都嘲笑张謇西亭求学，也不过如此而已，更让张謇受不了的是他的老师宋琳，他看到张謇州试成绩如此之差，当众嘲笑张謇说："如果有一千人应试，取九百九十九名，不取的那一名一定是你，你还有什么希望？"张謇顿时羞愧万分，泪流满面。他知道这一切归根结底都是自己学业不好的结果。从这一天起，他在自己的卧室、窗户、蚊帐顶上、床头、案头到处写上"九百九十九"这五个字，他看到这些字，眼泪就不由自主地涌出来，同时警示自己要用功。为了让自己不再贪睡，他睡觉时用两根竹片夹住自己的发辫，只要一翻身，发辫被牵动惊醒，他就立即起床，挑灯夜读，每夜读书一定要烧尽两盏灯油，炎炎夏夜，蚊虫叮咬，他就在书案下摆两个盛满水的陶罐把脚放进去，真正做到了冬不避寒冷，夏不避暑热，废寝忘食。

考场上的不幸还是其次，张謇父子怎么也料不到冒籍应考已经为他们引祸上身。如皋人张驹是当地的无赖，从1868年开始，张謇一家就被迫走上了无穷无尽的受欺、挨诈的道路，许多人不断地向张家提出各种各样的要求。如皋的张驹看到张氏父子好欺，更是变本加厉，得寸进尺，张氏父子如果稍有差错，他们就向学官说张謇对自己不孝，张謇受学官的责骂不说，还得当着别人的面称张驹为爷爷，真是"认贼作父"，委屈含辱让张謇痛苦不堪。张彭年为了摆脱纠缠，四处托人送礼，但终是无济于事，张謇也是惶惶不可终日。有一次如皋张氏诬告张謇，如皋县衙派人要捉拿张謇，张謇知道被抓住后免不了又要受一顿差辱，就连夜逃往朋友家躲避，谁知老天好像也和他过不去，出门不久，狂风暴雨就劈头而来，一不小心，他又掉进了烂泥深达二三尺的护城河，他挣扎着爬出来，这时外雨内汗，衣服已经湿透，到朋友家的路只有3里多，他竟走了三四个时辰才到，进了朋友的家门，他发现自己的一双脚已经是血泡连连。还有一次，张謇为了逃避敲诈和诬告陷害，一天竟跑了130多里路。不断地受辱，常

末代状元救国梦
——
张謇

199

常使张謇怒火中烧，有几次他都想找一把利刃把仇人杀了，但是想到这样做会连累家人，他只好含恨隐忍。

1870年，张謇参加通州州试，名列一等第十六名，也算是对他逆境求学的稍稍慰藉。但是仇家的纠缠仍然不断，张謇为了彻底摆脱，向学校申诉，要求革除自己的秀才，让他到南通重考，海门书院的院长王崧畦和海门训导赵菊泉看到张謇的才学，也十分同情他，四处为张謇说情，后来知州孙云锦知道这件事后，亲自调停这件事，但也是阻隔较多，孙云锦爱惜张謇的才华，求助于江苏省的权要人士，江苏学政彭九余出于同情，行文礼部。1873年，礼部终于有了回音，让张謇重填履历，恢复原籍，与如皋县脱离关系，成为一名通州秀才。到这个时候，张謇一家才摆脱了厄运。

张謇一家因为张謇冒考的事情，到这时已经负债银达1000多两，原来比较丰裕的家庭，也是濒临破产。张謇的兄弟们这时提出了分家，几番吵闹，张謇分得了一身的债务。养家糊口成为摆在张謇面前的现实问题。

1874年，张謇刚满21岁的时候，知州孙云锦调往江宁（南京）发审局任职，他同情张謇的处境，也欣赏张謇的才华，就邀请张謇为他作幕（私人秘书）同往江宁，月薪白银十两。困境中的张謇立即同意。当时的江宁，有几个海内知名的学者主持的大书院。

1874年，张謇到江宁不久，就兴冲冲地慕名投考有名的钟山书院，授课教师韩叔起见投考的是通州秀才，就把他的考卷扔在一边，张謇投书韩先生，直接诘问考卷的问题，韩叔起无法回答，自不瞅理。张謇于是化名再考，考卷受到了钟山书院的院长李小湖先生的赞赏，取为第一，他又以他人的名籍在惜阴书院参加五经古课考试，院长薛慰农先生也把他取为第一，两个院长指名要见张謇。不久许多人都知道了张謇投书韩叔起的事情，惜阴书院的薛慰农还责备韩叔起见贤不举，压制人才。张謇觉得自己出了一口闷气，就把此事告诉了自己的上司孙云锦先生，孙云锦把张謇给韩叔起信的草稿要来看了以后，责备他说："你真是阅历太浅，少年人气盛，遇事要沉得住气，不要意气用事。"张謇也觉得自己有些过分，就由孙云锦代自己向韩先生道歉，同年5月，张謇再次投考钟山书院，考取第一名，他登门向韩叔起先生致谢，韩叔起以"耐烦读书，耐烦苦处"来劝诫他。张謇对自己的"鲁莽"行为作了诚恳的检讨后，江宁的文化圈终于接纳了这个来自通州的白衣秀才。

张謇进入江宁的文化圈后，以强烈的求知欲，向江宁名师学习"治经、读书、为诗文之法"。张謇受教最多的是桐城派大师张廉卿，在张先生的指导下，张謇的学术思想和治学方法发生了一次大的飞跃，摆脱了一般制艺、八股文章的僵化格局，领悟了桐城派将义理、辞章、考据融为一体的治学方法。他觉得自己的心胸顿时豁然开朗。

同年6月，张謇随孙云锦到淮安查勘渔滨河积压讼案，他看到现实的农村生活与他在江宁听到的截然不同，虽然他也出生于农家，但淮扬地区农村的极端贫困，农民衣不蔽体、食不果腹的饥寒生活，让他触目惊心。强烈的刺激，使他诗兴大发，这期间他写下了十余首现实主义的诗文，其中有：

末代状元救国梦
——张謇

　　　　谁云江南好，但觉农妇苦。

　　　　头蓬胫赤足籍苴，少者露臂长者乳。

　　　　乱后田荒莽且庑，瘠人腴田田有主。

他还写道：

建炎时事重江淮，故垒萧萧说将才。

欲问中兴宣抚使，悉云无际海潮来。

他渴望有南宋名将刘光世、韩世忠经略江淮的功业，为国家建功立业。

1875年1月，张謇告假回乡探亲，虽还谈不上衣锦荣归，但也称得上是否极泰来，张彭年接到儿子捧上的100两俸银，喜出望外，将白银供奉在祖宗神位前，顶礼膜拜说："咱们这里那些名望很高的老师，收许多学生，一年下来，也不过是这个样子，你竟能一出门就得到这么多！"

这时元旦之期已近，张彭年为儿子迎娶了海门徐氏，徐家原也是当地的有钱人家，只是家道中落，但徐氏却是俭朴贤淑，夫妻两个恩爱有加，张謇曾多次作诗描绘他们两个人的生活。

正当张謇安享新婚的欢乐时，传来了当朝皇帝同治驾崩的消息，很快新皇帝登基，改元光绪，因为新皇帝年幼，慈禧皇太后垂帘听政。

3月，张謇回到了江宁发审局，由于同僚之间的关系紧张，彼此摩擦渐多，7月张謇离开了发审局，借住惜阴书院，悉心读书。9月应恩科乡试，次年5月，应科式考，四场均为第一名，他被取为补廪膳生，这使他有了参加乡试的资格。但是辞去了发审局的工作，使他有一种浮萍无根的感觉。

入庆军初识袁世凯

张謇与孙云锦一道到江宁的时候，经孙云锦举荐，张謇认识了当时淮军四大将之一的吴长庆。吴长庆觉得张謇确非凡才，当他得知张謇离开发审局后，亲往惜阴书院拜访张謇，同时盛情邀请张謇到他的军营中小住。这让张謇感动不已。

吴长庆为人仗义疏财，礼贤下士，他的幕府中学者、名人可以说不可胜数，颇得当时清议的好评。张謇受到他的礼遇，心中又涌起了投身于他，做一番大事业的雄心。

他在诗文中表达自己的愿望："骏骨从来能得马，好收骐骥共殊勋。"

他希望吴长庆能够成为朝廷振兴的有为之臣，也盼望自己能在追随吴长庆的过程中，青云直上，"朝鱼而暮龙，功名蜕侯伯"。

在吴长庆的一再邀请下，张謇大约于1877年6月至7月之间投入了庆军，做起了吴长庆的幕僚。吴长庆对张謇入幕非常高兴，他每月给张謇俸银20两，让他参与军中要务，起草重要函牍，又在府宅后为他构筑茅庐五间，让他能静心读书和办理公务。入幕的生活闲适而安定，他除了担任军旅日常文书之外，更多的时间仍然深研古文，在庆军中，他还结识了一干文人，彼此之间常诗酒唱和。由于他才华出众，还得到了两江总督沈葆桢、学使夏同善等人的赏识。

1879年，张謇的生母金太夫人去世，临终时遗言张謇："科举是出人

末代状元救国梦
——
张謇

头地的归宿，为了光耀门楣，一定要追求它，但你性刚语直，最好不要当官。"慈母的遗言，张謇深深地记在了心里。

张謇这时的学问也是日精月深，他已经由经入史，深读《史记》《汉书》，逐渐领会司马迁、班固通经治史的要义，但是他两度乡试却名落孙山。

1880年冬，吴长庆调补广东水师提督，未赴任。时法国与越南交战，沿海戒严，清廷命吴长庆督办山东海防，兼帮办山东全省军务，吴长庆率军到了登州，张謇随军前往。吴长庆到山东后，经常与张謇等人筹划海防，但是和战大计都操于中央，山东的海防计划常沦为空谈，吴长庆名为守边，实是赋闲。

张謇眼看国势渐颓，每日虽与同事漫步海滩，表面上显得清闲，心中却充满着苦闷：

> 锦衣使节空都护，
>
> 墨经临边有上卿；
>
> 坐使积薪仍厝火，
>
> 牺牲玉帛任寻盟。

他对权臣误国的痛恨之情字字可见，这时候他开始更认真地阅读《老子》《庄子》等黄老无为之学，寻求解脱。

1881年5月，庆军中来了一个新人，袁世凯。他是吴长庆故友之子。

张謇奉命督促袁世凯读书，发现他学无根基，基础太差，教他写一篇八股文，竟然不能成篇，文句之差，张謇竟不能下手修改，袁世凯也觉得学习十分头痛。学习虽然不成，但袁世凯却表现出了较强的办事能力，凡是交他办理一件事情，他都能办得井井有条，不出差错，有时候，张謇和他谈起国家大事，发现他对清王朝面临的危机有着清醒、深刻的见解，同时大有天下兴亡、匹夫有责的英雄气概，张謇这才知道袁世凯的投军并不只是为了混一碗饭吃，而是怀着宏图大志来的，于是与幕友朱铭盘商议，把他向吴长庆推荐。吴长庆于是委了袁世凯一个实差。

1881年，时为中国藩国的朝鲜爆发叛乱，朝鲜政权内部分裂为两派，一派与野心勃勃的日本暗通款曲，清廷对朝鲜的控制岌岌可危，遂派两广总督张树声前往对付局面，他接到朝鲜事态的情报后立即派海军提督丁汝昌邀请吴长庆到天津，会商对日办法，张謇随行。共同商议了对日办法。

8月16日，吴长庆亲率六营大军乘兵轮出发，张謇随吴长庆同舰赴朝鲜。

吴长庆命张謇"理画前敌军事"，这对他这一介书生来说，是一项陌生的任务，他于是要求派袁世凯为佐理，这一年，张謇29岁，而袁世凯只有23岁。可以说是由两个少壮派处置前敌军务的。

部队于8月22日到了朝鲜，吴长庆命某营官率队先行，但是此人推说士兵刚下船还不适应，请求缓行，吴长庆大怒，下令把此人交军法处看管，改令袁世凯代理该营官带，并给予令箭，有不服从的，即行正法，袁世凯奉命后，立即部署，两小时内就绪，待命出发。

次日黎明，袁世凯率兵登陆，吴长庆与张謇率全队殿后，行程25千米，袁世凯飞骑来迎，报告前锋已在前面5000米扎营，请大军在此住宿，一切安排就绪，吴长庆见袁世凯指挥若定，年轻老练，大喜过望，对张謇说："慰亭真不错，不负张先生的识拔，我应向张生道谢。"袁世凯听到是张謇密保的他，向吴长庆请安后，向张謇请安说："谢老师的提拔。"张謇感到不安，连忙说："这是大帅对你的特识，希望你不要辜负了大

末代状元救国梦
——张謇

帅，多替国家出力。"袁世凯连连称是。

在袁世凯与张謇的合力之下，朝鲜局势很快就回到了正轨，日本对朝鲜的图谋暂时受到重创。

吴长庆到天津述职，张謇也与吴长庆一道回国。

朝鲜内乱的暂时解决，挫败了日本企图吞并朝鲜、进攻中国的计划，但是列强吞并朝鲜的野心并没有破灭。朝鲜之行，使张謇清醒地看到了保护朝鲜的重要性。

张謇作为吴长庆的幕僚，参与了庆军重要事务的决策，他以自己的学识先后撰写了《壬午东征事略》《乘时规复流虬策》《朝鲜善后六策》等政论文章，其中尤以《朝鲜善后六策》治论最为深刻。在这篇文章中，张謇检讨了朝鲜问题的来龙去脉，提出了根本解决朝鲜半岛危机的多种策略计划，文章指出，彻底解决朝鲜问题有以下几种选择：一是按照汉朝的方式，建置玄菟、乐浪郡；二是按照后周的方式，设置监国；三是驻扎重兵于各海口，改革内政，除旧布新；四是让其自行改革，为其训练新军，增强其防卫能力；五是与东三省联为一气，互相声援；六是分路出兵、规复琉球，打击日本的侵略气焰，使其不敢对朝鲜轻举妄动。

张謇在极短的时间内拟就了《朝鲜善后六策》，他希望张树声在代理北洋大臣、直隶总督期间，能够选择几个方案，让政府批准执行，定为中国对朝鲜永不变更的政策。

谁知这篇由张謇起草、吴长庆代奏的呈文，因为交通不便，旅途耽搁，送到天津的时候，张树声还没有来得及反应，李鸿章已经假满回任，张树声只好把善后六策交李鸿章。李鸿章看了这篇呈文，认为是多事，就把它扔在一旁。

张謇以为此事就此告一段落，谁知张树声的儿子张华奎当时在天津休假，他在父亲的军营中看到了这篇文章，就把它抄录下来，带到了北京，很快京城都知道了这篇文章，有几位重要官员到总理衙门和军机处询问他们对善后六策的看法，而两个部门没有接到李鸿章的上奏，根本不知道有这篇文章，一时间京城舆论大哗。

南派清议首领潘祖荫、翁同龢立即支持这篇文章，并由侍郎宝廷把文章抄录上达皇帝和太后。慈禧太后没有采纳这篇文章的观点。

这事让李鸿章非常难堪，从此冷落、疏远吴长庆。张謇看到吴长庆已经是艰难度日，自己在庆军中前景黯淡，遂决定逐步归退。1883年秋，他把自己的哥哥引入庆军，自己提前告假回乡。

1884年，李鸿章把吴长庆调防奉天，把他的部队一分为二，庆军终于被李鸿章瓦解。5月，吴长庆一病不起，吴长庆这时非常想念张謇，他去函催请张謇，张謇接信后从上海乘船到金州，发现吴长庆已经病入膏肓。7月13日，吴长庆去世。他手下的幕府宾客这时都向粮台索取金银，不达目的，就恶声相向。

吴长庆对张謇可以说有知遇之恩，他的去世使张謇对世道人心颇感失望。他后来写道："观人于不得意时，于不得意而忽得意时，于得意而忽不得意时，经此三度，不失其常，庶可为士。"

科举蹉跎终夺魁

吴长庆死后，两广总督张之洞早已听说过张謇这个人，就派人礼聘他入幕。李鸿章尽管对吴长庆芥蒂极深，但对张謇之才还是颇为赏识，也

末代状元救国梦
——
张
謇

多次暗示他成为属下。但他一概婉辞。他是个重气节的人，不会在恩主死后，立即投入他人的怀抱。他曾给朋友写信说："吾辈如处女，岂可不择媒妁，草草字人。"

张謇没有想到，他拒绝张、李二人，反而提高了他在士林中的威望，当时的人常说起他"南不拜张，北不投李"的铮铮铁骨。

张謇虽然拒绝了南北两督府对他的礼聘，但他仍然想通过自己的努力，走"学而优则仕"的道路，他的父亲张彭年更是朝思暮想，指望儿子早日金榜题名，光耀门楣。

张謇离乡数年，他对自己的学术水平抱有充分的信心，但是张謇不知道的是，这时候，当朝的清流已经注意到他这个年轻有为的知识分子了，他们对他寄予厚望，并有意识地帮助、举荐他，让他尽快走完科举道路，取得踏上政治舞台的资格。清流们愿意帮助他，有他们自己的想法，张謇的才、识、学在各种各样的考试中已经得到了充分的体现，他在庆军的幕僚生涯更让他声誉鹊起，他们希望张謇加入他们的阵营，壮大他们的力量。当时清流首领潘祖荫、翁同龢等南方人更是把他作为自己的同乡加以提拔。

1880年，继任江苏学政的黄体芳是当时清流的砥柱之一，他对张謇也是多方关照。1885年5月，张謇满怀信心，经江宁前往北京参加顺天乡试，他结识了盛昱、梁鼎芬等清流名人。7月，在盛昱主持的国子监考试中，张謇被取为第一名，录为第四名。

10月，张謇参加顺天乡试，高中第二名，这是他参加科举考试以来最辉煌的胜利，从顺治年间大清朝开科取士至此时二百多年，南方知识分子在顺天乡试中被取中者只有三个人，张謇位列这三人之中，心中怎么不感到自豪。顺天乡试的高中，使张謇觉得自己朝夕的努力没有白费，尤其是让为自己操劳一生的父亲有了一丝慰藉。

清流首领潘祖荫、翁同龢也前往他寓居的关帝庙看望他，这让张謇感动不已，潘、翁二人还为他的《乡试录》作序，并与他确立了师生的关系，并希望他礼部会试，早日状元及第。但是可能是命运捉弄人，张謇此后却在1886年、1889年、1890年、1892年四次礼部会试中，连续不断地落第。从1868年张謇第一次参加科举考试开始，至今他已经在科举的道路上消磨了25年的大好时光，这25年是他人生中最宝贵的时光，不断地落第，使他的自尊心和承受力几乎要崩溃。

1887年，张謇第一次礼部会试不中，江宁知府孙云锦调任开封知府，邀请张謇随同赴任，协助治河救灾。这年秋，黄河在郑州东西桥决口，堤毁三十余丈，迅速扩大到二百余丈，黄河横溢四五十里，无数百姓受灾。张謇奉命乘舟经中牟二三堡察看水情，发现残堤所存防水材料，已被水冲一空，灾民以柳枝蔽体栖息堤上，人畜死亡难以数计，张謇向孙云锦汇报的时候，禁不住泪如雨下。

10月，他受河南巡抚倪文蔚之托，代拟治河方案《疏塞大纲》，他以自己丰富的学识，力主恢复黄河故道。当时北洋大臣派来的外国工程人员也提出了类似的建议，但是奉旨勘查黄河的钦差大臣李鸿藻认为这个方案工程浩大，未予采纳。张謇又提出了第二种方案，建议"以切滩取直法"治理河南弯曲凶险河段，就地形水势引直河道，并主张引进机器施工，但管事的人认为不合旧俗，予以拒绝。张謇看到这样下去，黄河永远治理不好，于是在这年冬天冒着大雪回到了自己的家乡海门。他决心在自己的家乡干一番事业。他数次从上海经过，看到上海是生丝的出口商埠，可是毗邻的通海地区却不植桑养蚕，1886年，他帮助父亲从湖州集资购来桑苗，鼓动乡民赊购，并且分送《农桑辑要》，他还请求海门地方官劝乡民兴办

末代状元救国梦
——张謇

蚕桑，但乡民们对此反应冷淡，应者寥寥。传统的劝农方法不行，他又采用积资开办公司的方法，推销桑秧，由乡民自定购买数量，只记账，不付现金，三年后乡民卖桑叶供给公司养蚕，从付给乡民的现金中扣去树本和二分利息。经过他的努力，到1896年，通海地区已经开设了三个蚕行，通海地区的桑树已经超过了百万株。

在家乡这一段时期，他的学术研究也颇有成果，他陆续完成了：《释书谱》《说文或从体例错出》《蜀先主论》《赣榆县志序》《督抚提镇即古诸侯说》《周易音训句读》，这些著作是因事而发，虽不具学术研究的系统性和理论性，但反映了张謇的思想正随时代的变迁而发生某些变化。在方志的编修上，他更有自己的独到见解，他提出方志的侧重点应在"疆域之沿革""民生之利病""人物之去取"等有重要现实意义的篇目。在篇目的安排上，他认为应将食货、学校放在军政、官师、人物各目之前，在编纂的方法上，他突破了旧志拘泥于文献资料的偏向，提出了注重实际调查，搜集口碑资料的方法，同时要求方志记事应遵循真实性的原则，图表使用应准确无误。他还认为知识分子不应该有门户之见，应该广收博览，融会贯通。

这时的张謇似乎已经放弃了科考求取的目的，1892年，他第四次会试落第的时候，他将应试的文具用品都扔掉了，似乎他要走一条造福乡梓的道路。

1894，尽管日本已经为侵华做好了足够的准备，但慈禧太后还是在一心准备她的60岁大寿，从这年正月开始，就筹备万寿庆典，并决定特开"恩科会试"。张謇连续四次败北之后，已经决心不再参加考试，但是他76岁的父亲却希望看到儿子金榜题名，他苦苦恳求儿子再试一次。张謇不便违拗老父亲，便勉强答应，迟迟启程，3月29日，他才到了北京，这时候入场的时间也到了，他借了朋友的考试用具，仓促入场，发榜之前，不抱任何希望，连录取消息都懒得打听，出乎意料的是，在礼部的会试中，张謇竟取中第60名贡生。4月，礼部复试又被取中一等第10名，这就使张謇取得了参加殿试的资格。

5月26日殿试，在翁同龢的暗中布置下，他取得了第一名的成绩。

28日，大清早，阅卷大臣手捧前十名试卷进入乾清宫，当着光绪帝的面，大臣麟书按已排定的先后顺序抓封唱名，拆开第一封，就是张謇，翁同龢忙向皇帝介绍说："张謇是江南的名士，而且是个大孝子。"

皇帝非常高兴。当天五更就恭候在乾清门外等待宣召的张謇和其他进士既紧张又兴奋，好像过了好长时间，才听见宣召官员高声呼唤道："一甲一名张謇上殿！"张謇顿时就有些手足无措，他踉踉跄跄进殿跪拜，三呼万岁。状元及第，张謇26年的苦苦追求这时实现了，但是他并没有狂喜万分。半生蹉跎，无数次落第的打击，突然的功成名就，这一切怎能使他不感到淡定呢？

29日，皇宫内太和殿"百官雍雍，礼乐毕备"，光绪皇帝高坐龙庭，他宣召张謇上殿，让他站在自己的身边，君臣之间进行了短暂而愉快的交谈，随后，张謇被授为翰林院编修，这是状元们经常被赐予的最高官位。

就在张謇步入仕途不久，甲午战争爆发。早在战争爆发之前，张謇根据从袁世凯处得到的信息，认为李鸿章处置朝鲜问题有重大错误，也了解到北洋军队内部的腐败情况，但他作为一个政界新人，无法单独上奏，只能把自己的想法告诉翁同龢，由翁同龢上奏朝廷。

9月下旬，日本军队已经进攻中国的东北了，但是李鸿章以庆祝万寿庆典为由，封锁中国军队失败的消息，向皇太后报败为胜。清流大臣再也无法忍受，他们相继上奏章弹劾李鸿章，9月17日，朝廷举行王公大臣军

末代状元救国梦
——张謇

机会议，终于决定处分李鸿章，但是在皇太后的庇护下，李鸿章只"拔去三眼花翎，褫去黄马褂"。9月29日，清流成员联名上疏要求以恭亲王替代李鸿章，57名朝中大臣的联名终于迫使皇太后起用了恭亲王。但是大家认为，李鸿章一日不去，国家就一日无望。

10月初，翰林院35人联名上《请罪李鸿章公折》，张謇以自己熟悉朝鲜事务的原因单独上《推原祸始，防患未来，请去北洋折》。张謇的奏折围绕朝鲜问题的由来，对李鸿章处理朝鲜问题和对日本和战问题的种种错误，作了淋漓尽致的揭露：

一是李鸿章自任北洋大臣以来，凡遇到外洋侵侮中国，无不坚持和议。于是一般人认为他是"主和误国"。据张謇细心观察，二十多年来，李鸿章是唯一败坏和局的人。

二是朝鲜问题发展到今天，都是李鸿章败坏和局造成，光绪八年，李鸿章命丁汝昌、马建忠赴朝与英美各国立约，既同意朝鲜独立，又明确朝鲜仍为中国属国，不仅使中国失去屏障，而且为日本提供了可乘之机。朝鲜不亡于日本人，而先亡于李鸿章。

三是盟血未干，朝鲜内乱，日本乘虚而入，广东水师提督吴长庆统率六营军队东征平乱。事后，再三函请李鸿章早定修政练兵、兴利备患的方法，被他斥为"多事"。吴长庆因功得罪，被调守金州，积愤致死。李鸿章又将驻朝军队一部撤回，又否定了吴长庆建议为朝鲜练兵之事，给日本人敞开大门。李鸿章造成的结果是：日本所要的，李鸿章全给；日本所惧怕的，李鸿章为之除去。

四是中外用兵之法，战和相济。西方列强从未放弃武力征服中国的政策，因此任何人也不敢轻易败坏和局。李鸿章经营洋务、军务三十年，难道不知道？但在本年6月，日本再次侵朝，假如李鸿章得到袁世凯数十封密电之后，公开谴责日本违反光绪十一年条约两国不得擅自向朝鲜派兵的承诺，日理屈，或可不战而和；退而采取当年吴长庆保护朝鲜国王的办法，易客为主，变被动为主动，尚能却日而和；再退而由袁世凯帮助朝鲜改革内政，杜绝日本出兵口实，也未尝不可，但是，李鸿章以牺牲朝鲜为既定方针，使日本无所顾忌，发动侵朝战争。

五是日军结集朝鲜后，牙山清军待援，大同江距平壤不到二百里，距汉城四百余里，援军应由大同江入，进驻平壤，与卫汝贵、左宝贵等会合，分兵固守、赴援。而李鸿章有意让援军迂回九连城，多行七八百里，贻误战机；又让牙山驻军退往平壤，造成清军全线溃退，日军大获全胜。

六是李鸿章所派淮、奉、豫各军，平时各不相关，临阵互不统率，各自为战，其嫡系淮军卫汝贵、叶志超部，军纪涣散，临阵脱逃，抢掠奸淫，无所不为，大失朝鲜民心。左宝贵、马玉昆电请盛宣怀转禀设法，李鸿章置之不理，宋庆资深望重，又自请当前敌，李鸿章不给节制调度权力，而自任统帅隔海调度，朝鲜地形复杂，处处有险可守，进退自如，李鸿章却严令一万八千人困守一城，等待日军围歼。粮台不设，侦探不灵，不救牙山，不护操江，平壤一溃，瞠目无策，朝鲜大败都是李鸿章一手酿成的。

七是衔史参揭北洋各军腐败情形，如倒卖枪炮，接济日军粮食，偷运开平煤炭，临敌避匿，谎报军务等，李鸿章均置之不问，反为败将保奏，对英勇牺牲的林国祥、邓世昌等将领不闻不问，却对遇敌即溃、贻误战机的叶志超、丁汝昌等保奏奖叙。

于是张謇发出以下的感慨：

试问以四朝之元老，筹三省之海防，统胜兵精卒五十营，设机

厂、学堂六七处，历时二十年之久，用财数千万之多，一旦有事，但能漫为大言，胁制朝廷，曾无一端立于可战之地，以善可和之局，稍有人理，能无痛心。

张謇指出李鸿章不仅"败战"而且"败和"，北洋大臣一职"实非天下人唾骂之李鸿章所以能胜任"。他请求朝廷"另简重臣，以战定和，固人心而申国势。专任李鸿章直隶总督，富贵晏安，以终其身"。

李鸿章虽然不再管理对日事务，但是恭亲王面对日本的不断进攻，也是无有效的办法。战事节节败退，张謇在日记中写道："其实中国何尝有必战之布置耶！"到了10月11日，山海关已经告急，张謇夜访翁同龢，两人说起局势，只能相对落泪。

10月14日，张謇接到了父亲去世的消息。忧心国事的张謇怀着丧亲的悲痛匆忙返乡。

第二年，中日之战以中国的大败而结束，李鸿章代表中国政府签订《马关条约》，中国割让澎湖列岛、台湾和辽东半岛，并赔偿巨款，中日战事告一段落。在家守丧的张謇在自己的日记中写了"和约十款"的基本内容，并沉痛地说："几罄中国之膏血，国体之得失无论矣。"他痛恨自己"徒为口舌之争，不能死敌，不能锄奸，负父之命而窃君禄，罪无可逭也"。

弃官从商创"大生"

李鸿章代表政府和日本签订了《马关条约》，张謇感到这个条约对中国社会将造成严重的危害，允许日本人于内地开机设厂、制造土货，设立行栈，"外洋之工巧于华人，外洋之商本厚于我国"，"今通商新约一旦尽撤藩篱，喧宾夺主，西洋各国，援例尽沾"，其后患必然是"以我剥肤之痛，益彼富强之资。逐渐吞噬，计日可待"。

1895年，张謇应湖广总督张之洞之邀写了《代鄂都条陈立国自强疏》，深刻阐述了发展工业、富民强国的设想。这年夏天，张之洞调任两江总督，张謇向他提出了实业救国的想法，张之洞非常赞赏。同年，张之洞委派张謇创办通州实业公司，"总理通海一带商务"，张謇决定根据通海一带"亚洲产棉胜处"的地理条件，兴办纱厂，并命名为"大生"，意为"天地之大德曰生"。但是创办纱厂并不是一帆风顺，张謇遇到的艰难曲折实非他所预料。

1895年冬天，张謇开始集资办厂，将大生纱厂定为商办。可是从1895年至1896年，虽然官府出面劝导和董事奔走游说，但是，那些拥有良田数万亩的大地主都以"来年入股"相推脱，即使勉强入股也不肯多出，最少的只有37两，张謇对此十分感叹"通州风气未开，见闻固陋"。没有办法，他只好求助于上海，数月沪通往返，他最后确定了六位董事：海门沈敬夫、陈楚榆，通州刘一山，福建郭勋，浙江樊树勋，广东潘华茂。彼此

末代状元救国梦
——
张謇

商定沪董三人负责在沪筹集40万两，通董三人在通筹集20万两，共计60万两，张謇还邀请他们来通州考察，大家看到通州离通扬运河和长江港口很近，交通很方便，几个人都赞叹这里是办厂的风水宝地。

1896年秋冬，纺织行业却突然出现了塌市，许多外国的纺织品积压上海，洋商都降价销售，这对中国的纱厂造成了很大的冲击，许多纱厂都倒闭了。潘、郭等沪董望而生畏，由原来认集40万两缩至25万两，不久又缩至16万两，但是拖了两三年，张謇也没有见到分文。通州的集资也十分缓慢，张謇为此"彻夜不寐，绕屋而走"。没有办法，张謇只好求助于张之洞和刘坤一等地方大员。很快张、刘两人就答应支持张謇。

其实张之洞和刘坤一支持张謇有他们的想法。张之洞早在1893年就准备在武汉办纱厂，向英国购买了四万八百枚纱锭，但是纱锭到了上海，张之洞却因为资金短缺，办厂之事不了了之，他不愿任由那些纱锭放在杨浦码头风吹雨淋，一直想找人领办，但是没有人来承领。现在张謇要求政府支持办厂，张之洞正好把这批纱锭作价给他。1896年11月，由江督刘坤一指使，江宁布政使兼商务委员桂嵩庆与张謇签约，把这批原价70万两的纱锭，作价50万两，作为官本入股，这样张謇共筹集资本近60万两，他以为自己有了60万两，沪董一定会集出40万两，但是沪董听说官商合办，立即全部退出。他再次求助于桂嵩庆和上海的通商督办盛宣怀，桂、盛两人答应为他另筹流动资本。张謇接到消息，非常高兴，他说："此真挽救之一大关键也。"

1897年12月，大生纱厂破土动工，开始基建，运输、材料费用开支很大，张謇盼着桂、盛两人的支持，但两人却根本不兑现说过的话。没有办法，张謇只好去上海集资，来往的路费，都是他卖画所得。

经过一年的奋斗，1898年年末，大生纱厂已经初具规模，但是等到装机，张謇才发现官股的四万钞锭机件因为长期风吹雨淋，十分之三四都已经锈烂了，向江督要钱进行购补，但只是答应支持而无钱可支，商本又短缺，但是张謇还是想办法购买配件修补完备，并且开始着手收购棉花，但是经费成为张謇心头的一块石头。

张謇万般无奈之下，向两江总督刘坤一辞职，同时表示如果纱厂走投无路，他将要把此厂转让给日本人，刘坤一最后根据张謇的提示，要求通州地方政府调拨8万两给张謇，但是通州知州汪树棠却故意刁难张謇，他把原本给秀才和举人参加乡试的津贴费拨给张謇，引发了当地300多名秀才联名递文指责张謇，弄得张謇十分被动。汪树棠还以张謇集资为由，动用差役，明火执仗向民间逼索，引起老百姓对张謇的不满。一时间民怨鼎沸，谣言四起，张謇连忙求汪树棠不要再集资了。拨借公款遂成泡影。

为了保住纱厂，张謇不惜挖肉补疮，把已经购进的价值8万两棉花运到上海变卖，但是所得很快就用尽了。机厂开工后，资金更是紧张，张謇请求刘坤一另派人接办，但刘坤一没有答应。张謇没有办法，只好招租，他与上海商界巨子严信厚等人合谈，但是沪商提出的条件他实在无法接受。在上海两个月，张謇百计俱穷，由于忧急，他的嘴上起了血泡，弄到最后，他连旅费都成了问题，只好靠卖字筹措。这时候，他的得力助手沈敬夫写信告诉他，"尽花纺纱，卖纱收花，更续自转，至不能有花纺纱，则停车闭厂，以还股东"。这时，已是1899年5月，江南正是闷热的梅雨天气。谁知这时市场上纱价已经开始上扬，张謇的纺纱售卖计划竟然获得了意外的成功。当年竟然获纯利3.8万余两，第二年更获11.8万余两。纱厂的收益已经可以保证纱厂的正常营运。

张謇满怀喜悦前往江宁拜见两江总督刘坤一，张謇高兴地告诉刘坤一："纱好地也，气转天也，人无与焉。"刘坤一称赞这都是他的功劳。

末代状元救国梦
——张謇

张謇推脱说："办事皆董事及各执事，謇无功。"刘坤一说："不居功，苦是要吃的。"张謇说："苦是要吃的，亦无所怨。"

但是张謇真是无怨吗？他在纱厂正常营运后，授意别人画了四幅画：《鹤芝变相》（"鹤"指潘鹤琴，"芝"与郭茂之的"之"谐音）、《桂杏空心》（"桂"者桂嵩庆，"杏"者盛宣怀字杏孙）、《水草藏毒》（"水"影射汪树棠，"草"暗示黄阶平）、《幼小垂涎》（"幼"指沪商朱幼鸿，"小"者严信厚字小舫），并让人把画挂在纱厂办事厅内，以此让自己和全厂同人时常回想办厂的艰难，激励鞭策大家。

1903年，大生纱厂的纱锭和资金已经比开办之初分别增加了100%和238.7%。1907年，大生纱厂开办第二纱厂，该厂投资83.6万余两，大生纱厂步入了它的辉煌时期。

丹心一片忧国民

随着民族危机的不断增加，朝野一时间兴起了维新变法的声浪，11月，张之洞在张謇的游说下，在上海也创办起了"强学会"，并出版了自己的报纸《强学报》。

1896年，上海"强学会"中的一些人在上海创办了《时务报》，梁启超应邀担任该报的主笔。他以自己犀利的笔锋，抨击中国社会的弊端。张之洞担心《时务报》的过激言论会引起朝廷的震怒，就指示汪康年抑制梁启超的言论。张謇听说后，立即写信给汪康年："如人人言宜申民权，而海内名人自南皮（张之洞字南皮）以下尚言须保君权，以为此为下不信此义。卒以为所恶于君权者，官毒害之也。欲保君权，须先去官毒。官毒不籍，君权不横，而二事实不相关。可以此意透发一篇，请质之卓如（梁启超字卓如）发为何如？"

1897年，帝国主义掀起了瓜分中国的狂潮，在民族危机的刺激和后党争权的形势下，光绪帝和他的老师翁同龢决定变法救亡。张謇遂决定进京复职。5月，他经上海时与文廷式、郑观应等人会见，大家讨论时局。5月6日，张謇到翰林院销假，刚进京就听到安徽巡抚于荫霖攻击翁同龢"误国无状"，他立即反击，大骂于荫霖隐瞒安徽的灾情不报，只会诬蔑朝臣，才是真正的误国。张謇复职后，向恩师翁同龢报告了自己在通州创办大生纱厂的经过，还提出了关于兴办工会、商会、农会等想法，翁同龢赞赏他是"霸才"。在这前后，张謇为变法进行了积极的幕后策划，不久百日维新正式开始。

正当他和老师翁同龢为变法呕心沥血努力的时候，顽固派发起了反击。6月15日，慈禧太后下旨将翁同龢开缺回家。张謇在当天的日记中写道："虞山（翁同龢）开缺回籍之旨，补授文武一品及满汉侍郎均具折谢皇太后之旨，亲选王公大臣游历之旨，所乡甚重，忧心京京，朝局至是将大变，外患亦将日亟矣。"

他已经看到变法即将流产。6月17日，张謇奉旨到乾清宫见光绪帝，看到皇帝神情黯然，知道事已不可为，他担心顽固派会对自己的老师下手，于是退朝后写了"引朱子答廖子晦语劝公速行"的诗，劝翁同龢快快离京：

　　　　兰陵旧望汉廷尊，保傅艰危海内论。

　　　　潜绝孤怀成众谤，去将微罪报殊恩。

末代状元救国梦
——
张謇

青山居士初裁服，白发中书未有园。

烟水江南好相见，七年前约故应温。

7月1日，翁同龢启程离京，张謇和一些人前往马家堡车站送行，彼此相对流泪，依依舍别。

张謇自己也决定尽快离开这个是非之地，7月21日，在他获准复职的第二天，他就以"通州纱厂系奏办，手续未完"再度请假，当天晚上，他就离开北京前往塘沽返乡了。他在当晚的日记中有些自嘲地写道："卯初即行，读书卅年（16岁入学为附学生员），在官半日，身世如此，可笑人也。"这年10月，维新变法彻底失败。

1899年，义和团运动大规模兴起。1900年，义和团已经基本控制了京、津地区。他们以"保清灭洋""扶清灭洋"为口号，引起了西方列强的极大不安。清政府对义和团采取了剿抚的手段，但是收效甚微。退而求其次，他们决定以义和团对付列强，一时间，义和团势力更盛。

5月29日，张謇听说义和团进入天津，正在与从大沽口进犯北京的八国联军激战，连忙来到大生纱厂与沈敬夫商议纱厂盈缩的计划。到了6月，张謇看到全国的动乱即将兴起，他急忙乘轮前往江宁，会见两江总督刘坤一，劝其"定计维持江南"。但是6月20日，慈禧太后下旨宣战，调动清军围攻外国使馆，并命令各省督抚广召义民总署战守，对列强开战。刘坤一不久就犹豫起来，因为违旨自保，弄不好有杀身灭族之祸。张謇企图依靠东南有实力的督抚和西方列强联手，维持地方的想法眼看就要落空，他不愿意自己的计划失败。一方面他通过刘坤一的亲信施炳燮对其施加影响，另一方面自己亲自出马以"保护东南就是效忠朝廷"说服刘坤一。这时候，大买办盛宣怀也来游说，经盛宣怀联络，湖广总督张之洞、两江总督刘坤一、两广总督李鸿章共同约定，实行"东南互保"。

6月26日，由上海道余联沅、沪宁铁路督办盛宣怀等代表东南督抚与各国驻上海领事签订《东南保护条款》，主要规定为：一是上海租界归各国共同保护，长江及苏杭内地均归各督抚保护，两不相扰，以保全中外商民人命产业为主；二是长江及苏杭内地各国商民、教士产业，均归南洋大臣和两湖督宪切实保护。这个条约反映出清王朝已经对地方失去了有效的控制权。条约的签订制止了中国走向完全的混乱。张謇这时还想趁着北方混乱，谋求"迎銮南下"，让光绪帝江宁即位。在《东南保护条款》签订的当日，张謇与前湖南巡抚陈宝箴的儿子陈三立商议迎銮大计。他们计划把光绪帝接到汉口或者江宁，建立首都，并设法使慈禧太后归政光绪帝。但是事关重大，刘坤一一时难以决定，当盛宣怀也提出同样主张的时候，刘坤一终于同意了；当张謇与张之洞商议时，张之洞坚决反对；等到与李鸿章商量时，李鸿章却说："太后决不肯来的，一般旗人亦决不肯放他到南方来的。"

8月，慈禧太后和光绪帝逃出北京。张謇这时把"迎銮南下"改为"退敌迎銮"，具体方案是"退敌、剿匪、请两宫回銮议约"，办法为：首先请求"八国联军"退出北京，尽快接回两宫，然后再"徐议除匪定约事"，其中核心的一条是改组中央政府。9月，由刘坤一在征得张之洞的同意后，奏准实施。

1902年，蒙尘在外的两宫终于回到了北京。由于东南各省与西方列强达成了"东南互保"，东南各省社会安定，张謇的大生纱厂"纱路大畅"，江南各省新开各种新式企业近百家。

末代状元救国梦
——张謇

商业精英办教育

　　但是这时候更让张謇感到高兴的是两宫在流亡西安的时候所颁布的一个变法诏。1900年1月10日，朝廷诏谕变法。两江总督刘坤一在西安上谕下达的第十三天，就邀请张謇等人到南京商议"要政"，实际是为他起草一份建议书。经过数十天的辛劳，3月末，这份题名为《变法平议》的疏稿终于出台了，这篇文章比较全面地反映了张謇自己对变法的态度。他认为当今变法是必然的，"法久则弊，弊则变亦变，不变亦变"。他提出变法应"因革损益之宜，第轻重缓急之序"，如果不这样，则会"欲速而不达"。

　　他认为变法有三种选择：一是必先更新而后破旧者；二是必先除旧而后布新者；三是新旧融合。他认为新旧融合比较符合中国的实际，只有取"平和中正渐变的改进"，最后才能达到"亟求立宪"的目的。同时他对变法的具体措施也有自己的设想：第一阶段："请设议政院，各府、州、县城设中学堂，先设测绘、师范、警察，各省设局编小学堂、中学堂课本书，译各史及各学科书，户部及各省布政使、各府、州县行豫计表（预算表）。"第二阶段："分职、省官、定俸，各府、州、县实行测绘、警察，订税目，增法律章程，罢厘金，停捐纳，变科举，行决算法"，"设府、县议会"。第三阶段："令各府、州县分设各乡小学堂，兴农、工、商业，抽练营兵，减官府仪卫。"刘坤一在看了文章后的第三天和张謇谈了话，他仅同意对州县以下官吏的职责进行变更，其他毫不提及。张謇听后"意绪为之顿索"。

由于这个挫折，张謇对政治的热情大大降低，他开始全心全意地发展实业，创办教育。从1901年到1903年，张謇除了扩大大生纱厂外，还进行了通海垦牧公司和通州师范学校的创建工作。张謇决定创办垦牧公司主要是为了解决大生纱厂的原料问题。1901年，通海垦牧公司正式筹备，张謇以每亩1.89钱的价格从政府手里买了123279亩海滨荒地。这些荒地"弥望皆水，浪花飞洒"，"凫雁成群"，"獐兔纵横"。原以为这都是无主的荒滩，但开始开垦，不料却有错综复杂的产权关系。这里的地皮产权大致分为四种：第一部分为官产；第二部分是营产，就是军队的用地；第三部分为民产；第四部分为灶产，就是海滨地区煮盐人的土地。这其中最难纠缠的就是灶产，当时盐场仍然用蓄草煮盐的办法采盐，成本高昂。同时盐税也是政府极其重要的财政收入，又是地方官、盐务官员贪污之源，因此，他们要维护这种制度，许多盐户在盐运使的唆使下，多方刁难垦牧公司，张謇在忍无可忍的情况下，决定跟灶户和盐运使打官司，在张謇看来："既任其事必达于成，不当畏难而退缩。"

张謇用1901年朝廷颁布的鼓励垦荒的谕旨，作为法理依据，一再寻求两江总督刘坤一的支持，并通过当地大绅粮李审之、张云梯等出面疏通。这场官司终于以垦牧公司胜诉而告终。但是前后却花了近八年的时间才把这块地的产权关系清理清楚。

垦牧公司在解决产权纠纷的同时，还面临着海潮的破坏。1905年夏天，通海垦牧公司已建成七条长堤和一部分河渠，并垦出了第一堤西圩七千余亩土地，佃工们开渠引水，改造土质。不料9月，风暴从海上袭来，海滩上的堤坝垮了，海水卷着狂涛巨浪冲上滩地，将刚刚建成的所有

末代状元救国梦
——张謇

223

堤坝全部冲毁，新开的牧场也全部毁坏。目睹这一凄凉景象，公司股东的心一下子冷到了极点，大家都不愿承担巨额的修复费用。张謇却没有被自然灾害吓倒，他四处筹措资金，不久，他在刘坤一的支持下从江宁藩库筹到了一笔款子，购买了棉衣、粮食到垦区实行"以工代赈"。1906年，三千多名勤劳贫困的通海农民"荷畚锸而至"，在阴雨连续不断的恶劣条件下，陆续修复了被毁坏的堤坝。经过十年的开垦与建设，张謇以百折不挠的精神，克服了一个又一个艰难险阻，垦牧公司终于有了十分气派的规模，"堤成者十之九五，地垦者十之三有奇"，并建立了"自治公所"、初等小学、中心河闸等设施，各垦区基本实现了"栖人有屋，待客有堂，储物有仓，种蔬有圃，佃有庐灶，商有廛市，行有涂梁"，远望通海垦牧公司，阡陌纵横的棉田、堤、河、路、闸、农田井然有序，好像一个围棋盘铺在大广场上。这是中国第一家近代化的大农业企业，张謇看着昔日的荒滩变成了良田，踌躇满志。

在张謇首倡通海垦牧公司的带动下，苏北沿海地区迅速掀起了创办近代农垦事业的热潮，1912—1922年，在苏北范翁堤以东，南起长江口之吕四场，北达灌河南岸之陈家港，先后创建了45家垦牧公司，资本总额达26616万余两，拥有土地523亩。这里成为中国近代最大的农垦区。随着张謇的事业不断发展，对专业人才的需求日益迫切，张謇在通州创办了师范学校。

1902年，张謇在通州选定荒废的千佛寺作为通州师范学校的校址，开工时，工人怕冒犯菩萨，视为畏途，张謇破除迷信，带头示范，率先拿起绳索拉动一尊佛像，其他人这才跟着他动手。从建设开始，张謇事无巨细，都亲自督率，加之同时更为紧张辛劳的垦牧公司筹建工作，使他心力交瘁，疲惫不堪，甚至于"腰酸咳血"。经过七个多月的修建、筹备，1903年4月27日，学校正式举行开学典礼。这是全国第一所中等师范学校，学校主要培养小学教师。首批延聘的教师文化水平都很高，其中有著名的王国维，还有十余名日本教师，学生来自原来的贡、监、廪、增、附五项生员。张謇在开学典礼上说："欲雪国耻而不讲求学问则无资，欲求学问而不求普及国民之教育则无与，欲教育普及国民而不求师则无导，故立学校须从小学始，尤须从师范始。"他自豪地说："夫中国之有师范学校光绪二十八年始，民间之自立师范学校自通州始。"为了引起社会重视师范教育，他还撰写了《中国师范学校平议》《通州师范学校议》《师范章程改订例言》，阐述师范教育的地位与作用，呼吁政府提高师范教师的社会地位并"优予俸给"，以鼓励人们从事和兴办师范教育。他说："凡大学、高等、中等师范本科生毕业，准作贡生、举人、进士，给凭后试教各高等、中等及小学四年，比较成绩（以教成学生分数多少为最优、次优之分）。进士教高等学，最优者除国子监丞，次优者除博士。举人教中学，最优者除博士，次优者除学正。贡生教小学，最优者除学正，次优者除助都。其廪、增准作贡生教小学者，最优除府教授，次优除州学正。监、附准作贡生教小学，最优者除县教谕，次优者除县训导。积资累绩，可递升至祭酒而上为管学大臣。菲是则虽除官以后，终身于教育一事，而仍得与他科进取之人，同享人间之福利矣。"

关于教师的薪俸，他提出：寻常小学校约每月20元或30元，高等小学校约每月30元或40元，中等学校约每月40元或50元，其专科教师约每月70元或80元至100元。在学校的教育中，张謇十分重视"实业知识"教育，他在师范学校附设测绘、蚕桑、农、工等科，在通州中学附设国文专修科。同时他还创办了各类的职业学校，如当时的通州蚕桑讲习所、法政讲习所以及伶工学社、女红传习所。其中伶工学社和女红传习所最为有名，

末代状元救国梦
——张謇

著名的戏剧家欧阳予倩和刺绣大师沈寿曾分任这两所学校的教师。他主张学生应该重视实践知识，1914年，南通纺织专门学校实习工场向英国订购了纺纱机器，张謇让学生在教师的指导下学习安装。

他还在上海创办了吴淞商船学校、铁路学校。1903年，马良毁家办学，张謇协助他在上海徐家汇创办了复旦学院，复旦开学时，张謇被聘为院董。他注重为教育提供后备人才，还在各地创办了一大批中学和小学。作为一名杰出的教育家，他没有忘记残疾人教育，他根据西方人口调查提供的数据分析，估计当时中国有至少80万盲哑人。"盲哑累累，教育无人"，在他的努力下，1916年，全国第一所盲哑学校开学。他认为教育是国家发达的根本，他说："一国之强，基于教育"，"中国之不振，是民智不开，公理不明之故"，因此必须"开民智、明公理"。他认为教育应该提倡优良的教风、学风、校风。要教育学生懂得做人的道理，他说："国家前途，舍青年无望，青年前途，舍敦品力学无望，敦品力学，舍专静无望"，"爱国当先爱身，爱身当先爱学，爱学当自爱其可宝贵之光阴"。他还谆谆告诫学生："在校不能为良好之学生，出校必不能为良好之公民，学校之规则可抗，乡里之讥评不可抗，师长之督责可逃，社会之制裁不可逃。"希望他们多看多读，少发议论。

张謇开创的教育事业影响很大，今天许多的水利专家、科学家都在他创办的学校中受过教育。就在当时也是"影响及于全国"，甚至引起了日、美等国的重视，经常派人到通州各校参观访问。在张謇的影响下，我国的师范教育、职业教育在各地都发展很快。

投身宪政收效微

1903年年初，日本驻江宁领事天野通过徐世昌函邀张謇和一些东南名流参观日本第五次国内劝业博览会。张謇对日本军国主义的侵略行径一向痛恨入骨，但对日本自明治维新以来努力学习西方，迅速实现民富国强颇有兴味，因此他接到请柬，便欣然决定东渡日本。一方面参加劝业博览会，另一方面考察日本教育和社会各项公益事业，以作将来南通地方公益事业建设的借鉴与准备。

张謇于5月23日抵达日本长崎，开始对日本进行长达两个多月的访问。张謇在日本期间，除参观博览会外，一共参观了35个教育机构和30个农工商单位，他每天的日程都排得满满的，而且是每看必问、每问必记、每记必思。

张謇考察的重点是他最为关心的教育和实业，旁及政治和社会。由他自己确定的参观程序是："先幼稚园、次寻常高等小学、次中学、次高等、徐及工厂。"日方接待者嘉纳治五郎询问张謇"东来调查宗旨"，张謇略加思忖，说道："学校形式不请观大者，请观小者；教科书不请观新者，请观旧者；学风不请询都城者，请询市町村者；经验不请询已完全时者，请询未完全时者；经济不请询政府及地方官优给补助者，请询地方人民拮据自立者。"张謇提出的这个访问意向并不保守狭隘，这是他从实际出发，寻求与中国经济、文化现状相近的经验，以便于接受和消化，

末代状元救国梦
——
张謇

倘若好高骛远，追求浮华新奇，只会是于事无补。作为改革家、实业家、教育家的张謇，在日本考察教育和实业时发现，中日两国有许多共同面临的发展问题，在日本解决得很好，在中国却是障碍重重，或者根本解决不了。其主要原因在于日本政治开明：一是立法健全，一切以法为准，依法办事，没有超越法律之上的权力；二是实行多党政治、尊重民意，议会民主，舆论监督，权力受到广泛的制约，因此，决策往往体现民意。中国落后的原因，扶其病根，是封建专制统治阻碍经济文化和社会的进步。在对日本的实地考察分析、对比中张謇猛然醒悟，他明确认识到，只寄希望于宫廷斗争，光绪皇帝重掌大权，或者仅仅依靠思想开明的地方督抚来推行新政，都不是解决中国问题的根本办法，必须在商会、农会、教育会等社会团体的基础上，扩大政治活动，组织政治团体以至新式政党，在全国范围内掀起立宪运动。张謇于7月29日回到上海。回国后他把自己访日期间的日记整理出来，题名为《东游日记》，编印成册，分赠友人和各方面的人士。

这一年，日俄战争爆发，立宪呼声普遍激昂。张謇开始同友人讨论立宪问题，并积极参与江浙立宪派人士策动地方和中央权要赞成立宪，派遣大臣出国考察政治的活动。他们认为，权要最能耸动朝廷，将来实施立宪也要靠权要主持，要促成立宪，必须使权要赞成并进行陈请。这时他们走的完全是上层路线。

4月，清政府为敷衍内外臣民、缓和舆论压力，做出相应的姿态，对声望日增的资产阶级上层人物进行笼络。4月16日，颁发上谕："张謇著赏加三品衔。作为（商部）头等顾问官，钦此。"张謇本不想做官，但出于一种使命感，这一次他毫不推辞地接受了任命。

商部顾问官既是新制，又冠以头等，朝廷自然是格外看重张謇在实

228

业教育方面的业绩和社会影响，而给予恩宠了。对他来说这个待遇既可为他经营实业"小有裨益"，更重要的是，又能借此增加他参与立宪运动的分量。

1904年5月至6月，张謇与汤寿潜、蒯光典、赵凤昌等为鄂督张之洞、江督魏光焘起草了一份折稿，大意是，日俄之战无论胜负属谁，中国也有大变动，如火之及屋，恐不易救，欲加预防，必须急为变法，而变法之要着即首宜立宪，请求"仿照日本明治变法立誓，先行颁布天下，定为大清宪法帝国。一面派亲信有声望之大臣游历各国，考察宪法"。折稿拟就后，胆小谨慎的张之洞未即出奏，又嘱张謇探询已为直隶总督的袁世凯的态度，以决进止。

张謇也认为如能得袁倡导，对推动立宪十分有利，因此与断交20年之久的袁世凯正式复交。袁世凯在戊戌政变中出卖光绪帝，赢得慈禧太后的好感，成为执掌北洋兵权的铁腕人物。为了促使立宪运动的成功，必须向各个方面寻求广泛的支持，建立最大限度的联合阵线，张謇捐弃前嫌，与袁世凯重修旧好。乃于6月致袁一函中言："日俄之胜负，立宪、专制之胜负也。今全球完全专制之国谁乎？一专制当众立宪，尚可幸乎。日本伊藤、板垣诸人共成宪法，巍然成尊主庇民之大绩，特命好耳。论公之才，岂必在彼诸人之下。即下走自问志气，亦不在诸人下也。"袁世凯以为时机未到，答以"尚须缓以俟时"。

张之洞、魏光焘见状，未敢将折稿呈进。

7月，张謇闻悉商部尚书载振等有赞成立宪之意，"北方殊有动机"，以为"原动力须加火以热之"，除为张、魏二督修改奏稿外，还加紧组织编译刊印《宪法义解》《日本宪法》《日本议会史》等书，分送各方面重要人士，更以《日本宪法》12册托人秘密送入皇宫。从张謇代撰的

末代状元救国梦
——张謇

奏稿和为上述新书所写序文，可以看出他们对君主立宪有如下基本认识：

一、为挽救国家危亡，必须从根本上改变政体。

二、中国与日本国情相近，立宪应以日本宪法为蓝本。

三、中国立宪后，君权不会削弱。

四、立宪步骤：

    1.昭告天下，宣誓立宪；

    2.派遣亲贵王公大臣出国考察宪政；

    3.按照日本早期宪法章程办理立宪事宜。

《日本宪法》传入宫中，慈禧阅后，召见大臣说："日本有宪法，于国家甚好。"枢臣相顾，不知所对，唯唯而已。事后，瞿鸿禨赶快派人赴沪选购宪法书籍。

1905年，随着日胜俄败及民族危机的加深，国内立宪舆论日益高涨。张謇为抵制美货事件再致袁世凯一函说："日处高而危，宜准公理以求众辅。以百人辅，不若千；千人辅，不若万；万人不若亿与兆。自非有所见，为公进此一言也。且公但执牛耳一呼，各省殆无不响应者。安上全下，不朽盛业，公独无意乎？及时不图，他日他人，构此伟业，公不自惜乎？"

张謇深知袁世凯其人政治野心很大，因此始于义理，终之利害，理之所存，利之所在，袁世凯是不会坐视"他日他人，构此伟业"的。由于全国立宪高潮已经形成，清廷不敢公然违背民意，袁世凯的态度也不再含糊，但却巧妙地将张謇逼上前台："各国立宪之初，必有英绝领袖者作为学说，倡导国民。公凤学高才，义无多让。鄙人不敏、愿为前驱。"张謇于是与袁世凯结成联盟，极力向清廷鼓吹立宪，一北一南，在朝在野，遥相呼应，使立宪运动成为不可逆转的潮流。1906年9月1日，清廷在举国一致的压力下，颁布预备立宪活动。

1906年，是立宪派最具光彩的一年，张謇上下串联，八方奔走，促使立宪运动节节高涨，不断取得富有成效的信誉。宪政大局已定，清廷谕令五大臣出洋考察政治。

1906年9月24日上午，出洋考察政治五大臣载泽、戴鸿慈、徐世昌、端方、绍英从北京正阳门车站启程时遇炸，未能成行。当晚十时，张謇便得知这一消息，此时谋杀者已死，身份不明，他认为"此必反对立宪人所为也。如此，则立宪尤不可缓"，立即拟电慰问端方，并请"奏而明诏，以消异志"。他估计谋炸五大臣的必是宣扬种族主义的革命者所为，不过他认为这种革命不是好事情，"不若立宪可以安上全下，国犹可图"。

3个月后，五大臣人员略加调整，终于出洋考察了。洋大臣回到上海时，张謇专程前来与载泽、端方、戴鸿慈等商谈，并发起商、学两界公宴为他们洗尘。同时，他还为载、端起草了《为立宪致各省督抚电》，以扩大此次考察的影响。

出洋大臣返京后，立即向慈禧多次奏请立宪。慈禧基本同意后，正式颁布上谕，宣布"大权统于朝廷，庶政公诸舆论"，实行预备立宪，预备期则看"民智"程度，才能决定正式立宪时间。这实际上显示了清廷仍在玩弄拖延的手法，没有立宪诚意。立宪派和各省实力派决心进一步组织起来，建立预备立宪公会，发动全国各界人士向清廷施加压力。

1906年，张謇除了争取沪宁铁路修筑权外，他频繁参加江苏省教育会和图书公司等各种会议，为预备立宪公会的诞生作好一切准备。

1906年12月16日，预备立宪公会在上海宣告成立。公会宗旨是教育国民，为立宪做好思想准备，人民应关心、研究、议论国政，以供政府采择。预备立宪公会推举郑孝胥为会长（后郑辞职，改为朱福诜、张謇），

末代状元救国梦
——张謇

汤寿潜、张謇为副会长，主要成员多为江浙工商界代表和具有开明思想的东南绅士。上海预备立宪公会的成立，反映了江浙资产阶级的崛起，同时也表明，上海正以中国近代第一大都会的资格与中国古老的政治中心北京分庭抗礼。由于预备立宪公会半数会员均投资近代企业，因此他们特别重视保护工商业者的合法权利。1907年，该会开始调查商情和拟定商法草案活动，并请各地商会派代表来沪开会讨论。张謇一向痛恨腐败官僚，"以法令为罔上之美观，以章程为欺民之幻术"。在要求改进税收和兴办各种实业活动中，又深感没有商法的困难。他希望预备立宪公会把草拟商法草案作为一项重大任务，并通过各地商会的共同努力，促使清廷采纳他们的提案。

　　1907年9月20日，清政府宣布设立资政院，为正式议院的基础。10月17日，谕令各省筹设咨议局，并筹设州、县议事会。1908年秋，张謇奉旨筹办江苏省咨议局。11月他在江宁碑亭巷设立筹办处，张謇任总理。1907年12月，张謇与汤寿潜、蒯光典等筹议了有关国会和立宪问题，大力支持预备立宪公会与宪政公会、政闻社、宪政研究会，共同筹备成立国会期成会，领导全国请愿。1908年6月至7月，他又与郑孝胥、汤寿潜代表预备立宪公会两度致电宪政编查馆，要求在两年内召开国会。在各地民众的要求下，朝廷于7月22日颁布了《咨议局章程》和《咨议局议员选举章程》，限令各省一年之内一律成立。8月27日，又宣布自本年起，预备立宪期为9年，届时颁布宪法，召开国会。对于预备立宪期，立宪派感到过长，但又认为只要民众努力，期限是可以缩短的；当务之急是办好民众的法定机关咨议局，因此主要精力转向了筹办咨议局。

　　1909年9月，江苏咨议局正式开会选举张謇为议长，蒋炳章为副议长。张謇在会上反映了广大绅商的意愿，强调"官民不可分而后有政治"。咨议局先后通过了章程、议员选举章程、单行法处理和实施办法，等等。其中特别重要的规定有：咨议局成立后，所订本省单行法，必须交该局议决，才能呈请公布生效。江苏省咨议局成立后，即认真履行自己的职责，与地方顽固官僚针锋相对。

1910年8月9日，江苏咨议局和各省咨议局为加强联系，在北京成立了各省咨议局联合会。这次会议主要商讨了国会请愿问题，并决议每年旧历六月在京举行常会一次，讨论各省咨议局利害相关事宜，准备提交资政院的议案以及本会章程规则等。张謇为咨议局倾注了大量心血，江苏咨议局第一届常会也确实开得不错，议员争先恐后提出议案，会议秩序井然，态度严肃认真。议事有速记，会下有临时公报，议决之案能及时发表，让全省人民了解，外国人见了"亦甚赞许"。

咨议局召开期间，张謇还领导议员就公文格式同宪政编查馆进行了斗争。原来宪政编查馆规定，咨议局与地方官吏来往公文体制，督抚用札行，司道以下用照会，咨议局均用呈文。在议员群起诘责下，宪政编查馆作了些修正，但仍规定督抚专对咨议局言者用札，而咨议局对督抚和司道领衔之局处用呈。这就把本来与督抚对等的咨议局置于督抚和司道领衔之局处的下属地位，是对咨议局的莫大歧视。江浙咨议局相继发难、电驳宪政编查馆。这实质是一场捍卫咨议局权限和独立地位的斗争，在各省斗争下，宪政编查馆不得不作出让步。

由于国内形势的急剧变化，第二届常会提前于1911年5月召开。这次会议对政府完全失望，主要探讨推翻清政府和议会今后的出路问题。张謇因各省咨议局联合会政治倾向日益偏激，加之又要组织国会请愿活动，因此未参加第二届会议。

1909年，光绪帝和慈禧太后先后死去。依靠太后威望和权势运转的清政府，忙于内部权力结构的调整，不得不作出顺乎民意的开明姿态。由于

末代状元救国梦
——张謇

两年多来武装起义的不断失利，革命党人的活动暂时沉寂下来，各省立宪派似乎进入了秋高气爽的黄金季节，他们利用这一有利时机，迅速发起了全国范围的国会请愿活动。张謇在初期活动中起了重要的倡导作用。张謇与江苏巡抚瑞澂和咨议局的杨廷栋、孟森、雷奋等筹商，于10月13日利用咨议局开会之机，准备联合各省督抚及咨议局，一致要求召开国会和组织责任内阁。经会议决定，由瑞澂出面联络各省督抚，要求组织责任内阁，由张謇负责联络各省咨议局要求尽快召开国会。

11月初，张謇前往杭州，说服巡抚增韫与瑞澂取同一态度，会见了立宪派人士。当时有人说，从政府、社会各方面观之，"国不亡，无天理"。张謇回答说："我辈尚在，而不为设一策，而坐视其亡，无人理。"他认为国民一定要尽到自己的责任，为国家分忧解难。

请愿要求速开国会的目的在于争取民主，改革政治，挽救国家危亡，因此深得广大民众的支持。12月中旬，16省咨议局代表齐集上海，代表总数50余人。16省代表在预备立宪公会事务所集会，推举福建省咨议局副议长刘崇佑为主席，并组成33人的国会请愿代表团，定名为"咨议局请愿联合会"，代表团定于29日、30日出发，启程前，张謇设宴饯行，并作《送十六省议员诣阙上书序》，以壮行色。张謇还连夜改定《请速开国会建设责任内阁以图补救意见书》《送十六省议员诣阙上书序》，主要是向请愿代表进言。他认为，现在的中国已是"无形之亡国"，国家的形式还存在，民众已处在危亡状态。立宪的作用，就是让民众有参政权利，使之共负国家责任。他谆谆告诫代表牢记"国之兴亡，匹夫有责"之言，"秩然秉礼，输诚而请"，竭尽所能，向政府输诚，即使政府最终拒绝了民众的请愿，未能挽救国家的危亡，民众也就对国家对后代问心无愧。这些都给代表们以很大鼓舞。

《请速开国会建设责任内阁以图补救意见书》，主要是向皇室，特别是向总揽朝政的醇亲王载沣提出忠告。意见书要求他将原定9年的预备立宪期缩短，议"定以宣统三年召集国会"。未到期以前，设"大政咨询"，并召开"临时国会"。同时，又请求"从速建设责任内阁"，特别说明"责任内阁"代皇帝承担内政、外交责任，使皇帝"安于泰山"。最后，还对都察院限制士民上书，给予针锋相对的批驳，奉劝清廷不要执迷不悟，将爱国志士逼向革命党人的阵营。请愿代表们于1月抵京，正式向都察院呈递了由福建代表林长民起草，经张謇修订的请愿书《各省议员请速开议会折》，要求在1年之内召开国会，并向一些王公大臣分别递交了请愿书副本，希望能得到他们的赞助。请愿书虽由都察院转呈朝廷，但多数大臣特别是摄政王载沣对此反感，只有少数赞成立宪，势孤力单，未敢力争，表面上对请愿代表优礼相待，上谕夸奖代表"具见爱国热忱，朝廷深为嘉悦"，结果却不了了之。

第一次国会请愿流产后，请愿代表即连续商议再次请愿事宜，拟组织"请愿即开国会同志会"，总部设京，各省设分会。各省绅商学各界团体或个人凡加入同志会者，约定1910年5月一面上书督抚，请其代奏，一面各举代表来京。根据各省代表原在沪决议，草拟咨议局联合会章程，定于每年六月开常会，设报馆出版日报，加强舆论宣传。

1910年3月16日，江苏省咨议局开会，在张謇主持下通过了速开国会的决议，5月，各省社团、商会、学会及华侨商学分别派出代表，陆续到京，联合各省咨议局代表，共同发起第二次国会请愿活动。他们以原请愿团为基础，重新组成了有其他代表参加的国会请愿代表团，并推定孙洪伊等10人为领衔代表。

6月16日，第二次国会请愿活动正式开始，10个团体同时向都察院呈

末代状元救国梦
——张謇

235

递了请愿书。各省入京请愿代表150余人，在请愿书上签名的号称30余万人。这次请愿的声势浩大，上书措辞直切，使载沣为首的清廷疑虑重重，但仍拒绝了提前召开国会，并严厉地告诫请愿团体代表："惟兹事体大，宜有秩序，宣谕甚明，毋得再渎请。"立宪派对于再次碰壁，早有思想准备，正如张謇所说："设不得请，至于三、至于四、至于无尽。"为了表示请愿的决心，他们很快又发动了第三次国会请愿。

10月3日，朝廷点染新政色彩的御用机构资政院举办开院典礼，摄政王载沣致祝词。由于立宪派骨干活动其间，资政院也成为向清廷争取民主权力的重要讲坛。各省请愿代表团与资政院民选议员里应外合，他们再次向载沣上书，游说王公大臣，陈述提出召开国会的理由。10月26日，资政院正式通过速开国会的决议。各省督抚也联名奏请立即召开国会。清廷迫于各方面的压力，于11月初宣布缩短预备立宪期限，由9年改为5年，预备宣统五年开设议院，并预行组织内阁。张謇对此结果已感满足，中止了原定北上活动的计划。但国会请愿团却深感不满，继续要求立即召开国会。清廷恼羞成怒，驱逐了请愿代表，并逮捕了天津学界同志会会长温世霖。第三次国会请愿活动彻底失败。

张謇得此噩耗，垂头丧气，不禁感叹说："亟求立宪，非以救亡；立宪国之亡，其人民受祸或轻于专制国之亡耳。呜呼！世人知余言之痛耶！"这时候的张謇在怨愤满族亲贵"天大军国事，飘瓦供儿戏"之余，也痛切地感到清王朝已是"绝弦不能调，死灰不能燃"，尽管当时的形势已呈"山雨欲来"之势，但他似已感到无能为力了。便又忙起组织赴美报聘和中美合办银行、航运业等实业来了。

服膺共和反清廷

1911年5月，清廷宣布"皇族内阁"名单和颁布铁路国有政策以后，全国舆论哗然，抗议浪潮高涨。张謇面对大厦将倾的局势，试图对清政府进行仁至义尽的最后挽救，眼见清廷病入膏肓，决心亲自赴京直谏控制最高权力的摄政王载沣，顺便请求清廷批准他的中美合作投资计划。

6月26日，张謇抵京，北京车站气氛热烈，王公大臣及六部九卿均有代表或子弟盛情欢迎。

7月1日，摄政王载沣召见张謇。双方交流了戊戌以后的张謇辞官创办实业的情况。张謇除请求批准绅商组团赴美报聘和中美合作投资银行、航运业以外，还坦诚地向这位先帝的胞弟陈述了自己对时政的看法：第一是各省灾患迭起，民生疾苦，朝廷须知民情民隐，咨议局为沟通上下之机关，朝廷必须尽快恩准召开国会，议决此等大事；第二是商业金融的困难，商业衰败，金融业管得太死，朝廷要尽力设法振作商业，放活金融；第三是中国和美国之间的交流要增强加多，特别是民间的往来要增加，以避免他国疑忌，等等。这些建议虽有重要价值，但无补于已经一触即发的危急局势。

之后，张謇赴东北考察。

张謇考察东三省结束后，于8月12日回到了上海。尽管四川等省保路风潮已席卷全省，形成不可遏止的全民抗议斗争，张謇仍不放弃赴美报聘

末代状元救国梦
——
张謇

计划。他到上海的第二天，就与友人商谈中美合办银行、航运的办法，并与赵凤昌研究在上海设立商务总会报聘事务所的事项。这时候，大生纱厂在湖北开办的纱、布、麻、丝四厂已更名大维公司，正在火速筹建。张謇又偕刘厚生等赴武汉参加大维纱厂的开工典礼。张謇一行于10月4日到达武汉。三天后，大生资本集团在这个长江中游工商口岸的第一个轻工企业——大维纱厂正式开工。张謇主持了庆典活动，又出席了频繁的应酬宴会，以扩大自己在湖北的经济实力和社会影响。

10月10日，革命党人彭楚藩、刘复基、杨洪胜被捕就义，武昌全城戒严，张謇此时才感到事态严重，第二天，宵禁解除，晚上8时，张謇登船离开武昌，在他向朋友们挥手告别的时候，看见武昌草湖门一带火光四起，绵延数十丈，随着火光的跳动，似乎还隐约听到远处传来沉沉的炮声和枪声。张謇没有想到，就是这堆篝火，指挥武昌各路新军，一举攻克武昌重镇，在中国大地上成立了第一个革命政府。

在此历史转折关头，张謇彷徨了。他怕社会的激烈动荡不仅会影响自己正在走向欣欣向荣的实业发展，而且战火的蔓延会引起国家的分崩离析，甚至"外人乘机生衅"。于是他便试图以武昌起义为筹码，逼迫清廷"改组内阁，宣布立宪"。

1911年10月11日，张謇抵达安庆，本来是应安徽巡抚朱家宝之约讨论治淮事宜，但安庆新军已经不稳，竟"无暇更说导淮事矣"。15日，张謇到江宁，立即找铁良和两江总督张人骏，要求他们"援鄂"，扑灭武昌起义。但是铁、张二人予以拒绝。17日，他赶到苏州，与江苏巡抚程德全商议后，与雷奋等人在旅馆里撰写了《鲁抚孙宝琦、苏抚程德全奏请改组内阁宣布立宪疏》。疏稿提出：革命起义，已是"止无可止，防不胜防论者俞谓缓急之图必须标本兼治，治标之法，曰剿曰抚，治本之法，不外国民好恶，实行宪政"。这是他借革命压清廷实行君主立宪的最后一搏。但他已经怀有"知其不可为而为之"的绝望心情。

10月21日，张謇又以江苏咨议局名义"致电内阁，请宣布立宪，开国会"。武昌起义震动了全国，震动了世界，在短短一个月的时间里，全国有14个省份相继宣布独立。革命的浪潮迅猛发展，使张謇受到了强大的冲击，最后不得不接受革命的洗礼。在杭州、苏州，立宪派联络部分官兵兵不血刃便脱离清廷宣布独立。张謇的友人汤寿潜、程德全也分别被民众推举为浙江、江苏的都督，他们的行动对于徘徊在十字路口的张謇产生了不小的影响，张謇对革命和革命党人的印象发生了改变：革命并非毁灭一切，他仅仅否定了本来已经失去生命力的清朝专制制度。革命党并非偏激狭隘，好走极端的"乱党"，他们只是用强硬的方式将不肯退出历史舞台的清朝推翻。大势所趋，人心思变。因此，他怀着惆怅和喜悦交织的心情，转向革命，走向民主共和的道路。张謇生性耿直、务实，一旦认定的事，下决心去做，就竭尽全力，不达目的，誓不罢休。

1911年11月6日，张謇向袁世凯发出电报，劝他正视国内现实，尊重国人"趋于共和"的选择，不要与革命党人为敌，应当立即前往北京，争取南北达成协议，确立共和政体。当时通州革命党人也在酝酿起义，地方形势不稳。张謇立即与上海民军取得联系，决定对通州实行"和平光复"。11月8日晚，沪军都督府派遣前狼山镇游击许宏恩，带领兵船前往通州，因张謇已去了上海，所以由他的三哥出面，带领绅、学各界人士，以及学生数百人前往江岸列队欢迎。通州军政府成立后，他的三哥被推举为总司令，大生系统各企业照常生产。张謇得知家乡稳定后，便安心在上海、苏州等地奔走，谋求全国政治局势向有利于民主共和的方向发展。

11月21日，张謇当选为江苏临时议会议长。12月14日，他义无反顾地

末代状元救国梦
——
张謇

剪掉了作为清朝臣民标志的发辫寄回家中，并在日记中写道："此亦一生之大纪念日也。"袁世凯这时已经接任了内阁总理大臣，他为了提高新内阁的声望并收买东南人心，接连发出邀请张謇出任江苏宣慰使和农工商大臣的电文。张謇发表《辞宣慰使、农工商大臣电》，公开表示与清王朝决裂的态度，同时，他接受了江苏军政府授予的两淮盐运使的任命。

当时驻守南京的江南提督张勋决心顽抗到底，不愿归顺共和。革命方面的江浙联军只好立即发动会攻南京的光复之战。江苏军政府都督程德全亲临前线督师，由张謇出镇苏州。南京之战十分激烈，张謇以江苏省议会的名义送牛50头，酒1000瓶，又以通海实业公司的名义送银6000元，面1000袋，布1000匹，犒赏攻城联军。

12月1日，江浙联军经过浴血苦战光复南京，在同盟军领导人宋教仁支持下，张謇等按原定计划协助程德全以江苏都督身份移驻南京，取得了江苏全省军政大权。

张謇感到，全国政治形势已发生了根本的变化，清廷已退出了统一全国的政治权威地位，取而代之的，是以袁世凯为代表的北方实力派和革命党为代表的南方民主共和势力。他认识到，要结束南北对立，统一全国，不能靠战争，只能靠和平方式，而实现和平统一的唯一途径是实现民主共和制度。张謇对形势的判断是冷静的、清醒的。他顺应历史潮流，实现了一生中最重要的转变。革命党人欢迎他的转变，对他极为尊重，袁世凯也极为重视张謇，因为张謇是一位极有威望的江南绅士，笼络了张謇，不仅可以得到东南上层绅商的支持，而且可以得到南方革命党人的谅解。12月7日，袁世凯派唐绍仪为代表，前往上海和谈。12月18日，南北议和在惜阴堂正式开始。

为了促成南北议和和临时政府的建立，张謇与程德全、章炳麟、赵凤昌议创统一党。他们的政纲包括：团结全国领土、行政区域；完成责任内阁；注重民生，采用社会政策；维持国际和平，保全国家权利，等等。统一党于1912年3月宣告成立。这是民国建立后第一个采用政党名称的政治组织。它的主要成员集中在东南地区，基本成分包括立宪派、革命党人、上层绅商和部分官僚，多数是张謇的好友和志同道合之士。

1911年12月25日，孙中山从海外回到上海，立即成为革命党人和一切进步人士关注的中心，张謇特地与他会见交谈。

12月29日，各省代表联合会议公举孙中山为临时大总统。

1912年1月1日，孙中山在南京就任中华民国临时大总统。张謇还在自己住宅的大门对联上，亲笔书写了"民时夏正月，国运汉元年"一联，以纪念这一旷古未有的变局。张謇应黄兴之约，参加了临时政府成立仪式。令张謇感慨不已的是，临时大总统宣誓就职的会议厅就是他一手规划建筑的江苏咨议局新房。就职演说结束后，还宣布了各部领导人选，张謇出任实业总长。临时政府刚刚成立，便处在十分艰窘的境地。财政极端困难，"需款的用途极多，筹款的方法极少，在最初最迫急的当儿，连几十万元都难应手，待用急于星火，筹款难于登天"。张謇奔走于宁、沪、通三地，费尽心力筹措了一百万元，然而"每日到陆军部取饷者数十起。军事用票，非不可行，而现金太少，无以转换而环顾一省又无一钱供给"，百般无奈。孙中山等被迫通过盛宣怀向日本正金财团出让汉冶萍公司50%的股权，以应付财政急需。张謇在上海得知消息后，立即致函孙中山加以劝阻，认为日本别有用心，盛宣怀尤不可信。抵押借款或让股权均有严重后果。此后临时政府秘书长奉孙中山之命向张謇作了恳切的说明。

然而张謇不能"曲谅"此事，他于2月12日正式辞去临时政府实业部长的职务。辞呈上报，孙中山再三挽留，甚至表示愿意对汉冶萍公司抵押

末代状元救国梦
——张謇

借款谋求补救办法，但仍不能说服张謇收回辞呈。正在张謇辞去临时政府实业部长的同一天，袁世凯利用南方民主共和势力，迫使隆裕太后正式颁布诏书，宣布清帝退位。

2月13日，袁世凯把清帝退位的决定正式通知南京临时政府，并信誓旦旦地宣称："共和为最良国体，世界之所公认，今由帝政一跃而跻及之，实诸翁累年之心血，亦民国无穷之幸福，从此努力进行，务令达到圆满地位，永不使君主政体再行于中国。"

这算是袁世凯在清帝退位以后，为登上大总统宝座，向南方政府宣布政见，保证绝对赞成共和体制。孙中山接到此电，当即履行就职时的诺言，向参议院辞职，把临时大总统的职务让给了袁世凯。

2月15日，参议院正式选举袁世凯为临时大总统。在南京临时政府正式结束前，孙中山等革命民主派为防止和限制袁世凯可能滋长的独裁欲望，在向参议院推举袁世凯继任临时大总统的同时，拟定了三项条件：一是临时政府所在地定为南京，二是新总统必须到南京向参议院宣誓就职，三是新总统必须遵守参议院通过的《临时约法》。

有着强烈个人野心的袁世凯当然不会接受南下，他硬是把临时政府设在北京，至于什么"约法"那就更不在话下了。张謇从社会安定和发展实业的良好愿望出发，深恐南北僵持的时间太长，会引起外国列强的武装干涉，导致国家四分五裂、内乱不止，于是在南北代表议和的情况下，也出来做调解工作。当时由于孙中山辞职，袁世凯即将上台，使南方政府内部发生重大分化，张謇等东南绅商上层纷纷脱离南京临时政府，而希望袁世凯尽快上台，以恢复统一和秩序。革命党人因寡不敌众，只好屈从袁世凯的蛮横要求。袁世凯上台后，张謇并没有马上参加袁世凯的北京政府，他宁愿充当不带南北色彩的调解人。因此，他答复袁世凯说："以生平所知，拾遗补阙，

大清巨商故事

自问尚有一日之长，若处行政地位，侪于国务，则言论转难发挥。"

为了实实在在地替袁世凯"拾遗补阙"，"遥为声援"，张謇等在袁世凯的资助下，以统一党和民社为基础，合并国民协进会、国民公党、国民公会、共进会等政治团体，于5月初正式成立共和党。此后又将共和、民主两党合并，成立进步党，在组党过程中，张謇起了重要作用。张謇为了让袁世凯尽快完成统一和建立行政秩序，还帮助他遣散南方革命党人手中的军队，并将一切有影响、有号召力的革命党人尽可能网罗到北京，以减少不利因素。

1912年9月3日，张謇感到江南大局稳定，便带着孟森等随员北上，与袁世凯商谈盐法、官制改革计划。与此同时，由于袁世凯的虚伪姿态对革命派的麻痹，北京政坛出现了一派和谐气氛。在孙中山、黄兴相继入京后，经他们与袁世凯、黎元洪联合磋商，发表了"八大纲领"。国内政治似乎出现了升平景象，民族工商业开始复苏，张謇以为统一与秩序已经指日可待，因此他回到江苏，陆续辞去了咨议局议长、国会议员、盐政总理等职，转而以全部精力在南通家乡经营企业、推广地方自治。

拥袁反袁为哪般

1913年3月20日，国民党领袖宋教仁在上海遇刺身亡。调查幕后主使人竟是袁世凯的亲信赵秉钧，这个消息像晴空霹雳一般打碎了国内虚假的和平局面。一些沉迷于议会斗争的革命党人也从迷梦中清醒过来。社会进步舆论纷纷谴责袁世凯的卑劣罪行。

末代状元救国梦

——张謇

张謇这时正在南通，他对宋教仁的逝世非常痛惜。他亲书挽联一副："何人忍贼来君叔，举世谁为鲁仲连？"

他还给朋友赵凤昌写信说："遁初（宋教仁的字）以调和南北慷慨自任，无端被害，此必有不欲南北调和者，乱人横行如此，世岂可问？"

张謇担心宋案会影响刚刚走上统一安定的南方局势，再出现革命战争、社会动乱，因此在东南绅商上层人士的敦促下，参与了一系列调停活动。他在正式调停以前，首先发出了《调和南北致孙少侯、王铁珊函》，全面表明自己对宋案的看法。宋案发生后，江西的革命党人准备兴师问罪，张謇致函孙、王，力主宋案应由法律解决，反对诉诸武力，导致南北分裂，为列强瓜分中国造成机会，他再三呼吁，国家不能再经历像辛亥革命那样的战乱破坏。他又给袁世凯写信，陈述时局变化，他诉说自己的一片赤心："区区私忧，但求从知觉中有国计民生四字，彼此相谅，各让一步，使正式政府早日成立，国会渐次宁静。"

张謇虽以调解者的身份讲话，但却没有一句话是责难袁世凯的，而对革命党的报复行动则多所指责，全国总商会发出了和他的想法几乎一样的公开信："开岁以来，各省商务甫经发动，不意三四月间，谣言四起，险象环生。叠按各省商会函电报告，商货停顿，市面凋零，综计暗中损失不啻恒河沙数，匪徒乘机煽乱，意图劫掠，惊风骇浪，尤以他处为甚。其有谋不轨者，一体严拿，尽快惩治。"在他的眼里，袁世凯才是中国安定、社会发展的动力，革命党人是破坏社会的主谋。

5月下旬，全国商会劝张謇到上海调解日益紧张的局势，袁世凯暗中磨刀霍霍，准备内战，但为了制造假象，麻痹国人，也假意表示希望张謇出面调停，张謇深感此时千钧一发，各方面对自己寄予厚望，于是正式接受调停重任。

大清巨商故事

但是袁世凯是决心以武力解决的，6月9日，当他做好一切准备后，他首先下令将倾向于武装反抗的江西都督李烈钧免职。这时候的张謇已经通过和国民党谈判，把国民党中的一些请求谈和的条件通知袁世凯：国民党为顾全大局，仍选袁世凯为正式大总统；严禁军人干政，请袁暂不撤换江西、安徽、广东等省国民党都督；宋案依法律解决，并不予深究。

但是袁世凯是不会改变自己的既定方针的。6月14日，他下令撤换广东都督胡汉民；6月30日，下令撤去安徽都督柏文蔚。他还给张謇发电说："调人络绎，名曰维持；而暴烈进行，仍不住手；无非甘心鄙人，破坏民国。"指责革命党人是破坏民国的祸首。

7月12日，革命党人忍无可忍，发起反击。张謇对此十分愤怒，他7月17日给赵凤昌写信说："吾两人为人利用，信用失矣。实业生计大受损害，外交亦恐生危阻，殊可痛也。"他还表示"国军"快快消灭"叛军"。7月17日，他又给赵凤昌写信说："沪上罔死之民之众，损失市产之巨，彼作难者何词以对吾民。南通实业之受损失亦数十万矣。可恨！"他认为民国以来工商业的发展都是袁世凯的功劳，而现在这一切都被革命党人破坏了，实为"可恨！"这年10月，张謇接受了袁世凯的邀请担任了北京政府的农商总长，成为袁世凯所说的"一流人才内阁"中的重要成员。

从1913年10月至1915年11月，张謇在北京政府担任了整整两年的农商总长。任职期间，他希望利用中央政府的力量来推行他的实业救国的方针政策。他制订了《公司保息条例》《公司条例》《公司注册规则》《矿业条例》《矿业注册条例》《商人通例》《商业注册规则》《商会法》《国币条例》《国有荒地承垦条例》《森林法》《狩猎法》等几十个经济法规，尽管有些法规并未完全执行或根本无法执行，但毕竟是中国历史上第一套比较系统的经济法规，而且对于第一次世界大战期间中国民族工商

末代状元救国梦
——张謇

业的空前发展，亦有积极的推动作用和保护作用。在此期间，他还制订了保护民营工商企业的政策，提倡兴办银行，特别注重民营私立银行，利用外资振兴实业。这些政策，因财政困难，没有能完全实施，办中法合资银行，输入外国资金，也因第一次世界大战发生，完全搁浅。张謇初任农商总长时，和其他阁员一样，对袁世凯抱有幻想，然而经过不长的时间，他们就发现情况不妙。

1913年11月4日，袁世凯下令追缴国会中国民党议员的证书，一登上正式大总统的宝座，就下令解散国民党，最终解散国会，张謇等追求民主政治的阁员就感到不寒而栗了。

11月7日，张謇去拜见袁世凯，提出"维持国会"的建议，但是，他不明白，袁世凯要建立专制独裁统治，岂能容忍任何立法、代议机关的存在。尽管进步党忍辱负重，委曲求全，也不能使袁世凯这个铁了心的独裁者心慈手软。1914年2月1日，内阁以总理熊希龄为首的许多阁僚不能忍受，宣布辞职。向来厌于政坛风涛的张謇，这次却没有随同其他人辞职。善始善终，竭尽全力做好每一件事，是张謇的处事原则，他只想振兴经济，发展实业、教育。他就任农商总长不过数月，许多事情才刚刚着手，特别是他梦想多年的导淮工程，现已提上议事日程，二月初，他刚同美国公使签订了"治淮借款条约"，他若辞职，这项借款也就中止了。袁世凯见他心事在此，落得做个顺水人情，将原设导淮总局改为全国水利局，由张謇兼任总裁。

1914年4月，张謇带领从荷兰聘请来的水利工程师贝龙猛一道南行勘察淮河水情与河道。两个月以后，第一次世界大战开始，中法劝业银行所定借款条约中止，美国帮助中国治淮的借款也停止了。张謇的治淮方案只好也暂时搁浅。

夏天，一面是淮河大水滔天、汪洋一片；另一面是袁世凯迫不及待地要黄袍加身，筹安会闹得乌烟瘴气，张謇心急如焚。11月，他正式递上辞呈，没有得到袁世凯的批准。1915年春，袁世凯与日谈判，签订"二十一条"，出卖中国大片利权，对此张謇怒不可遏，再具呈辞职，直到1915年4月，才把辞职书批下来，说可以解除工商部总长和农林部总长之职，至于全国水利局总裁的职务没有提，也不知是同意还是不同意。

同年7月，因张謇尚未辞去全国水利局总裁职务，曾一度入京。当时，袁世凯称帝之声甚嚣尘上，筹安会一些人想拉张謇参加，饱经政海风涛的张謇，眼见这场复辟闹剧要引发一场举国一致的反袁风暴，他断然拒绝与筹安会同上贼船。8月16日，张謇正式辞去全国水利局总裁及参政所有职务，彻底与袁世凯斩断一切联系，退守通海一隅，实现自己的实业之梦。

1916年6月，袁世凯病亡，袁世凯帝制梦破灭。

内外交困晚年时

1912年至1921年的１０年间，大生企业系统获得了突飞猛进的发展，特别是在1918年至1921年4年，大生纱厂在海门常乐镇南扩建第三厂，并拟在四扬坝扩建第四厂，在天生港扩建第五厂，在东台扩建第六厂，在如皋扩建第七厂，在南通江家桥扩建第八厂，于吴淞扩建第九厂。在实力雄厚的大生纱厂的支撑下，张謇以讲求实效的经济头脑和敏锐灵活的经营方式，全方位投资经济社会各部门。

他投资盐垦公司，先后创办大晋、大豫、大赉、大丰等70多个盐垦公司，南到长江口附近的吕四场，北到海州以南的陈家港，包括南通、如皋、东台、盐城、阜宁、涟水等县，土地面积455万亩，投资总值2119万元。

他还投资金融业。为解决新办企业的资金需要，大生系统1897年开始筹办淮海银行，1919年11月正式营业，董事长为张謇之子张孝若。

连锁企业：大生企业集团除辛亥革命以前创办的重工、交通、食品、机器、印刷、文教、卫生、福利等企事业单位外，自1912年以来，大生企业集团还先后创办与棉纺织业息息相关的许多连锁企业。为了适应大生公司的运输需要，张謇等陆续筹建大达轮船公司，大储栈等储运企业，以及许多服务性企业。

1920年前后，张謇实业建设进入鼎盛期。当时他身兼南通实业、纺织、盐垦总管理处总理，大生第一、第二纺织公司董事长，通海、新南、华成、新通等盐垦董事长，大达轮船公司总理、南通电厂筹备会主任、淮海银行董事长、交通银行总理、中国银行董事、大生第三纺织公司董事长等职务。

为开辟国际贸易市场，张謇还先后与美国前任驻华公使芮恩斯磋商，重新规划、建立中美合办银行及太平洋航运业。尽管向海外扩张的计划未能取得预期的效果，大生资本集团在国内却是首屈一指的大企业，成为长江三角洲以棉纺织业为核心的综合性企业。

在中国民族资本棉纺工业初创伊始即险象环生、纷纷失败的困难时期，唯有张謇创办的大生纱厂取得了真正的成功，并发展成为近代中国第一个规模较大的民族资本企业系统。它犹如昏暗中出现的一点星火，在近代中国由自然经济向商品经济过渡的社会经济变革初期，为摸索前进中的中国民族工业带来一线希望。它向国人证明：在同等的历史条件下，实业家是否具有明确的经营目标、经营思想和经营策略是企业成败的关键。张謇兴办实业，创建大生纱厂，是为了"通州民生""民富国强""图存救亡"。在此崇高目标的推动下，给了他历尽千辛万苦、艰难创业的决心和毅力，大生生产以后，又以高瞻远瞩的企业家精神和风度开拓前进，为大生制订了经营企业的总方针和灵活的经营策略，从而在面对日商和沪商在南通竞购原料棉和推销棉纱的激烈竞争中，充分利用当地有利的市场条件，取得了举世瞩目的历史性成就。至20世纪20年代初，张謇成为"中国第一个实业大王"。对此，毛泽东也给予了肯定。他在20世纪50年代中期谈到中国民族工业时，曾说过有4个人不能忘记：讲重工业，不能忘记张之洞；讲轻工业，不能忘记张謇；讲化学工业，不能忘记范旭东；讲交通运输，不能忘记卢作孚。这是基于历史事实作出的客观评价和结论。

1921年，正当张謇踌躇满志地筹备举办来年南通自治会第25年报告会，借以纪念自己七十大寿的隆重时刻，通海地区突然遭到特大台风暴雨，以后又是连续4天"疾风盛雨"，接着又遇秋潮大汛汹涌而来，外江内河同时泛滥成灾，使得张謇苦心经营的农垦、水利等地方自治核心事业毁于一旦。张謇面对自然灾害的严重打击，并不气馁，他决定将报告会的时间推迟到1927年，作为南通地方自治30周年庆典。

张謇希望今后5年期间，能够恢复破坏的农垦、水利工程，使大生资本集团达到更加繁荣兴旺的目标。但是，他万万没有料到，这却是大生资本集团走向衰败的开始。第一次世界大战结束后帝国主义列强加剧了对华的经济掠夺，通海关布庄销路大大萎缩，使大生纱厂逐步失去了通海关庄布生产这个棉纱市场。

1922年，一个惊人的消息突然传出，大生企业系统的两大盈利企业——一厂和二厂都出现严重亏损，一直被张謇视为财源利薮的盐垦事业，由于资金需求量大，又具有相当大的风险性，水利工程尚未完全解决，如遇风

末代状元救国梦
——
张謇

潮大灾，多数赔累不堪，只好将这种"盐垦拖欠"转嫁到大生纱厂的账册上，永无归还之日。由于大生纱厂历来实行"得到全分"的方针，严重削弱了企业本身的资金积累，特别是大盈之年自治锐进，又使大生企业摊子铺得太大，选成"事大本小"的尖锐矛盾。因此面对巨额亏损的困境，大生资本集团只有到处求援借债，以求苟延残喘。但是，杯水车薪，无济于事，债务如山，责难纷至。张謇在穷途末路上，只好将起死回生的希望寄托在"利用外资"上。

他先后与日本、美国商谈货款事宜，均未成功。由于多种原因，特别是1924年大规模的江浙之战和第二次直奉战争爆发，战火一直延烧到张謇赖以生存的长江口，大生资本集团，不但销路受阻，并因这些军阀多次来通，频加勒索，对已处困境的大生资本集团无异是投石下井的致命打击。

1925年，大生资本集团终因资不抵债，停产的厄运降临了。大生资本集团向雄心勃勃的江浙财团提出清资还债。当年7月，由上海方面的中国、交通、金城、上海四行和永丰、永聚钱庄组成债权人团，全部接管了大生厂。不幸的是，江浙财团也无法使这个老迈衰疲的大生纱厂起死回生。在全球经济危机的影响和日本纱厂的排挤下，大生纱厂依然产销两困，不久落入四大家族官僚资本的手中。通海地区的企业王国在军阀混战、哀鸿遍野的情况下走向最后崩溃。

一生追求政治改良、渴望社会进步的张謇，晚年却生活在军阀割据混战，专制黑暗超过前清的魍魉社会之中，其心情非常痛苦、抑郁。但是这位赤诚的爱国者，还是力尽所能，坚持不懈地反对战乱，为争取和平进行了一次又一次的休战呼吁。

1918年他在护法战争前后，向南北双方发出劝和通电；1919年向齐燮元、卢永祥等江浙督军发出停战通电；1920年先后建议南北双方举行和平谈判和力劝直皖两方休战的通电；1921年再度劝说南北息争，参加张一麟等发起的"国是会议"，支持张绍曾等在庐山召开各省会、教育会、农会、商会联会，举行的"和平会议"；1922年，劝阻直奉和江浙战争的通电；1923年，再度劝阻江浙战争的通电；1924年再三劝阻奉直战争和江浙战争的通电；1925年劝阻南北军阀大混战的通电。但都未产生实际效果，他深感自己历年寻求和平的愿望终成泡影，内心充满对乱世的愤懑。为了在全国性战乱中保全通海一隅的安宁，张謇不得不周旋于各派军阀之间；为了发展实业、教育和地方自治，他又不得不千方百计寻求各级政府的庇护和维持。

尽管国内形势如此险恶，张謇对于第一次世界大战以后东西方列强的对华扩张计划仍未失去警惕，特别是对日本的侵华图谋格外关注。1919年，他通电反对皖系政府的亲日卖国外交，痛骂他们"悬'亡国奴隶'四字为帜，无南北无智愚不肖皆耻之，行见举国沸腾也"。

1921年太平洋会议即将召开，他虽力辞北京政府赴会充当高等顾问的任命，但却坚持出席"即将撤废二十一条协约及收回胶济路自办"的大会。他呼吁各派势力停息内争，捐弃前嫌，共同对外。1924年，尽管他正在加紧谋求日、美两国给予巨额贷款，但仍然公开谴责巴黎和会和华盛顿会议。他要求彻底废除不平等条约，取消租界、领事裁判权以及关税协定等。但是他的呼吁与劝说，在列强分赃、弱肉强食的巴黎和会上，没有取得任何积极成果。

1922年7月1日，是张謇70岁生日，为了答谢前来拜贺的中外宾客，张謇特请伶工学校的师生演戏招待。从长桥西到更俗剧场热闹非常，四个公园万盏明灯，连树上也都挂灯结彩。正寿那天，举行团拜，祝寿的人群排成长龙似的队伍，依次前往濠南别墅。晚上，梅兰芳在更俗剧场的梅欧阁演出《麻姑献寿》。

末代状元救国梦
——张謇

张謇曾说过："人生要经历三个时期：三十岁以前，是读书时期；三十岁至六七十岁是做事时期；七十岁以后又是读书时期。"七十寿辰以后，他开始营建别墅亭榭，读书吟咏其间，领略田园风味，并着手梳理一下自己一生所走过的路，自订了《年谱》。

然而张謇决非做逃避现实的隐士，他忧国忧民之心不减，兴利除弊之志未灭。就他能力所及，尺寸行之，仍然孜孜不倦地做了大量有益于地方经济、文化发展，有利于中国社会进步的事业。

1926年，张謇已是73岁高龄，精力虽然有限，追求却是永无止境。在他生命的最后几个月，工作依然忙碌，日记简略记载着他的活动：

2月，视察女校工程。

3月，清明令人分祭沈寿昌等公墓。九千九百元购沙田产权助男女两师范。

4月，参加女子师范学校二十周年纪念会，发表演说。视察垦牧水泥工程。

5月，参加各公司董事会。为火柴联合会解厄，向江苏省府进言。参与通海官绅会勘县界，至老洪港返经竹行镇。

6月，视察保坍会十七楗沉牌，又至姚港视察十八作楗工程。

当时天气特别炎热，竟至华氏一百度，为了避暑，张謇从濠南别墅搬到西林梅宅小居，坚持每日临怀素帖，读《左传》。在全县童子军会操开幕式上，他发表了最后一次演说。他鼓励少年儿童培育未来国民的人格，并引用陆象山的话，为这次会操题词："夫子曰：'吾十有五而志于学。'今千百年无一人有志，是怪他不得。志个甚底？须是先有智识，然后有志愿。"谁知竟成为他留给后世的遗言。

8月1日，张謇一觉醒来，简单地洗漱之后，便到室外散步。梅宅建在狼山西麓，出了门就是山石树林，空气清新，又有江边吹来阵阵微风，要说环境和气温算是南通最佳的去处了。但是，张謇却感到浑身不适。张謇在小径旁边的石头上坐下来，想歇一歇，但是不行，他觉得胸中憋闷，手脚发凉，头晕脑胀。他站了几站，终于又坐下来了。家人不见张謇散步回来，立即到宅外寻找，见张謇坐在石头上一个劲地喘粗气，连忙扶起张謇回到居室，在卧榻上躺下，不到中午就浑身发热。家人连忙请来医生，给张謇号了脉，开了药方，张謇喝下药，躺下睡觉了。

第二天，张謇醒来，感到浑身上下轻松多了。立即下床，因为他和宋希尚约好一起去巡视树棣沉放，张謇冒着酷暑扶着拐杖和宋希尚一起在江堤上走了十多里，观察分析了主要危险地段，并筹备护江保坍的石料。一连几天，张謇筋疲力尽，适逢气候闷热，张謇再也支撑不住，又躺下了。

8月7日，张謇病势转重，儿子张孝若跟三伯父商量，将张謇接回城里濠南别墅家中。三伯父与孝若急商请医诊治事宜，一主中医、一主西医，伯侄之间相持不下，旁人亦不敢有所主张，最后不得已，在濠南别墅先象室设祭祝告，请示祖宗写"中""西"两字以拈阄方式决之。竟得一"西"字。于是孝若致电上海宝隆医院，请德医白鲁门托克博士来通海诊治，因不能长住，遂推荐奥医赖司赍博士，订明诊资每日百元，期以一星期，然一星期转眼就到了，而张謇的病仍无起色，烧也未退，且病容灰黯、神志昏迷，状况严重，奥医要返沪了，经再三恳求，奥医以返沪一天为约，周旋于上海病人之间，然后再度来通海，每两小时电报报告张謇之病状，并派一名专员紧随奥医身旁，随时负责催归之责。

一天以后，奥医和随行人员抵达天生港，正是子夜十二时，雷电交

末代状元救国梦
——张謇

作，大雨滂沱。等到达濠南，全宅上下，灯火辉煌，一家大小，跪地哀号，张謇在床已奄奄一息，正在弥留之际。奥医及女看护迅速脱去外衣，伏床诊脉，打强心针急救，半小时后张謇渐渐苏醒，环顾左右，神志好像很明朗，他微微启动嘴唇，但已不能出声，不多一会儿又陷入昏迷状态。

第二天上午，各方面有关人士都聚集到濠南，张家兄长扶杖含泪而至，在大厅上当众宣称："人生必有一死，张先生一生光明磊落，直来直去，我站在兄长立场，天不忍见其临终吃苦，如果大数已到，应该让其安详而逝，何必再一针一针地吊住他。"令奥医迅速离开，然后移步至病榻旁，俯身耳语说："汝来有所自，去有所归，看来时机已到，要把定神志，好好地归去吧。"张謇微微颔首，这位不知疲倦的老人终于带着遗憾的神情闭上了眼睛。

张謇去世的消息传到全国，全国各地的唁电像雪片一样飞到南通，一些地方还开了追悼会，悼念这位在中国近代和现代历史上为中国的实业作出了巨大贡献的人物，大生纱厂专门送来了自己生产的大布，为张謇做寿衣，以寄托对这位创办大生纱厂及兴建南通各公益事业的恩人的哀思。

12月5日，张謇出殡。万人空巷，南通的民众都来为张謇送葬。据张孝若记述："那天清晨，天气异常清爽、朝阳渐升、光芒四射，蔚蓝的天穹，明净到一片云都没有，霜露凝盖在树上，愈觉澈亮，寒肃之气、侵人肌骨，好像天空有意给我父亲一个光明而又冷峻的结局。"

"素车白马，四方来会葬的，和地方上的人士，共有万余人，都步行执拂。"凡枢车经过的地方，那沿路观望的乡人，有数十万都屏息嗟叹，注视作别，目送张謇到他的永远长眠之地。

"这坟地是我父生前自己所择定的，已种了不少树木，前面直对着南山。墓上不铭也不志，只在墓门横石上题了八个字：南通张季直先生之墓阙。"